金诚同达30周年——创始合伙人寄语

乘风奋楫，笃志超越！ ——[illegible]

1992年邓小平南方谈话开启了“春天的故事”，那年我们创办律所。30年，须臾之间，我们也将成为律所发展史中的过客。然而，留下的“金诚同达”（JT&N）律所名称、制度、文化，将伴随律所“做久、做强、做大、做出品牌”，直到永远……

——周宁

我一直坚信，人有双手，可取亦可予。从孤独前行到浩浩荡荡，从筚路蓝缕到广大海内，30载朝乾夕惕，半甲子参赞化育，成就了今天的金诚同达。我们在这里奋斗、奉献，也在这里收获、成长。愿以我们这30年的梯山航海，化作一代代金诚同达人英特迈往的灯火航标。最后我想对金诚同达说：浮世三千，吾爱有三，日月与卿，日为朝，月为暮，卿为朝朝暮暮……

——刘红宇

祝贺文集出版！感谢改革开放，给了法律人凭心做事、实现自我并且服务社会的机会。30年，很开心与各位金诚同达人相伴同行。祝福金诚同达！

——[illegible]

祝贺金诚同达30年！百尺竿头更进一步！ ——[illegible]

11位创始合伙人30年不离不弃的坚守，铸就了金诚同达今日的辉煌，也成就了律师业界一段传奇佳话。感恩30年风雨同舟的同仁，感恩改革开放的伟大时代，感恩30年一路同行、共同成长的“衣食父母”！祝愿金诚同达明天会更好！

—— 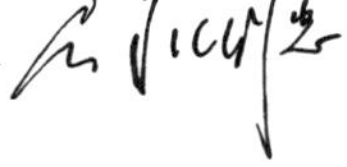

30年前，11位创始合伙人中的大部分人是大学老师；在邓小平南方谈话精神的鼓舞下，大家认为法律的更大价值在于实施，中国未来不缺大学教授，缺的是优秀律师，从而投身于律师行业。30年来，身为法律人，我们一只手擎着客户的信任委托，为维护客户权益和增进客户利益殚精竭虑，另一只手托着宪法法律，为法治中国建设不遗余力。未来日子里，希望金诚同达人仍然保持谦逊谨慎、不骄不躁的优良传统，尊崇“进取、合作、诚信、包容、创新”的核心价值观，永远有担当，永远去争先，永远都靠谱！

—— 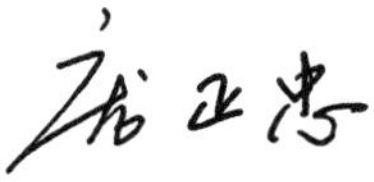

30年前，我们顺应时代召唤，放弃“铁饭碗”投身律师行业，以钻木取火之心寻安身立命之处。30年弹指一挥间，得益于众同仁拾柴添薪，得益于志同道合，当年的星星之火已呈燎原之势。希冀30年后，金诚同达能成为更多法律人愿意“以身相许”，共同砥砺前行的一座永不熄灭的灯塔。

—— 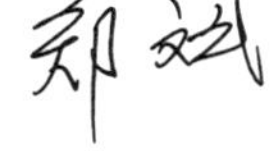

30年恍如瞬间，但它是我们最好的青春创业的30年。有赖于不离不弃的11位创始合伙人和诸位同仁戮力工作，金诚同达持续发展壮大；看到年轻同仁的专业著述、重大案例不断涌现，倍感欣慰。祝愿金诚同达行稳致远！

—— 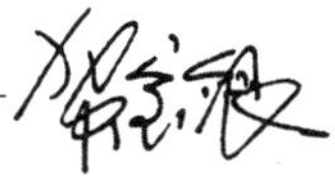

三十年过往，如歌，未忘……
卅年后启程，既往，奋扬！

—— 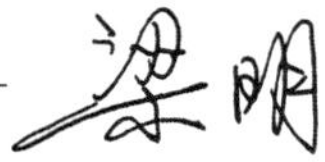

JT&N is not only 30 years old, we are also 30 years stronger, better!
We will be even better and stronger in the next 30 years!

—— 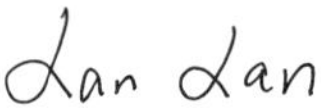

JT&N 金诚同达

金诚同达30周年文集

周俊武 主编

周公观娱

娱乐法春秋

ZHOUGONG GUAN YU
YULEFA CHUNQIU

法律出版社 LAW PRESS · CHINA
北京

图书在版编目(CIP)数据

周公观娱:娱乐法春秋 / 周俊武主编. -- 北京:
法律出版社,2024
ISBN 978-7-5197-5206-4

Ⅰ.①周… Ⅱ.①周… Ⅲ.①文化事业—法律—研究
—中国 Ⅳ.①D922.164

中国国家版本馆CIP数据核字(2024)第059405号

周公观娱
娱乐法春秋
ZHOUGONG GUAN YU
YULEFA CHUNQIU

周俊武 主编

策划编辑 周 洁 林 蕊
责任编辑 周 洁 林 蕊
装帧设计 鲍龙卉

出版发行 法律出版社
编辑统筹 司法实务出版分社
责任校对 李景美 王语童
责任印制 胡晓雅
经　　销 新华书店

开本 710毫米×1000毫米 1/16
印张 18 **字数** 228千
版本 2024年5月第1版
印次 2024年5月第1次印刷
印刷 天津嘉恒印务有限公司

地址:北京市丰台区莲花池西里7号(100073)
网址:www.lawpress.com.cn
投稿邮箱:info@lawpress.com.cn
举报盗版邮箱:jbwq@lawpress.com.cn
销售电话:010-83938349
客服电话:010-83938350
咨询电话:010-63939796

书号:ISBN 978-7-5197-5206-4
定价:78.00元
凡购买本社图书,如有印装错误,我社负责退换。电话:010-83938349

编写委员会

主编： 周俊武

委员： 陈　曦　杜　哲　刘彦伶　冷依晓

主 编 简 介

周俊武，北京金诚同达律师事务所高级合伙人,中华人民共和国文化和旅游部常年法律顾问，北京律师协会传媒与新闻出版委员会主任，北京影视娱乐法学会常务理事。周律师于1994年开始律师执业至今，长期为艺人经纪、主播MCN、电影电视、音乐唱片、舞剧舞蹈等娱乐产业及互联网公司客户提供法律服务，在娱乐江湖行走，历经数十载春秋，深受国内众多演艺界知名人士的信赖。执业三十年来，周律师获得多项荣誉，包括连续五年上榜钱伯斯（Chambers and Partners）“传媒与娱乐”领域Band 1 律师（2020-2024）、汤森路透ALB中国十五佳TMT律师（2019、2023）、《亚洲法律概况》“传媒与娱乐”领域卓越律师（2022-2023）等。

1992-2022
JT&N 30th ANNIVERSARY

制度为舟，文化扬帆

——30 周年文集代序

2022 年，金诚同达成立 30 周年！

金诚同达过往 30 年的发展可分三个阶段来概括：第一个 10 年谋生存，第二个 10 年求发展，第三个 10 年上台阶。这三个阶段也是中国社会经济发展脉络的真实写照。1992 年，邓小平南方谈话，迎着改革大潮，金诚同达正式创立。进入 21 世纪，中国加入世界贸易组织，成功举办奥运会，社会经济进入高速发展期，包括金诚同达在内的诸多中国律所也进入快速发展轨道，在和世界的接触与碰撞中，不断突破自我。进入第三个 10 年，我国继续强化国内法治与涉外法治建设，中国律师行业亦加速变革以适应社会变化带来的机遇和挑战。在这 10 年间，金诚同达脚步坚实，锐意进取，不仅迈入千人大所行列，也不断夯实律所制度与文化建设，取得越来越多的成绩。

在这 30 年里，未曾改变的是，金诚同达一直在坚持不懈地修炼内功，其中最关键的有两件事情——一是建设完善我们的制度，二是总结弘扬我们的文化。

金诚同达的制度体系有“四梁八柱”，涵盖了合伙人会议以及管理机构批准通过的 100 多项规章制度。我们在制度建设和完善的过程中，始终把制度执行放在一个非常重要的位置，也就是一切以制度为准绳，没有人和事可以超越制度。

制度是硬件，文化是软件，两者相辅相成，主要调整和丰富三方面的关系：一是合伙人之间的关系；二是合伙人和律师、职能人员的关系；三是律所和社会的关系。

金诚同达最值得骄傲的事情之一，就是建所 30 周年了，11 名创始合伙人都还在所里，没有一人离开。据我了解，这在有 30 年历史的综合性中国律所中，可能是唯一的一例。“人和”是合伙文化的基础，深深根植在我们的基因里。“人和”的文化也是靠制度保障的，我们有一套合理的退休制度，其中 3 名创始合伙人已经在事务所正式退休了。

我们在 2019 年做管理体制改革时，制度上明确了合伙人参与事务所管理和决策的权力主要通过合伙人会议行使，在律所日常运营中，合伙人也是律所的全职员工，要服从律所的管理，所以合伙人个体与员工个体之间不是老板和雇员的关系，合伙人、律师和职能人员，都是律所的平等一员。基于这个理念，我们倡导并特别注重建设律所平等的工作氛围，并有计划地促进员工之间的互动交流。比如，我们打造一个品牌活动——“文化周”，新冠肺炎疫情暴发前已经举办了两届。在“文化周”期间，我们会密集组织全国同仁进行专业探讨，也会举办多场文体和公益活动，得到了很多员工以及家属的热烈欢迎。我们的培训活动也是全方位、多层次的，针对初、中、高不同年级的律师，有“金石计划”“金鹰计划”“金牌律师计划”，此外还有专门针对合伙人和职能部门的培训。金诚同达研究院在近 5 年时间里，举办了 200 多场培训，还有很多线上课程。更重要的是，我们的培训会从拓展活动开始，然后再进行专业领域的互动交流，大家都非常喜欢。

作为一家在社会颇有影响力的品牌律所，我们也很注重加强律所和社会的互动交流，这也是我们文化建设的重要组成部分。比如，我们和上海辅读学校进行结对共建后，律所宣传画用了很多辅读学校孩子们的画。我们还把他们的画在律所相关活动中进行义卖，使孩子们能够感受到自己作品的价值。今年我们还和中国非物质文化遗产保护协会、敦煌研究院签署了公益法律服务合作协议，作为我们 30 周年庆祝活动的重要组成部分，所以今年律所的宣传画、节日海报等均以非遗文化作品作为背景进行创作。金诚同达参与的其他公益活动还有许多，我们希望金诚同达发展到30周年之际，除了在律所内部继续完善制度、弘扬文化之外，还能够更多地与社会形成互动，更多地展现一家30年律师事务所的社会责任和担当。

物有甘苦，尝之者识；道有夷险，履之者知。当前全球化与逆全球化激烈交锋、国际局势变幻莫测，中国正面临百年未有之大变局。“坚持统筹推进国内法治和涉外法治”是习近平法治思想“十一个坚持”的重要组成部分。中国在向世界展示深化改革开放、积极参与全球多边经贸治理、构建更高水平的制度型开放体系的信心和决心，中国律师行业也正加速改革以适应变化带来的机遇和挑战，沿着专业化、品牌化、规模化、国际化的方向快速推进。

历史长河中，30年转瞬即逝，生命岁月的30年也是骐骥过隙，但对于一家全国领先的综合性律所而言，三十而立，风华正茂，在磨砺中闪耀，在奋斗中升华。

金诚同达将继续遵循“进取、合作、诚信、包容、创新”的核心价值观，加快业务布局、加大人才引进，为持续高质量发展积聚能量，力求“做久、做强、做大、做出品牌”。

金诚同达也将继续坚持“行稳致远”的发展理念，以制度为舟，文化扬帆，乘风奋楫，笃志超越！

金诚同达律师事务所主任

二〇二二年八月十五日

金诚同达 30 周年文集序言

一元复始，万象更新，凡是过往，皆为序章。

守望三十载，诗文会今朝
玉筵鸿鹄至，仙音凤凰调
乘风蹈墨海，奋楫动文潮
长歌九万里，月引和青霄

2022 年，金诚同达成立 30 周年。历史长河的 30 年转瞬即逝，生命岁月的 30 年也是骐骥过隙。金诚同达，三十而立，经历了中国合伙制律师事务所求生存、谋发展、上台阶的整个历程，从蹒跚学步到意气风发，凝聚着一代人的奋斗与担当。在过去的 30 年里，金诚同达铸就了自己的文化和底蕴；在未来，文化和底蕴将滋养和成就金诚同达。

金诚同达律师素来重视专业研究和业务探讨，不少律师出版过专著、案例集、文集。为了三十周年所庆，所内专门征集了一批近期完成的新作，统一出版，作为律所知识管理的重头戏——金诚同达 30 周年文集。

金诚同达在业内有一个故事：创所初期的 11 位创始合伙人，自 1992 年至今没有一位离开，其中除了 3 位已经从所内退休，其他 8 位还在业务一线。这样一代一代的言传身教，潜移默化地吸引、影响金诚同达人。“进取、合作、诚信、包容、创新”的核心价值观，在金诚同达的文化和制度的相互支持与促进中，得到坚守、传承。

"争做法律服务行业的领航者。"这是金诚同达人的使命。在"守信金诚，励志同达"理念的坚持下，金诚同达必定会在法律服务市场上不断突破创新、稳健向前。

30 周年，是金诚同达的全新开始。

金诚同达三十周年筹备委员会
2022 年 7 月 6 日

序言 Preface

精英律师中的精英

初识周俊武律师是在 2020 年夏天，恰逢我担任编剧的都市剧《精英律师》播映结束，网上有不同的声音，认为我把律师写得过于光鲜亮丽。早就听说周律师是娱乐法领域的大律师，所以当好友邀请我参加他的新书发布会时，我欣然同意。

新书发布会选在一间清净的酒吧，收藏了很多黑胶唱片。周律师一见到我就表达感谢，“终于有人把律师写得高大上了，我们在影视剧中通常都是以负面形象出现”。就这样我们认识了。

2024 年年初，周律师团队出品的“周公观娱”公众号成立九年，又要出第五本书了。周律师请我为书写序。我们于是做了一次长谈。下面所写的就是他的故事。

20 世纪 70 年代，周律师一家跟随父亲从江苏常州随军到北京，住在青年湖公园附近的部队家属院。他少年的梦想是成为“武林高手”。时至今日，他还是能回忆起那个少年的自己。“可能是因为当时很火的电影《少林寺》吧”，那时候他十几岁，偶然邂逅一位带着徒弟习武的老师傅。这位老师傅很像小说《逝去武林》中的李仲轩。年少的他即刻兴致勃勃要拜师学艺，师傅并没有立即答应，但架不住他隔三差五地央求，经过几个月坚持，终于让老师傅应下这个徒弟，他心满意足学上了形意拳。纯朴年代，师父教徒弟并不收学费，只要徒弟真心诚意学。从此，他几乎每天都坚持去青年湖公园空地练形意拳，春夏秋冬寒暑更迭，日复一日苦练，那片打五行拳的空地竟被他踩出了一条小路。

十七八岁，他在故宫附近的一所普通高中读书，学校老师水平参差不齐。他和另外两个同学，高三时每天下午骑车去东华门箭楼下筒子河边，每人找一棵树，带一瓶水，在树荫下自习看书直到天黑。那年高考，班里考上大学的屈指可数，但他们仨全都考上了大学。

高考这件事让他意识到当别人无法给你新东西的时候，要靠自己探索。后来，他从事律师职业仍旧这样，开拓“娱乐法”这一全新法律领域，甚至连“娱乐法”这个词条也是他首次在国内提出。

很多人都说他运气不错。但就像练拳，就像高考，每天鸡鸣即起操练，每天骑车去筒子河边自学到天黑，这中间的艰辛和坚持是无人能知道的。

周律师说：“我有强烈的职业荣誉感，很多人认为律师输赢都收钱，所以收钱以后只要尽力就不必在意结果。我不行，虽然我也知道一个案件的胜败通常有多种因素的影响，结果不是律师能完全把控的，但我无法看淡结果。”别人说打不赢的官司，差不多就行了，他不会轻易放弃，他要坚持到底。他说可能是有“英雄主义妄想症”，梦想仗剑走天涯、行侠仗义，至今不改。

他说，从 2002 年到现在，大卫・林奇导演的电影《史崔特先生的故事》，他至少看过十遍。影片中 78 岁老头开着一台老割草机奔袭 400 多千米去见失联多年的弟弟。他就像片中史崔特一样倔强不服输，总想去做一些“不可能”的事。

他毕业后的第一份工作是在北京东二环的港澳中心酒店财务部上班，体面、稳定，一个月工资相当于别人半年收入。但对他来说，难以忍受。半年后，他去了一家国企做法务。随后又参加了法律资格考试，并考上了北京大学法律系研究生。毕业后，跟同学成立了自己的律所，当合伙人，然后他又退出这家律所，到另一家大型律所做授薪律师，一切从头开始。他不清楚自己的未来，只是听从内心的声音。既然已经做了选择，那剩下的事情就是坚持下去。

律师这个职业，也有不同的选择。如果当作生意，可能内耗要少很多，但假如是做一名行侠仗义的律师，那就不止是压力，还有痛苦，身体的不堪重负。

成为知名律师之后，周律师两次胃出血，其中一次直接休克，另一次医院下了危重通知书。两次都是因为办案。

第一次是在他连续出差开庭回家后，案情复杂，路途奔波且劳心劳力，那时候他女儿三四岁，看到他进门哐当倒在沙发上，吓得大哭。太太叫了救护车把他送到家附近的医院，那一夜，他鼻子上插着氧气管，躺在抢救室，尽管意识模糊，他也知道抢救室一晚推走了两张病床，那意味着走了两个人。床边看护他的平时最坚强的二哥，也忍不住几次落泪。

太太给他拍了一张照片，他平躺在病床上，穿着病号服，无力，憔悴，面无血色。后来只要他再为案子不眠，绞尽脑汁，太太就把这张图发给他，对他进行提醒。

他第二次胃出血是在长沙出差。第二天团队律师要出庭，为一个万众瞩目的案件。他在酒店与团队律师一遍一遍地庭前模拟，突然头晕无法起身站立，被紧急送到医院，确诊胃出血。在抢救室好不容易找到床位以后，他让团队律师当晚离开医院，回酒店继续做好充足的开庭准备，第二天照常出庭。因为是危重病人，当晚急需手术，需要陪护和家属签字，身边竟没有其他人，是送他去医院的司机给他签字并陪护了他一夜。接下来的几天，团队在法庭为客户作战，而他在医院为自己而战。当太太从北京赶到长沙时，他已经做完手术，为免伤口再次出血，遵医嘱必须平躺五六天，连翻身都不行。但即使这样，他还固执地和团队定时沟通案件进展。除很少几人之外，他没有向任何人提及自己重病住院。

太太又为他拍了一张照片，劝他是不是可以不那么较劲！即使没有做到最好，但放过自己可不可以？

性格即命运。他不是没有重新审视过自己的职业生涯。如果仅仅为了过体面的生活，他一直待在那个外资酒店就好了。想了又想，他觉得还是值得。即使所有的道理都懂，他也还是没有办法把做律师当作一门生意，对他来说，职业操守和职业荣誉永远占据第一位。

我听了他的故事，感到一种释然。如果让我重写一遍《精英律师》，我还是会写得高大上，因为我们的社会需要好律师。我认识的周律师就是这样，精英律师中的精英。

是为序。

陈彤
（电视剧《完美生活》《精英律师》《平凡之路》编剧）
2024 年 2 月

目录 Catalog

PART 1

欢迎来到
娱乐法江湖

- 张艺兴启动练习生计划，练习生要如何养成
- “浪姐”成团，聊聊她们的“分手”往事
- 偶像“打工人”：利路修“下班”为何这么难
- 断更风波背后，“李子柒”还属于李子柒吗
- 科比遇难照遭泄露，法律能否守护逝者尊严
- 此“肖战”非彼“肖战”，明星要拿高仿号怎么办
- 杨幂庭审录音曝光，律师带你专业“吃瓜”
- ESO 成员纷纷改名！内娱“天降紫微星”为啥怂了
- 《少年的你》大火背后，为何原著又惹抄袭争议

周公观娱

>>> 张艺兴启动练习生计划，练习生要如何养成

2020 年，时值张艺兴 29 岁生日，他给自己的生日礼物是开启自己的“练习生计划”。

回顾张艺兴本人的演艺之路，张艺兴在韩国 SM 公司（S. M. Entertainment）当练习生，经过 4 年练习，终于作为男子偶像团体 EXO 的成员出道，后来回国成立自己的工作室，在国内发展演艺事业，并于 2018 年在“偶像练习生”中担任导师，再到准备招募、培养自己的练习生……这一路走来，张艺兴已经把“练习生”的发展路径走到极致，并且还在不停向前探索。

然而，对于所谓的“练习生”模式到底意味着什么？在“偶像练习生”后带火的所谓“偶像产业”和选秀热潮下，“练习生”的经纪合同又有何“雷区”？这些问题仍有待讨论。

一、练习生养成的商业模式

所谓的“练习生”养成，本是日韩偶像产业下常见的造星模式。比如张艺兴的前经纪公司韩国 SM 公司，就是采取此种模式的行业翘楚。它有一套“选拔—培训—制作—营销”的流程，将素人签为公司的练习生，再从练习生逐步打造、培养为偶像。

除了星探发掘之外，SM 公司往往通过全球海选的模式，从世界各地招募有偶像梦想又有演艺资质的人，进入公司后，还需要作为“练习生”按照 SM 公司的标准进行唱跳等各方面演艺技能的培训，培训合格

的才有资格作为偶像团体的成员出道、参加演艺活动。

目前国内的练习生偶像经纪公司，培养打造偶像的方式和方向虽然不尽相同，但也会结合国内的娱乐产业生态有所调整，但总的来说，商业模式还是和上述的模式大同小异。

要理解练习生养成模式的本质，可能还是要与传统的艺人演艺经纪模式进行比较，才更为清晰。

传统的经纪模式下，经纪公司能为艺人提供的最有价值的便是演艺资源和机会，而艺人通过公司的演艺机会展现艺能、获取收益与公司分成。在这种模式下，艺人与经纪公司签约之时，往往已经具备一定的演艺技能，而无须公司对其进行演艺技能方面的培训。当然，任何人的任何演艺技能都是有提升空间的，即便是在传统的经纪模式中，公司也有可能不时为艺人提供一些包括表演、唱跳方面的技能培训，但归根结底，传统经纪模式更多的是公司以其行业资源换取艺人提供演艺劳务，双方共同从中获得利益。

相比之下，练习生养成模式，旨在把没有演艺经验和艺术技能的素人，从“一张白纸”的状态，按照公司的设定逐步培养成粉丝追捧的“偶像”。这一过程在前期需要公司投入金钱、对练习生进行艺能培训，在后期则也需要为艺人提供演艺资源和机会，让艺人保持在粉丝和公众面前的曝光率。在粉丝经济中，“偶像”向粉丝展示自己的人格魅力，公司则借此充分调动粉丝，基于偶像的粉丝基础，通过举办演出活动、发行唱片、周边衍生品等方式盈利。因此，练习生养成模式决定了，一个“偶像”的出现，不仅需要公司在前期的长期投入，也需要练习生本人长期刻苦的训练，而最终能否“成团”“出道”，对粉丝是否有足够吸引力，能否让公司收回成本，不仅难以预测，也需要更长的时间检验和耐心等待。

二、练习生的解约纠纷

近年来，粉丝经济备受追捧，越来越多经纪公司开始采取练习生养成模式，2018 年的“偶像练习生”更是让偶像产业和“练习生”选拔如火如荼。市面上一时间出现经纪公司鱼龙混杂，而怀抱明星梦的素人仍是趋之若鹜。

随之而来的是一份份练习生经纪合同和一桩桩解约纠纷。

基于商业模式本身的特点，练习生和经纪公司的解约纠纷呈现了其独有的特点。

特点一：未成年人合同效力易争议

所谓“出名要趁早”，而练习生需要长期的培训，更有必要尽早、从小开始培养艺能。因此，练习生养成模式下，经纪公司多招募刚刚成年的素人或者是未成年人作为练习生，比如张艺兴的练习生计划就只向 13—18 岁的人群开放。

一旦练习生和公司之间发生解约纠纷，所涉及的合同往往就是涉未成年人的合同。因未成年人在法律上并不都是具备完全民事行为能力的主体，其独立签订的经纪合同的效力往往可能成为解约纠纷中的争议焦点。

比如陈雪凝的解约纠纷，陈雪凝就在与其经纪公司的解约纠纷案中称自己签约时不满 18 岁，在法律上是限制民事行为能力人，故由其单独签署的经纪合约，因为没有法定监护人签字，并未生效。

但事实上，并不是只要有未成年人签字的经纪合同就无效。一般而言，同时由未成年艺人及其监护人签署的练习生经纪合同效力不会被法院推翻。

特点二：成本回收时间长，解约赔偿金额主张高

从素人到练习生再到出道艺人的过程，不仅需要艺人的长期训练，更需要公司的精心规划和投入，短短培训数月就将艺人推出市场，艺人的演艺技能并不精湛，除非遇到特殊时机，或者是艺人本人极具观众缘，否则艺人的演艺生涯和回报率恐怕也极为有限。

因此，对于精耕细作而非急于求成的经纪公司而言，在前期需要对艺人耐心培训、长期投入，一旦在此过程中艺人忍受不了训练的艰辛

"耐不住寂寞"想要提前解约，公司往往要向其主张巨额赔款。

为了使主张赔款更有依据，一般在练习生的经纪合同中，也会对前期投入和后期赔偿进行细致约定，比如采用如下条款：

"考虑到公司根据协议为练习生提供了专业的培训，推广宣传和行业交流，艺人及其监护人均需赔偿公司因艺人提前解除合同遭受的全部损失（包括但不限于直接损失和间接损失，包括但不限于甲方支出的培训费、管理费、宣传推广费、人工费、律师费、鉴定费、公证费、诉讼费、对第三方的违约金、赔偿金等全部费用支出，及公司的预期利益损失和艺人的违约所得等）。"

在赔偿金的条款中对公司的各类支出都有明确提及，公司在日后主张前期投入时就至少具备明确的合同依据。当然，如能在合同中明确约定每项费用的具体定义和计算方式/计算基准，就更有利于公司主张赔偿了。

不过，公司主张的赔偿高是一方面，基于公司本身的商业模式，法院/仲裁机构也会考虑到，一家公司旗下并不仅仅只有一个练习生，公司的投入虽巨大，但也是分配到公司旗下所有练习生身上的，如果某一个练习生对公司并非不可替代，其给公司造成的实际损失就可能远远低于合同约定的巨额赔偿。在这种情况下，法院/仲裁机构有可能会调低最终判赔金额。

☆ 周公说

尽管练习生的经纪合同本质上也属于经纪合同，但依托于粉丝经济而存在的练习生养成，确有其独特的商业模式。

其实要成为一个合格的偶像，既需要公司长期的投入和经营，也需要艺人坚定的决心和持续的努力。然而，公司签约的练习生在进入公司时并不具备非常成熟的演艺技能，有可能只是头脑一热憧憬成为"明星"，又或者仅是业余爱好。在公司系统的培训下，这样的练习生就很有可能无法达到专业水准的要求或是无法忍受严苛的训练模式，或者仅仅是“耐不住寂寞”，便有意提前解约退出。

公司并不总是在经纪合同里占据绝对优势，要想尽可能避免此类解约纠纷，可以考虑在合同中设定类似“试用期”的“反悔期”，在双方确定长期的经纪合同关系前，有一个磨合适应和考虑的期间，在此期间内双方均可自由解约。

这样一来，经过反悔期仍决定继续履行经纪合同的公司和练习生，就有更大的概率脚踏实地、一起付出长期努力，向打造真正值得粉丝欣赏的偶像而前行。

>>> “浪姐”成团，聊聊她们的“分手”往事

2020年，一档名为《乘风破浪的姐姐》的综艺热播，通过这档节目，不少“姐姐”又被观众重新认识，圈粉无数。但除了节目中姐姐的精彩表现和真性情之外，作为娱乐法律师特别关注到的是这档综艺里好几位姐姐都经历过“分手”。这里说的“分手”并非指恋爱分手，而是艺人和经纪公司的解约“分手”。

一、艺人解约频发，谁之过

近年来，艺人解约纠纷频发。光是《乘风破浪的姐姐》这一档节目里，粗粗一算，就有3位姐姐曾与经纪公司解约，并且由于都是通过诉讼解决，她们的解约纠纷当时也都引得不少舆论关注：

黄圣依和张雨绮都是曾经的“星女郎”，曾签约周星驰旗下星辉公司，分别出演周星驰电影《功夫》和《长江七号》，此后又纷纷选择与星辉公司解约，与周星驰分道扬镳。

另一位解约的姐姐则是金晨。金晨此前的经纪公司唐人公司采取的是“以剧带人”的模式，通过《仙剑奇侠传》《步步惊心》等优质剧集捧红了胡歌、刘诗诗，而金晨也通过唐人公司和搜狐视频联合出品的《无心法师》崭露头角。但在2016年，金晨选择与唐人公司解约。

艺人和经纪公司原本是各司其职。艺人负责提供亲身的演出，把自己的所有演艺事业和与之相关的权益交付给公司；公司则负责投入金钱、人力、物力和资源，通过为艺人接洽、安排演艺工作而从艺人的收

入中换取酬劳。

公司和艺人既存在利益交换，又是亲密的战友，关系紧密、相互依存，但随着艺人进入不同发展阶段，双方地位高低也随时变动，加之行业本身的不确定性极高，而艺人往往又比普通人更为感性敏感。这种种因素叠加在一起，令艺人和经纪公司的关系十分微妙，恐怕比一般的合伙乃至婚姻关系，都更为复杂。

在聚光灯下的名利场里，如此微妙的关系却都靠一纸经纪合同来制约，艺人解约纠纷频发也就并不奇怪了。

二、初代“浪姐”的“分手”史：黄圣依、张雨绮、金晨

艺人解约纠纷屡见不鲜，其中解约的原因、纠纷的过程、最终的结果，包括因此给艺人和公司带来的影响，都取决于个案的具体情况。

比如3位初代“浪姐”的解约就各有各的历程。

（一）黄圣依与 Worth Achieve Associates Limited

黄圣依的解约纠纷是3位姐姐中最早的一例，也是比较特殊的一例。

根据目前公开渠道可查的信息，其解约案件在我国香港地区高等法院审理：“周星驰旗下的 Worth Achieve Associates Limited，2005年10月入禀香港高院，控告黄圣依违约接工作……法庭裁定艺人与经理人必须在互信下才能履行合约，该公司要求禁止黄圣依与其他经理人合作，无疑对她构成压力，而该公司为此蒙受的损失，可以用金钱弥补。”①

可见，尽管我国香港地区适用的具体法律与内地不相同，但在上述的法庭裁定中也提到了艺人与经理人必须互信才能履行合约。

这一点实则与内地司法实践中所谓的“信赖基础”相似。不少法院如判决支持艺人与公司提前解除合同，也往往是以经纪合同具备强人身

① 《周星驰黄圣依官司判词公开 星辉被判败诉》，载新浪娱乐，https：//ent. sina. com. cn/s/m/2007 -03 -15/07491479437. html。

性质，在双方丧失信赖基础时，合同难以继续履行为由。

（二）张雨绮与星辉公司

黄圣依解约后3年，张雨绮在2010年也向周星驰旗下的星辉公司提出解约。

与黄圣依不同的是，张雨绮的解约纠纷在上海法院审理且适用内地法律，个中争议解决的法律适用及管辖问题就不在此赘言。该案历经两审，在一审中，因艺人已有解约之意，而公司在诉讼中也表示继续履约丧失基础，法院认为“现实状况致使《艺人经理人及代理人合约》目的已经无法实现，满足法定解除条件”。因此，双方对合同能否解除实际争议不大，张雨绮得以顺利解约。

但是，公司对一审判决中因解约造成的合约预期利益损失赔偿额并不满意，所以上诉至上海市第一中级人民法院，要求二审改判艺人赔偿人民币1400万余元。

二审法院认为，一方面，原审法院基于艺人违约的事实及双方另在系争合约第19.4条中“合约因该艺人违反第5.1条协定而被终止，该艺人以现金赔偿该代理人，金额计算以该艺人于本合约被终止前十二个月的总收入的三倍或三百万元港元（两者以金额较高者为最终赔偿金）”的约定，并考虑艺人在双方合约解除前的实际收入及公司所尽经理人义务的具体情况，判令艺人赔偿公司300万港元，并无不当。另一方面，无证据证明艺人在履行系争合约中有故意拒绝公司为其安排工作的行为，也不存在因艺人过错而导致公司丧失缔约机会的事实。

故此，二审法院维持原判，未支持公司改判高额赔偿的诉请。

在张雨绮的解约纠纷中，公司并未执着于合同的继续履行，而只是主张高额预期利益损失，却因并无充分证据而未获法院支持。最终张雨绮以300万港元为代价与公司顺利解约。

（三）金晨与唐人公司

比起黄圣依和张雨绮的顺利解约，金晨的解约就非常坎坷了。

金晨的解约也历经两审，一审是在北京市朝阳区人民法院，其要求提前解约的诉请并未被支持，法院判决合同继续履行[1]；金晨只得二审上诉到北京市第三中级人民法院，但法院仍维持了一审判决，金晨与唐人公司的合同继续履行[2]。

在金晨一案中，金晨方主张其就《演艺经纪合同》享有任意解除权；唐人公司未予如约安排金晨出演《无心法师 2》等行为构成严重违约，双方丧失信赖基础，合同丧失继续履行的可能性。

对此，二审法院认为，《演艺经纪合同》具有居间、代理、行纪等综合属性，此类合同既非单纯的代理性质亦非行纪性质，亦绝非劳动合同性质，而是各类型相结合的综合性商事合同，不能孤立地适用“单方解除”规则。因此，金晨主张其依据原《合同法》有关行纪合同、委托合同的法律规定以及《劳动法》的相关法律规定，依法享有《演艺经纪合同》的任意解除权，有违“单方解除”规则的立法本意，故不予采纳。

而金晨关于唐人公司未安排参演《无心法师 2》构成严重违约的合同依据并非《演艺经纪合同》，而是额外签订的《服务合同书》及《补充协议》，法院认为，前述合同与《演艺经纪合同》系两个独立的合同法律关系，金晨以一个合同法律关系中的行为要求解除另一合同法律关系，于法无据，故未予采纳金晨的主张。

从上述的法院论述中可见，金晨被判决继续履行，确是因其在案件中并未提出充分有力的法律依据和事实依据。

尽管早年间司法实践倾向于认可经纪合同属委托性质，艺人可以享有任意解除权，但目前的司法实践中，对于经纪合同属综合性合同而不适用任意解除权这一观点已基本是通识，因此，金晨主张任意解除权确实难以被法院支持。

同时，金晨所主张关于唐人公司未予如约安排其出演《无心法师 2》的根本违约事实对应的又是另一份合同义务，而非《演艺经纪合

① （2017）京 0105 民初 20698 号案。
② （2017）京 03 民终 12739 号案。

同》项下约定义务，显然也难以被法院支持。

尽管金晨与唐人公司的经纪合同到2021年到期，但自2019年金晨已转投泰洋川禾，恐怕在拿到继续履行判决后，金晨最终还是和唐人公司和解，提前解除合同了。而在和泰洋川禾的合约到期之后，金晨的经纪公司已经转为金晨工作室，最终还是走上了“自立门户”的道路。

☆周公说

虽然这几位姐姐都经历了或早或晚、或顺利或不顺利的解约，但好在现下都走上了适合自己的“花路”。

从3位姐姐甚至更多艺人的解约历程来看，其实艺人解约纠纷从来没有固定的答案。

怎样的解约理由能获支持？公司是否同意提前解约？如果公司不同意解约，艺人又如何能确保解约成功？如果解约成功，公司又如何获得高额赔偿？诸如此类问题，都因个案的具体情况不同而不同。

>>> 偶像“打工人”：利路修“下班”为何这么难

2021 年，腾讯出品的综艺节目“创造营 2021”热播，11 名训练生杀出重围，成团出道，组成了名为 INTO1 的偶像团体。在这部综艺中，有一人因为“与众不同”而被观众熟知，他就是“不想成团出道，只想下班回家”的利路修。

成团名单公布后，与其他未能出道而伤心遗憾的团员不同，利路修虽然最终位列 17 未能成团出道，但利路修意识到自己终于“下班”，难以抑制的快乐几乎溢出屏幕。据悉，成团夜结束后，利路修第一个张开双臂飞奔出去，随后也在微博上表达了自己的喜悦，称“谢谢大家的支持我终于下班了”。

利路修最初参与节目只是负责担任两位日籍选手的中文老师，但因相貌出众，被节目组看中替补参赛。原本只是抱着体验的心态参赛，没想到签约容易解约难，利路修从此走上了漫漫“打工”路，直到最后一期结束才光荣“退休”。

在大家都为利路修终于“下班”而欢呼时，也有人不禁发出疑问，究竟是什么阻挡了利路修的“下班”路？或许我们能够从中窥探到训练生选秀等偶像产业背后鲜为人知的一面。

一、隶属于经纪公司，签约解约身不由己

腾讯的选秀（俗称“鹅系列选秀”）节目，根据参赛艺人是否隶属于其他公司，其签约方式和内容都各不相同。

例如，从腾讯的综艺节目“明日之子乐团季”中出道的艺人，他们本是素人，出道后一般直接与哇唧娱乐（专门管理腾讯节目中出道的艺人的经纪公司）签约成为其旗下艺人，因此大多签订的是长期经纪全约，经纪权利在合同期内专属于公司。

而“创造营”中的训练生一般在参赛前就已隶属于某个经纪公司。从“创造营 2021”出道且官方排名 TOP20 的训练生名单来看，学员都已签约了其他经纪公司，其中很多是知名公司。

这种情况下，训练生参与平台选秀都是由其经纪公司而非选手本人与平台进行商谈、签约等事宜。在训练生参加“创造营”伊始，腾讯就会跟训练生原经纪公司签合同，约定参加节目的要求和相关违约责任。

训练生如果最终成团出道，则需进一步与哇唧娱乐签约，此时签订的多为共享经纪约，期限也一般较短（如 2 年）。原因很简单：这些练习生在参赛前原本就有各自的经纪公司，如今在腾讯的选秀节目里出道成名了，原来的经纪公司自然不可能拱手让人，练习生最终仍然要回到原公司。

就利路修个人而言，他签约了天王星艺人管理有限公司，其与腾讯平台的签约解约都是由经纪公司与腾讯进行交涉，非其本人可决定，强行要求解约则将面临巨额违约金。经纪公司的制约以及可能面临的天价违约金成了挡在利路修“下班”路上的巨大障碍。

二、平台、经纪公司暗中博弈，艺人处于弱势地位

当一位训练生获得大量人气和关注，经纪公司和平台都能从中分一杯羹，双方的利益置换从节目开始到最终成团都在不断上演。

对经纪公司而言，腾讯这类平台的选秀节目是给自家艺人曝光引流的绝佳机会；对平台而言，考虑到未来可能展开的影视制作、共享音乐版权等项目，拥有顶级训练生资源、丰富偶像团体运作经验、行业影响力较大的经纪公司就极有可能成为平台重点合作的对象，而其旗下的艺人在选秀节目中亦可能获得更多的资源倾斜，从而“赢得”更好的名

次。因此，尽管种种疑似"黑幕"引发许多观众诟病，但类似现象仍然层出不穷。

在"经纪公司—平台"的合作关系中，经纪公司可以为平台输送包装优质艺人、组织影视音乐合作等资源，平台可以提供宣传推广机会、提高艺人知名度，加上各自资本的力量，给双方带来源源不断的流量、热度和红利。

由此可见，"创造营"这类节目实质是经纪公司与平台双向选择、合作共赢的结果。利路修所在的天王星艺人管理有限公司 CEO 王友良就对媒体明确表示，希望"创造营 2021"能让观众认识其公司，希望可以认识更多的同行以期未来合作。

而舞台中央看似光鲜亮丽的训练生，在这场博弈中实际上处于绝对的弱势地位，想要擅自解约或将面临经纪公司和平台的双重压力，承担巨大代价。这也是利路修难以"下班"的重要原因之一。

三、粉丝逆反心态，流量热度居高不下

除了违约金过高、经纪公司及平台不愿放手外，狂热的粉丝也是拦住利路修"下班"的主力军。

说到底，利路修没有被淘汰才是其不能离开舞台的直接原因，而经纪公司与平台也是因为他带来的流量红利才越发想留住他。尽管利路修曾多次明确表示自己不想继续参赛，但他还是在粉丝的狂热"支持"下挺进了决赛。甚至在其粉丝后援会已宣布停止活动后，利路修的排名最终仍上升到了第 17 名。

利路修的走红看似出人意料，实际上却是具备了天时地利人和，缺一不可。

（一）偶像群体同质化

2018 偶像元年后，偶像产业迅速发展，随之而来的却是一大批同质化严重的偶像群体。这种情况下，个性鲜明、出人意料的选手则能吸引大众的注意。

在所有选手积极进取、与人为善、渴望晋级的氛围中，利路修反其道而行之，强烈的反差引起了观众的好奇心和热烈的讨论。正如他给自己起的艺名利路修（出自日本动漫《叛逆的鲁鲁修》）一样，“叛逆”的他成功地吸引了观众。

（二）打工文化盛行

新兴青年文化的盛行也是大众关注利路修的重要社会背景。利路修的走红就像一面镜子，用充满戏谑的方式反映了当下年轻人的痛点。

2020 年度热词“打工人”“内卷”成为年轻工作群体的自嘲用语，而“下班”无疑是“打工人”每天的期待。“被迫打工”“渴望下班”的利路修就像日常生活中筋疲力尽的“打工人”被搬到了舞台上，引发了观众的情感共鸣。同时，在其他训练生起早贪黑、刻苦训练的“内卷”氛围中，利路修完全“躺平”的佛系状态也让观众仿佛看到了自己在内卷文化下不敢选择的另一条出路。

（三）节目组借机造势

此外，节目组也敏锐地意识到了其中的运作空间，将利路修的个性放大，极力展现利路修不愿继续参赛的心态和言行，增强戏剧冲突，带来了十足的综艺效果。实际上，这种通过打造迎合公众偏好的人设进行营销的例子不胜枚举，几乎已成为一种商业模式，尽管这样经常会违背艺人的本心。

除了真心喜欢利路修的粉丝之外，还有许多人在类似“这辈子能左右别人命运的机会不多了”这种念头的支配下，抱着“恶作剧”的心态给利路修“打投”（饭圈用语，指粉丝为偶像刷数据、刷话题），就是想看他“想走却走不了”的痛苦挣扎。这正是选秀节目与其他娱乐节目的不同之处：它能给观众一种拥有“权力”的错觉，认为自己的投票能够左右节目的走向乃至他人的命运，迎合人们的控制欲和自我满足感。

这种现象恰恰说明了，即使是在与粉丝团体之间，艺人都处于相对弱势的地位。利路修之所以会在粉丝的强势投票下难以抽身，正是因为他在当前形势下已被“逼”得无路可退。

尽管不以出道为目的的利路修本来无须受制于粉丝，但由于粉丝为了让他留下来而花钱“打投”，这给平台带来了利益；同时利路修也给节目带来了许多“路人”流量，许多不看节目的人也都听说了这位不想成团只想回家的外国小伙。因此，平台自然希望利路修留下，让粉丝继续为他投入，同时也保证节目的流量不减。

于是在平台与粉丝乃至路人的利益平衡中，只有利路修是“牺牲品”，继续被动地留在节目里，给节目组提供更多的“热度”，直到粉丝和平台的最后一丝“分寸感”消失前。

☆ 周公说

值得一提的是，利路修本人的特质和表现也是其圈粉的重要原因。他在走红后被曝光了许多个人信息、各种社交账号，却从未有过负面新闻。他在节目里虽然表达了消极的比赛态度，却从未给观众带来负面情绪；即使自己不喜欢唱跳，仍然“为了其他人的梦想努力”，配合排练。

他在采访说话时总能一针见血、思路清晰、三观正确，中文表达也清晰流利。这些让许多人感叹利路修天生具有偶像气质，是娱乐圈里的一股“清流”。甚至近日他的事迹还被北师大选作思想道德修养课的案例，作为“反内卷”人物的代表向学生传递积极的价值和意义。

尽管如此，不能否认的是，利路修难“下班”的背后仍是经纪公司、平台乃至粉丝之间利益平衡的结果，从他签约参赛的那一刻起，就成为偶像产业链中的一环。利路修离开创造营后也并没有真的就此得过且过，最近更是积极营业，开店当起老板，拥有自己的方向和事业。

>>> 断更风波背后，“李子柒”还属于李子柒吗

李子柒，本名李佳佳，是一名出生于四川省绵阳市的“90 后”女生，2015 年开始拍摄美食短视频，2016 年 11 月，李子柒因短视频《兰州牛肉面》大火迅速出圈，通过持续不断输出精品视频，李子柒不但火遍大江南北，还火到了国外，如今已是微博、YouTube 粉丝均上千万、全网粉丝累计超过 1 亿的博主。

但自 2021 年 7 月 14 日开始，李子柒却突然陷入了停更风波。李子柒名下的子柒文化分别在 2021 年 10 月和 11 月向人民法院起诉 MCN 机构杭州微念品牌管理有限公司（以下简称杭州微念），杭州微念也在 2022 年 1 月和 3 月以“股东知情权纠纷”为由两次起诉子柒文化。李子柒与杭州微念的纷争足足持续一年有余，直至 2022 年年底杭州微念宣称双方达成和解，这场头部“网红”与 MCN 机构的大战才告一段落。

一、“网红”与 MCN 公司，矛盾难以避免吗

在“网红”经济迅速崛起的背后，离不开 MCN 公司的助推。MCN 机构通常掌握着“网红”难以自行掌握的渠道资源，资金也更加雄厚，通过整合手中的资源，聚集和帮助“网红”实现更专业的规模化、持续化内容产出，换取互联网平台对旗下“网红”的资源倾斜，从而获得更多流量和关注，并最终实现流量变现。尽管 MCN 与传统经纪公司的业务不尽相同，但本质上仍属于经纪公司。

因此 MCN 机构通常情况下与旗下“网红”签订名为经纪协议或合

作协议的合约，内容涵盖演艺经纪、演出、培训等多重内容，与一般的劳动合同存在差别，大多不会被认定为劳动关系，仅有极少数案件，由于个别特殊原因被认定为构成劳动/劳务关系。

MCN 行业其实是个投资风险较高的行业，存在很大的不确定性。这个行业的特点决定了初期双方签订的合同约定收益分配肯定是倾向于 MCN 公司的，毕竟没红的小主播无法带来太多收益，MCN 公司之所以前期愿意投入大量成本就是为了赌达人有朝一日会走红，能为公司带来更大的收益。公司需要持续投入资金、资源给“网红”，但走红是需要契机的，公司投入了大量成本的达人难以走红，而没有投入多少资源的达人却突然爆红的情况，也经常发生。但即使是爆红的达人，也没有人能预测他到底能火多久，无法因为一时的情况就动辄调整合同约定的分成比例。所以“网红”一旦签署“经纪合同”也常被调侃为签了“卖身契”，在走红和过气都发生得太快的行业，双方对相对固定的收益分配模式难免产生龃龉。

事实上，顶流“网红”与 MCN 公司分道扬镳早已司空见惯，由于合同约定的利益分配不均而造成的 MCN 公司与“网红”的矛盾在行业里也屡见不鲜，李子柒与杭州微念之间的矛盾大抵也是如此。

二、断更背后的法律问题：“李子柒”还属于李子柒吗

虽然我们不清楚李子柒与杭州微念之间的合同具体条款约定，但笔者认为以下两个在 MCN 行业内艺人与机构通常会产生争议的问题值得探讨。

（一）李子柒还能用“李子柒”这个艺名吗

李子柒本名李佳佳，“李子柒”只是李佳佳的艺名/网名。在停更风波出现后，李子柒的粉丝便担心未来李子柒是否不能再使用“李子柒”这个名字了，因为“李子柒”这个艺名/网名已经被注册成“李子柒”商标，虽然注册商标专用权属于李子柒本人持股的四川子柒文化传播有限公司，但在四川子柒文化传播有限公司的股权分配中，李子柒只持有

49%的股份，其他51%的股份属于杭州微念，李子柒本人却不持有杭州微念的股份。也就是说，“李子柒”商标控制权可能并不在李子柒本人手上。

虽然李子柒的很多忠实粉丝也表示自己喜欢的是李子柒这个人，就算不用李子柒这个名字，换成本名李佳佳，也会继续支持。是不是李子柒一旦与杭州微念分开就不能继续用“李子柒”了呢?

答案是否定的。从法律角度来说，艺名属于自然人人格权中的姓名权，具有人身属性，《民法典》也已明确规定，具有一定社会知名度的艺名、网名参照适用姓名权保护。

总结司法实践的多个判例的裁判规则，通常认为艺名属于自然人姓名权的一种，具有人身依附属性，不能通过合同约定割裂，合同约定艺名归属的相关条款无效。也就是说，李佳佳对“李子柒”这个艺名享有姓名权，即便与杭州微念解约仍有权继续使用“李子柒”这个艺名，既不会因与杭州微念签署合同约定“李子柒”艺名归属公司而失去“李子柒”这个艺名的所有权，亦不会因四川子柒文化传播有限公司或杭州微念享有“李子柒”注册商标专用权而不能使用“李子柒”这个艺名。

另外，“李子柒”并非由杭州微念为李佳佳设计的艺名，在与杭州微念签约之前李佳佳便已经使用了“李子柒”这个艺名，并且凭借《兰州牛肉面》等视频爆红，迅速积累了大批粉丝，已经使“李子柒”具有一定社会知名度，从而被杭州微念的老板刘同明看中。

因此，笔者提出一个大胆的想法：或许李佳佳能从姓名权角度主动出击，以四川子柒文化传播有限公司持有的“李子柒”商标（限注册时间在5年内的商标）侵害其在先享有的“李子柒”姓名权为由，申请宣告注册商标无效。对超过5年的注册商标，司法实践中法院考虑到《商标法》关于5年争议期的立法目的，不会被判令停止使用，但李佳佳仍可以姓名权侵权为由请求法院判决公司采用包括区别性标识等在内的合理方式，消除与其的联系，显示区别。

（二）“李子柒”相关账号归属于谁

在MCN行业，积累了大量粉丝的平台账号是最具价值的核心资产之一，这是流量变现的关键途径。因此，一旦“网红”与 MCN 公司分道扬镳，账号便是双方共同争夺的目标。

根据现在公开的信息来看，李子柒与杭州微念的合作模式是内容创作、商业推广一分为二，视频内容由李子柒创作输出，而杭州微念则全面负责李子柒 IP 的商业变现，所以按照分工设计，“李子柒”相关账号也分为两类：国内外社交网络账号（抖音、B 站、微博、YouTube 等）负责内容输出，店铺账号（李子柒天猫旗舰店、李子柒京东旗舰店等）负责品牌变现。

针对店铺账号，经查询，李子柒天猫旗舰店、李子柒京东旗舰店的工商注册主体均为“杭州微念品牌管理有限公司”，实际也是杭州微念在负责店铺的运营，所以店铺归属于杭州微念可能没有太多争议。

但内容输出的社交网络平台账号的归属问题可能没有想象中的简单。因为通常情况下 MCN 机构会在与“网红”签署的合同中约定“网红”在社交网络平台注册的账号归公司所有，但账号的注册实际上又需要“网红”以个人身份进行认证，再加上注册账户时，社交网络平台的用户协议通常又会声明账号所有权归平台所有，用户只有使用权。

从现有法律规定来看，《民法典》第 127 条对数据、网络虚拟财产的保护仅有原则性规定，即社交网络平台账号的归属问题并无统一规定。因此在司法实践中存在不同裁判观点。

1. 账号由“网红”实名注册，判决归属于个人

在“谢烁与被告金华有鱼子科技有限公司合同纠纷案”中，法院主要以账号注册情况作为账号归属依据。

朝阳法院认为：

第一，谢烁的抖音账号为其在与金华有鱼子科技有限公司合作前自行注册并一直使用至今，在与金华有鱼子科技有限公司建立合作关系后其账号后台与金华有鱼子科技有限公司进行了绑定，因此，谢烁的抖音账号应归其自身所有。

第二，虽谢烁的快手账号为双方签署《经纪合同》后注册并使用，

但是该快手账号绑定了谢烁本人手机号码，按照账户注册的一般流程，应系由谢烁本人自行注册，并非由公司注册后提供给谢烁使用。综合快手账号注册情况和双方意思表示，谢烁快手账号应归谢烁本人所有为宜。

2. 公司与“网红”签署合同约定账号归属公司，判决归属公司

在“广州神狼文化传播有限公司、陈柳合同纠纷案”中，法院则是将合同约定作为账号归属最终依据。广州中级人民法院认为：在广州神狼文化传播有限公司（甲方）与陈柳（乙方）签订的《独家艺人经纪合约》中，双方明确约定：“任何一方建立的乙方实名或艺名或其他与乙方相关联的网络平台账号（包括但不限于快手、微博、微信公众号、美拍、秒拍、抖音、火山、西瓜等），在相关新媒体网络平台所享有的一切权益（包括且不限于使用权、运营权、管理权、广告商权、电商权等）均归属于甲方。”因此，广州神狼文化传播有限公司主张案涉抖音、快手账号属于其所有，具有合同依据。虽然案涉账号已使用陈柳、徐靖的个人身份证进行绑定，且完成实名认证，但不能因此排除广州神狼文化传播有限公司依约对账号享有的权益。

除了账号注册情况、双方合同约定情况外，账号所涉及商标、著作权等知识产权归属情况，也可能成为法院裁判时所考虑的因素。例如，在“杨一枝与广州狮之谦公司合同纠纷案”的判决书中，法院便将公司系品牌商标所有权人作为判决账号归属的理由之一。所以，在后续可能出现的“平台账号争夺战”中究竟谁能胜出，根据目前所获信息难以有个准确结论。

☆ 周公说

MCN 机构的出现也就是近几年的事情，随着“网红”经济发展日益壮大，MCN 行业确实还处于野蛮生长当中，也发生了许多乱象，此次李子柒和杭州微念的公开冲突也使这个行业愈加引发关注，同时也给 MCN 行业敲响了警钟。

顶流“网红”与 MCN 公司相伴相生，其实很难说清楚是谁捧红了谁。“李子柒”品牌的成功离不开李佳佳持续输出的优秀视频内容，同样也离不开杭州微念带来的资源、营销和推广，二者相互成就才能走到今天。据传，李子柒与杭州微念和解的最终结果是李子柒夺回属于她的品牌和专利，李子柒品牌由杭州微念在特定类目范围长期独占许可经营，杭州微念需要向四川子柒文化传播有限公司支付相关的授权费。离开杭州微念之后李子柒的东山再起之路却并没有预想中的顺利，没了李子柒之后的杭州微念也不再被资本所看好，李子柒与杭州微念的分道扬镳可谓两败俱伤。所以，“网红”与 MCN 两方在双赢的情况下开展合作，才是真正的出路。

>>> 科比遇难照遭泄露，法律能否守护逝者尊严

2020 年，知名美国篮球运动员科比·布莱恩特因直升机事故遇难离世，很多人至今仍然无法接受这个令人痛心的事实，而有些人却在事故发生不久之后就已经开始消费这位伟大的运动员：拍卖其签名的球鞋、拍卖其追思会上的纪念品……更过分的是，还有人出于炫耀的心态，向他人展示科比和他女儿吉安娜遇难的照片。

一、警员泄露科比遇难照片惹众怒

美国时间 2020 年 1 月 26 日，科比与女儿吉安娜及另外 7 人所乘坐的直升机坠毁。当天，科比的妻子瓦妮莎就委托律师前往洛杉矶县治安官司办公室，要求将事故地区划为禁飞区，并禁止摄影记者进入。警长向他们保证，将采取一切措施保护遇难者家庭的隐私。但事与愿违，瓦妮莎的请求也许隔绝了来自媒体的窥探，却没能抵挡警局内部的泄密。根据媒体的报道，一位警员在酒吧与他人攀谈时，展示了科比遇难现场的照片。在旁目睹这件事的服务员怒而向有关部门举报，迅速引起了大家的关注。

据《洛杉矶时报》的报道，知情者称警员泄露的照片显示了现场和遇难者的遗体，并且与事故调查无关。

洛杉矶警方对此也展开了内部调查。令人心惊的是，截至 2020 年 3 月 2 日，警方公布此次照片泄露事件已有 8 名警员涉案。这些警员将面临内部纪律调查。

虽然洛杉矶县治安官亚历克斯·维拉纽瓦（Alex Villanueva）表示其属下的行为让他觉得“遭到背叛”，但是被这件事伤害最深的无疑还是科比的家人。科比的妻子瓦妮莎表示“完全崩溃”，并通过律师发表了声明，要求公布所有涉案警员的身份，并给予他们最严厉的惩罚，以避免照片的进一步传播。

从道德上来说，这种行为实在是让人不齿。正如瓦妮莎的律师所说，这是“对人的尊严、尊重和受害者及其家属的隐私权的无以言表的侵犯”。而从法律上来说，这些警员的行为却未必会受到惩罚。

洛杉矶县治安官亚历克斯·维拉纽瓦表示，拍摄和传播这些照片不构成犯罪行为，这 8 名涉案警员将面临内部的纪律调查和处分。但是，他也表示治安部门内部有针对拍摄和传播犯罪现场的照片的相关纪律，这些纪律却不适用于事故现场，下一步会考虑将相关纪律扩展到事故现场。

起码在洛杉矶，类似的事情已经不是第一次发生。2009 年，歌手蕾哈娜遭到当时的男友克里斯·布朗殴打，取证照片被洛杉矶的一位警员私自翻拍并泄露给媒体，这名警员最终被解雇。

二、钱钟书书信手稿拍卖案

去世名人隐私被过度消费的现象，当然不是美国独有。知名作家钱钟书也在去世后遭遇隐私被泄露的情况。为此，钱钟书的夫人杨绛（本名杨季康）不得不诉至法院。钱钟书、杨绛夫妇以及他们的女儿钱瑗与李国强系朋友关系，三人曾先后向李国强寄送私人书信共计百余封，上述信件本由李国强收存。

而在 2013 年 5 月，中贸圣佳国际拍卖有限公司（以下简称中贸圣佳公司）发布公告称其将于 2013 年 6 月 21 日举行“也是集——钱钟书书信手稿”公开拍卖活动，公开拍卖上述私人信件。中贸圣佳公司还计划于 2013 年 6 月 18 日至 20 日举行预展活动，于 2013 年 6 月 1 日举行相关研讨会，且其已于 2013 年 5 月 20 日举行了公开展览活动，将上述若干封私人信件公之于众。钱钟书和钱瑗当时已经去世，故由当时仍在世的杨绛作为钱钟书和钱瑗的继承人，在钱瑗的另一位继承人（钱瑗配偶杨伟成）出具说明同意起诉的情况下，向法院提起诉讼。

杨绛认为，在此前的公开展览活动中，中贸圣佳公司和李国强的行为已经构成对自己和钱钟书、钱瑗著作权和隐私权的侵犯，因此还以著作权和隐私权侵权为由，将中贸圣佳公司和李国强诉至法院。

在案件审理中，被告李国强认为，首先，涉案信件内容不涉及隐私；其次，即使信件内容涉及隐私，因隐私权是与自然人人格不可分离的人身权利，不能转移、转让和继承，杨绛也无权就钱钟书和钱瑗的隐私权提起诉讼。对此，本案一审法院北京市第二中级人民法院首先认定涉案书信均为钱钟书等人写给李国强的私人书信属于隐私范畴，应受我国法律保护。在此基础上，法院对已逝的钱钟书、钱瑗的隐私进行了认定，“钱钟书、杨绛、钱瑗各自有权保护自己的隐私权不受侵犯。死者同样有隐私”；进一步地，法院就作为近亲属的杨绛为两位逝者隐私而起诉的正当性进行了论述，称“对死者隐私的披露必然给死者近亲属的精神带来刺激和伤痛，死者的近亲属具有与死者的隐私相关的人格利益，而该利益应当受到法律的保护。因此，杨绛作为钱钟书、钱瑗的近亲属和继承人有权就涉案隐私权问题提起本案诉讼”。二审法院北京市高级人民法院也认可了上述观点。

经过两审审理，法院最终认定中贸圣佳公司和李国强构成著作权和隐私权侵权，需向杨绛支付经济赔偿和精神损害抚慰金共 20 万元。可见，钱钟书书信手稿拍卖案肯定了逝者也有隐私，而逝者的近亲属具有与逝者隐私相关的人格利益，因此，近亲属有权就对逝者隐私的侵权起诉并获得救济。

三、中国法如何保护逝者的人格利益

实际上，我国《民法典》第 1181 条规定，被侵权人死亡的，其近亲属有权请求侵权人承担侵权责任。《最高人民法院关于确定民事侵权精神损害赔偿责任若干问题的解释》第3条则规定："死者的姓名、肖像、名誉、荣誉、隐私、遗体、遗骨等受到侵害，其近亲属向人民法院提起诉讼请求精神损害赔偿的，人民法院应当依法予以支持。"

可见，在中国法下，法律承认逝者的包括隐私在内等的人格利益，只是对此的保护，需要由其近亲属来激活和实现。这一结论看似简单，却折射了我国法律对逝者人格利益保护机制的流变。

（一）早期：对逝者名誉权的保护

早期，我国法律对逝者人格利益的保护主要集中在名誉（权）方面。1988年，天津《今晚报》副刊连载了以曾在天津红极一时的吉文贞（艺名荷花女）生平为题材，并以其真实姓名和艺名写成的小说《荷花女》，文中虚构了若干有损吉文贞名声的情节。吉文贞的母亲以侵害其本人及吉文贞的名誉权为由，将该报诉至法院。最高人民法院于1989年作出《关于死亡人的名誉权应依法保护的复函》（〔1988〕民他字第52号），认为吉文贞死后，其名誉权应依法保护，其母亦有权向法院提起诉讼。

在案情类似的海灯法师名誉权案中，最高人民法院同样认为：海灯死亡后，其名誉权应依法保护，海灯的养子有权向法院提起诉讼（《关于范应莲诉敬永祥等侵害海灯法师名誉权一案有关诉讼程序问题的复函》[90] 民他字第30号）。

（二）转变：对逝者人格利益的保护

但上述观点与民法的基本原理似有冲突。自然人从出生时起到死亡时止，具有民事权利能力，依法享有民事权利。自然人去世后，其主体资格也随之消灭，如何享有名誉权等人格权利？因此，最高人民法院的思路产生了变化。1993年的《关于审理名誉权案件若干问题的解答》（现已失效）第5条指出，死者名誉受到损害的，其近亲属有权向人民法院起诉。不再认为逝者享有"名誉权"，而是认为其仍享有"名誉"，并受法律保护。也就是说，逝者的名誉需要被保护，但逝者并不能成为享有民事权利的主体，法律借由其近亲属来行使权利、保护逝者。而随着社会对个人权利和人格尊严的重视程度不断提高，我国法律对逝者的保护从单一的“名誉”扩展到了姓名、隐私、肖像、荣誉等人格利益以及遗体、遗骨等。

简言之，中国法承认逝者的人格利益，但逝者毕竟无法享有人格权，考虑到逝者人格利益与其近亲属的密切关联，法律选择将保护逝者人格利益的权利交给其近亲属，逝者隐私等人格利益被他人侵害的，其近亲属享有维权的权利。

在信息发达的现代社会，名人去世后往往会遭受一场盛大的、旷日持久的集体关注，而这种关注有时却会成为其本人甚至其亲友的“生命不可承受之重”，过了头的“关注”很有可能构成侵权行为。

☆ 周公说

不管是名人还是普通人，不管是还在世间还是已经离去，都有不愿为外人所知的隐私、秘密或是最个人化的孤独时刻。法律用“隐私”划分出的界限，正是为了保全每个个体的这份尊严。正如科比的妻子瓦妮莎前不久在社交媒体发布的感言：感谢和我们分享你们的快乐、悲伤和支持。我们也请求给我们尊重和私人空间。我们需要面对新的现实。即便是逝者，其隐私的尊严仍应被延续，对这份尊严的尊重也是对与逝者深深连接的生者的最大善意。

>>> 此“肖战”非彼“肖战”，明星要拿高仿号怎么办

2019 年夏天热播的《陈情令》剧中两名主演肖战和王一博人气大增，两人在戏外的互动也备受关注。2019 年王一博就在他 22 岁生日发布的微博里回复了“肖战”的生日祝福。只是，此“肖战”非彼“肖战”，王一博回复的只是一个肖战微博的高仿号，见图 1。

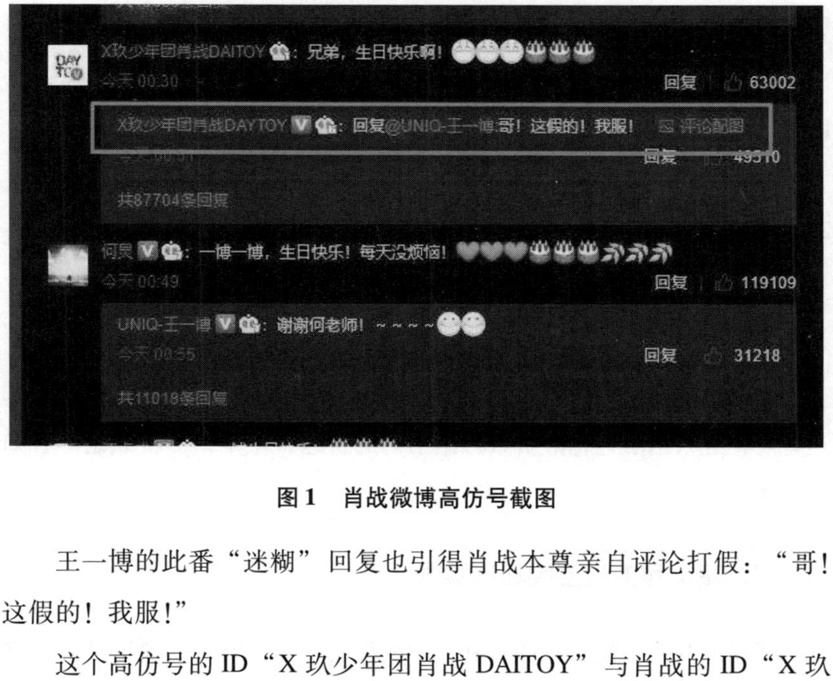

图 1　肖战微博高仿号截图

王一博的此番“迷糊”回复也引得肖战本尊亲自评论打假：“哥！这假的！我服！”

这个高仿号的 ID“X 玖少年团肖战 DAITOY”与肖战的 ID“X 玖少年团肖战 DAYTOY”仅一个字母之差，也怪不得王一博看错。

一、明星高仿号满天飞，粉丝数甚至超过本人

说起高仿号，这些年闹出不少乌龙。

所谓高仿号，就是非明星本人注册的、有和明星一样头像和与明星本人账号极其相似、极易混淆的ID名的社交网络账号。

比如，在明星本人账号ID名上加减符号，变身成为高仿号的ID名，这是高仿号的常规操作；还有高仿号则会在明星ID名的基础上改换相近的字形。

更“搞笑”的高仿号“拟真”手法还包括自己在头像里给自己P上“大V”logo，一晃眼也会让人认为这是一个正宗大V账号；更有甚者，因为高仿号的粉丝数量比起真正明星的粉丝数量远远不够，还有高仿号在微博背景P上“万”字，用来迷惑别人产生账号拥有上百万上千万粉丝的错觉。

高仿号开始模仿明星口吻发动态，活跃在其他明星和大V微博中，刷赞数抢评论前排，让人傻傻分不清。

Ella、陈坤、冯小刚等不少名人也和王一博一样回复过高仿号。最令人哭笑不得的是，2018年林依晨表示自己开通了个人的社交账号，众多粉丝才发现，有蔡康永、郑元畅在内35万粉丝，活跃了6年的“官方账号”竟然是个高仿号！

在各种各样的高仿号背后，有人是以模仿偶像ID和头像的方式表达喜爱，有人追求评论点赞数占据前列的快感，但是，更多人是冲着知名人物的流量而来。

二、高仿号的生意经和诈骗术

互联网时代，流量意味着利益。据称，一条一万赞的评论可以带来几百的涨粉，而粉丝超过10万的微博号发布一条广告就可以获得上千元的收入。通过刷赞吸粉，再接广告植入或者推广，推销出售产品服务，高仿号就可以完成引流和流量的变现。虽然花不起几十万元、上百

万元的代言费请明星来宣传，蹭一蹭明星的知名度和粉丝购买力就能赚个盆满钵满，搭乘这趟顺风车成本低，利润空间大，诱惑不可谓之不大，这样的高仿自然就“野火烧不尽，春风吹又生”。

与此同时，利用知名人物的知名度和社会信誉进行仿冒诈骗也成为新型的网络骗术。腾讯110平台公布的2019年上半年平台打击违法违规账号的数据显示，截至2019年6月，平台累计受理用户举报2393万次，打击违法违规账号数450万。其中，仿冒诈骗举报量突破5.7万次。诈骗团伙逐渐形成“盗用名人肖像制作海报”“批量生产高仿号”的仿冒诈骗新套路。

三、知名人物如何应对高仿号

实际上，高仿号不仅欺骗粉丝，知名人物也是不堪其扰，周杰伦、尼格买提等都曾亲自发声“打假”。

那么，明星有没有可能通过法律手段制约高仿号的行为呢？目前还未检索到相关的案例，在没有具体案件事实的情况下，笔者姑且先概括地“开开脑洞”，从可能涉及的权利和法律规定上为明星简单支着。

（一）明星的肖像

公民享有肖像权，未经本人同意，不得以营利为目的使用公民的肖像。在广州瓷肌化妆品有限公司与林心如肖像权纠纷[①]中，被告广州瓷肌化妆品有限公司未经同意，在其管理的微信公众号发布的文章中19处使用了林心如的19张肖像进行宣传，被法院判赔经济损失11万元。高仿号若未经同意使用明星照片从事宣传经营活动，也会像该案的被告一样，需要承担肖像权侵权责任。

（二）明星的姓名

《民法典》第1012条规定了自然人享有姓名权，有权依法决定、使

---

① 北京市第三中级人民法院民事判决书，（2019）京03民终7733号。

用、变更或者许可他人使用自己的姓名，第1014条则规定任何组织或者个人不得以干涉、盗用、假冒等方式侵害他人的姓名权或者名称权。

根据通说，假冒是指冒名顶替，使用他人姓名并冒充其参与民事活动或其他行为，盗用是指未经同意擅自以他人名义实施有害于他人和社会的行为。从法条文义出发，部分高仿号并未直接使用知名人物的姓名，而是利用读音、字形相似，结合模仿语气，使用肖像等方式与姓名权人产生混淆，可能适用《民法典》第1014条还存在一些难度。

不过，高仿号以高度混淆的方式使用明星姓名的方式倒可能在《商标法》中找到规制，因为姓名权可能在一定条件下，作为在先权利受到《商标法》的保护。

最高人民法院在迈克尔·杰弗里·乔丹与原国家工商行政管理总局商标评审委员会商标争议行政纠纷再审案［（2016）最高法行再31号］中认为：

在适用《商标法》第32条关于“不得损害他人现有的在先权利”的规定时，自然人就特定名称主张姓名权保护的，该特定名称应当符合以下三项条件：其一，该特定名称在我国具有一定的知名度、为相关公众所知悉；其二，相关公众使用该特定名称指代该自然人；其三，该特定名称已经与该自然人之间建立了稳定的对应关系。作为知名公众人物的明星，其姓名倒不难满足上述条件。因此，如果高仿号有违反《商标法》相关规定的行为的，明星则有可能按上述思路对自己的姓名权益进行救济。

（三）《反不正当竞争法》

除了上面说到的几种路径之外，《反不正当竞争法》也有可能用来打击高仿号。

根据《反不正当竞争法》第6条，经营者不得擅自使用他人有一定影响的企业名称（包括简称、字号等），社会组织名称（包括简称等），姓名（包括笔名、艺名、译名等）或实施其他足以引人误认为是他人商品或者与他人存在特定联系的混淆行为。

在最高人民法院公布的2012年知识产权司法保护10大案件中，姚明与武汉云鹤大鲨鱼体育用品有限公司侵犯人格权及不正当竞争纠纷案［（2012）鄂民三终字第137号］里，二审法院引述并支持了原审法院的论述，认为：

“明星通过对商品进行品牌代言服务，将自己的肖像、姓名授权给特定商品生产者作为商品广告宣传使用，将自身的形象与产品形成一定的联系，以自身的形象对消费者的心理产生影响，从而引导消费。明星的这种行为就是对其形象的经营，此时其个人的形象及影响力就是商品，明星形象的经济利益即产生于这种交换之中。作为广告市场的商品经营者，明星符合《反不正当竞争法》对竞争主体的要求。”

本案被告“在其产品上标明商标为‘姚明一代’，同时在公司网页中对品牌释义、加盟店宣传等事项都以明确表述与姚明联系起来，或是在其产品上直接标明姚明的姓名使用其肖像，使消费者将该公司生产的产品与姚明联系起来，误认为是姚明授权生产的产品或进行代言的商品，并利用姚明已经存在于消费者中的影响力，引导消费者进行购买。构成对姚明的不正当竞争”。按上述逻辑，如果高仿号使用与明星本人账号和肖像相似甚至相同的元素经营自己的社交账号，并且还在自己的社交账号上发布相关商品等的信息，就有可能导致一般消费者和网友误以为明星与该等商品存在代言关系等特殊联系，从而引导消费者的购买，这种情况就可能落入《反不正当竞争法》所规范的范围内。

☆ 周公说

从知名人物自身角度而言，要打击高仿号，虽然在法律上存在可能的维权途径，但仍存在维权、诉讼成本等问题，要定位和找到大量高仿号背后的具体主体也存在成本和难度。这可能就是目前也并未听说有明星针对高仿号进行维权的案例的原因之一。

但是，在侵权事实发生的更前阶段，作为第三方的平台实际上也在逐渐建立对仿冒账号的监管和处理机制。

新浪微博近几年就在不断加大对高仿号的打击力度。微博客服发过《如何举报微博冒充》指导用户线上举报，站方将会视情节轻重采取禁言直至关闭账号的措施。2018 年微博管理员开通了防诈骗官方账号，并同步设置了专门的私信举报渠道。此外，不少粉丝自发组建的反黑打假站也体现出了强悍的战斗力。在法律、平台与社会舆论的几重夹击下，想必高仿的不义之财也没有那么好挣了。

>>> 杨幂庭审录音曝光，律师带你专业“吃瓜”

互联网早已成为明星公关宣传的主要平台，明星的一举一动都会在网上被大众和粉丝关注，进而传播开来。随之而来的，当然还有网上流传的各种关于明星的谣言，甚至是捕风捉影的八卦揣测，也更少不了普通网友对明星的负面言论。

对于毫无事实根据的谣言和过激评论，甚至是人身攻击，不少明星也选择采取法律手段积极回应，将发表涉嫌侵权言论的网友诉至法院，主张其侵犯自己的名誉权。例如，艺人杨幂及其工作室也一直在积极维权，但 2019 年杨幂在北京互联网法院起诉詹某等网络侵权责任纠纷案的庭审直播视频却被网友扒出，有网友从长达几小时的庭审直播视频里挑出片段进行剪辑，制作了更有话题度和传播力的所谓“杨幂告黑粉庭审视频爆笑 cut”，一时吸引了不少关注和热议。

网友从庭审中挑选和剪辑的片段显然不能完全体现庭审过程中当事人、双方律师和法官对话的完整情景和背景，庭审的具体情况还是需要参考庭审完整视频才能够清晰地了解到。本文仅从娱乐法律师的角度，解剖网友截取的庭审片段背后关于名誉侵权的法律点。

一、法官真的在“套八卦”吗

根据网友截取的庭审片段，案件中被告在网上发表了关于杨幂整容/涉嫌偷税漏税的言论。

因此，法官向杨幂方询问关于整容和偷税漏税的具体事实情况。

例如，法官问杨幂方代理人："你不认可（杨幂）整容过，是吗?"

杨幂方代理人沉默。

法官又问："这个涉嫌偷税漏税，有没有接受过相关的调查?"

杨幂方代理人答："这个我不清楚，我不是特别清楚。"

对于法官的提问，杨幂方的代理人要么没有明确否认，要么回复法官称并不清楚需要回去核实。

对此，单从杨幂方代理人的角度来看，其在代表明星进行此类名誉权维权案件的诉讼时，对于被告言论所涉事实本身，必须事先向明星充分沟通、核实，以免在庭审中面对法官的时候支支吾吾，态度模糊不明，这样不仅影响案件中法官的调查和判断，还有可能因为案件审理情况的传播，而对明星造成二次伤害。

此外，对于有网友评论称法官这是一本正经地在"套八卦"的说法，恐怕也必须为法官解释一番。

实际上，发表的言论存在内容失实，这是最常见的一种名誉侵权行为。也就是说，如果在被告发表的言论中确实有无中生有地捏造关于杨幂的相关事实，从而误导读者对杨幂产生负面评价，那被告就很有可能构成名誉侵权。

反过来说，被告发表的言论即便是杨幂的负面新闻，但如果该等新闻事件或者网络事件确实是客观真实的，被告就不应该受到法律的规制。

在了解这一背景之后，法官询问的目的就很好理解了。很显然，法官的此番询问并不是因为八卦好奇，其只是在调查被告发表的相关言论是否确实缺乏事实依据，也就是被告的言论是否确实存在捏造事实的情形。

但是，需要注意的是，在法律层面所谓的"真实"当然不是客观上全部的真实，因为很显然一般人甚至是法院对事件的真实性都很难做到完全的客观真实。因此，法律对被告言论的真实性的要求一般是基本真实即可，并不苛求细节的真实。

二、适当评论可以，侮辱万万不行

在庭审中，杨幂方代理人还在法官的询问下，明确了杨幂方拟主张被告使用的“秃鸡”一词构成侵权，认为该词属于贬损性质的词汇。

杨幂方的代理人可能是想通过主张“秃鸡”一词构成侮辱来主张被告的言论确实构成侵权。因为除了对事实本身的捏造或者歪曲之外，使用侮辱、辱骂性质的言词从而损害他人人格尊严，也是名誉侵权的主要行为类型之一。

也就是说，网友在互联网上发表评论时，应当避免使用人身攻击性质的言论，否则即便言论中并无造谣或歪曲事实等情形，也有可能因为严重侮辱性质的言词而落入“侮辱”范畴，从而被认定为构成名誉侵权。

不过，法院在判断是否构成侮辱的时候，也并非像杨幂方代理人在庭审片段中回复的那样，会仅仅因为有贬损性质的单个词语就认定相关言论确实构成侮辱，目前法院更多的是以整体判断的标准，结合上下文进行综合分析。

如果结合全文来看，全文并没有故意侮辱的主观恶意，那么在文中使用个别贬义的、未体现人身攻击性和严重侮辱性的词汇，可能难以直接成为法院认定相关言论构成名誉侵权的依据。

因此，杨幂方代理人在解读被告的贬损言词时，单单指出词语本身的贬损侮辱性质显然是不够的，其还需要结合词语使用的上下文，充分向法官解读对方的主观恶意，才更能说服法官。

三、公众人物的“皇冠”

此次庭审视频的片段中，除了上述几点法律问题之外，法官也有一段涉及公众人物名誉权的言论值得解读。

庭审中，法官跟杨幂方代理人说：“我是觉得，公众人物你有些事实或者有些行为出来了，你不能说老百姓就什么都不能说，明白吗？但是这个说是要有限度的，是有边界的。我来评价这个东西，明白吗？别一股脑就觉得什么都是（诋毁侵权），就觉得什么话都不能说了，你自己把他捋清楚。”

不少网友对法官此番言论很是赞同，认为法官可算是为网友们“撑腰”，支持网友们的言论自由。实际上，法官的“大白话”背后，体现了涉及公众人物名誉侵权案件审理中的一个重要原则。

包括明星在内的公众人物享受着公众关注带来的种种红利，那么，“欲戴皇冠，必承其重”，公众人物的个人权益，作为某种意义上的“交换”，也需要适当被限制。

因此，“公众人物”可作为侵害名誉权一个重要抗辩理由。也就是说，公众人物如果确实存在相关事实或行为，那么普通网友依据该等事实进行的基本妥当的评论，属于其言论自由，并不需要对此有过多限制，不应当轻易认定为构成名誉侵权。

这就是说，法律在公众人物的名誉权和言论自由之间，对公众人物的名誉权保护进行了一定的弱化处理，只要网友们传播的事实基本或大致真实以及评论基本妥当即可。这是公众人物需要承受的“皇冠”之重。

☆ 周公说

尽管如上所言，公众人物的名誉权会受到一定的克减，但任何自由都不是无限度的，网友们所发表的言论当然也是有边界的。毕竟，人言可畏，公众人物的基本人格尊严当然也值得法律的保障。

在此前（2015）朝民初字第35366号邓超诉夏某、雷某、郑某名誉权纠纷一案中，北京市朝阳区人民法院就认为：

“虽然微博博主们在网络上享有言论自由的权利，但是言论自由的权利是相对的，其行使以不得侵犯他人的合法权利为限。相比正式场合的言论，微博上的言论随意性更强，对微博上人们的言论是否构成对他人名誉权的不当伤害，应进行法益衡量，综合考量发言人的身份、言论指向的对象、具体的议题和内容、上下文语境、言论所引发的后果等加以判断。本案中，邓超除作为男演员的身份外，在其家庭生活中的人父、人夫身份也广为人知，邓超因其在演艺事业中的表现和家庭身份的公众知晓度，具有‘公众人物’的身份和地位。公众人物的容忍限度以公众人物的人格尊严为限，超出该范围，则言论人应承担侵权责任。”

因此，网友剪辑的庭审片段固然幽默，但背后体现的法律原则更值得关注——对网友而言，评论虽自由，但也应有度；对明星而言，则应当容忍适当的权利贬损，但该出手时还是应当依法维权。

>>> ESO 成员纷纷改名！内娱“天降紫微星”为啥怂了

2022 年 6 月，一个名为“ESO”的组合横空出世，组合成员凭借酷似内娱各个艺人的名字或长相以及种种令人惊喜的行为频频登上热搜。组合成员几乎每个行为都令人哭笑不得却又让人忍不住再看两眼。这种“土味”与“顶流”的结合，给 2022 年上半年毫无波澜的娱乐圈带来了极大的冲击，更是被网友戏称为内娱“天降紫微星”。

但同时，也有粉丝和业内人士对此表示质疑，因为这种蹭热度的“山寨”行为，使模仿者可以站在前人的肩膀上更加轻松地获得曝光和知名度，这对于所有通过几万个小时努力练习一步一步获得如今成就的人来说是极不公平的。比如，杨迪就因为与 ESO 在一档综艺内同框而公开道歉，并要求节目组剪掉 ESO 片段。

出现前述争议后没几天，ESO 成员就纷纷宣布改名，这是为什么呢？

一、ESO 到底是谁，有什么成绩

“ESO”是模仿韩国男团“EXO”所取的组合名。该山寨组合均由草根“网红”组成，成员的名字也都是模仿当红艺人名字而来，据不完全统计，组合成员有鹿哈、黄子诚、王二博、林俊绝、权酷龙等。至于他们的名字都取自谁，相信大家一目了然。

截至 2022 年 8 月，ESO 已经创下如下“战绩”：

2022 年 6 月 20 日，ESO 团舞“EIEI”公开，被网友称为“早期人类驯服四肢的珍贵视频”。

2022 年 6 月 28 日，组合成员黄子诚宣布退出 ESO，理由是要考驾照。

2022 年 6 月 29 日，易烊千洗宣布作为经纪人加入 ESO。

2022 年 7 月 1 日，ESO 在长沙进行出道直播，被城管赶走，遗憾宣布回归失败。

2022 年 7 月 5 日，组合成员黄子诚被扒出已婚，网友直呼塌房。

2022 年 7 月 29 日，ESO 发布新歌及 MV，被网友称为“每个音符都落在想不到的位置”。

2022 年 8 月 11 日，ESO 被曝与杨迪、刘维在长沙录制综艺。

2022 年 8 月 15 日，有着前述“豪华战绩”的 ESO 成员却集体改名了。

有人说，ESO 成员改名是因为杨迪发微博“抵制”，也有人认为是因为他们的行为涉嫌侵权，怕被起诉只好火速认怂。是这样吗?

二、ESO 可能存在哪些法律风险

ESO 的行为可能涉及违反《民法典》《著作权法》《反不正当竞争法》中诸多规定的风险，我们在此仅对侵害姓名权及不正当竞争行为进行分析：

(1) ESO 成员的名字如直接使用明星具备一定社会知名度的艺名或简称，且造成公众混淆的，则可能侵犯明星的姓名权

姓名权主要保护的是权利人与姓名这一符号标识之间的联系，以及由此产生的各种财产性利益。《民法典》第 1014 条规定了侵害姓名权的典型行为：干涉、盗用、假冒。

干涉，即侵权者使用违法手段干涉、妨碍他人依法使用姓名权，如父母不允许成年子女改名。盗用，即在未征得他人同意的情况下使用他人姓名从事某种行为，将该行为强加到他人头上，如擅自将他人登记为公司的法定代表人。假冒，即“以假充真”，将别人的姓名作为自己的姓名从事民事行为，造成主体混淆，如冒名顶替别人上大学。

但这都是基于直接使用明星姓名而构成侵权。比如在2015年时，“山寨汪峰”丁某擅自在其演唱会海报中使用汪峰姓名，被汪峰起诉。法院最终判定丁某冒用“汪峰”名义从事商业活动，属于假冒行为，构成对汪峰姓名权的侵犯。

那么ESO成员并非直接使用明星的姓名、艺名或其简称，而是稍作变更而来，是否构成侵权呢？

《民法典》第1017条规定，对具有一定社会知名度，被他人使用足以造成公众混淆的艺名、姓名的简称等，也可参照姓名权受到保护。所以如果ESO成员使用的名称其实是明星具有一定社会知名度的艺名或姓名的简称，则相关名称也可参照姓名权落入《民法典》的保护范畴，需要进一步判断其使用行为是否属于侵害行为。

在此基础上，具体来看：首先，可以排除干涉行为。其次，ESO成员并不存在将其从事的直播行为强加到明星头上的主观意愿，而是为了运作自身，故不属于盗用行为。最后，如果ESO成员的相貌、体态、谈吐、业务能力综合来看与明星相差不多，使公众将其与真正的明星混淆了，就可能构成假冒行为。但从网友的反应来看，大家基本都能辨别出ESO成员与明星本人的差别，故也很难认为其构成假冒行为。

实践中，对于不直接使用明星姓名，而是使用“山寨”姓名的行为，目前还未有过被认为侵犯姓名权的案例。虽然ESO成员已经纷纷改名，但在先的使用行为已经存在，明星仍具备诉权。我们也会持续关注这次被“山寨”姓名的明星是否会通过这种方式进行维权。

（2）ESO可能构成不正当竞争行为

虽然ESO成员的“山寨”名称难以落入侵害姓名权的范畴，但是很可能构成不正当竞争行为。

《反不正当竞争法》第6条规定，经营者不得实施引人误认为是他人商品或者与他人存在特定联系的混淆行为，其中包括擅自使用他人有一定影响的姓名（包括笔名、艺名等）以及其他足以引起混淆的行为。

ESO成员使用与当红流量明星极具相似性的名字，并对其相貌、打扮等进行模仿，从事直播、综艺录制等商业活动，如果足以引人误认为与明星本人存在联系，则可能构成混淆行为。

有人可能会说，大家其实对于 ESO 的山寨行为都是心知肚明的，知道他们并非明星本人，这不构成混淆行为呀，所以他们不违法吧？

对此，《反不正当竞争法》第 2 条所规定的“兜底条款”进行了回应：如果经营者在生产经营活动中，违反法律规定，扰乱市场竞争秩序，损害其他经营者或者消费者的合法权益，则也同样构成不正当竞争行为。在实践中，这通常需要满足 3 个条件：①法律对该种竞争行为未作出特别规定；②使其他经营者的合法权益确因该竞争行为而受到了实际损害（包括预期利益的损害、合法市场份额的破坏、消费者信任度的下降等损害）；③该种竞争行为因确属违反诚实信用原则和公认的商业道德而具有不正当性或者说可责性。

对应到 ESO 事件上，即使 ESO 成员的行为不属于法律明确规定的混淆行为，但 ESO 成员与其山寨的明星同属于演艺行业，并且从事提供直播、演出等劳务服务，均属于经营者；其山寨明星姓名、打扮等蹭热度、“搭便车”的行为无疑违反了商业道德，具有不正当性；通过这种行为不劳而获地挤占明星在其行业市场上的份额，造成流量分散，进而可能影响明星的预期利益；故仍可能构成不正当竞争行为。

所以，网友的猜测不无道理。如果 ESO 成员继续使用与当红流量明星极具相似性的名字，通过对其“山寨”从事商业活动，则很有可能要成被告了。

三、美国法上的“形象权”

前面我们已经了解了 ESO 的行为在我国法律体系下的潜在风险，那么如果 ESO 和他们山寨的明星是在美国，会有所不同吗？

整体来看，我国的人格权制度首要保护的是人格尊严这一精神方面的利益，并没有侧重保护承载于人身权益上的商业利益。而在美国法设置下，却有这样一项权利，侧重对人格商业利益的保护，即“形象权”

(the right of publicity)。它主要是指自然人对于其姓名、肖像、声音或其他与其人身相关的特征进行商业性使用的权利。

形象权的重点在于“可识别性”。以明星为例，即如果侵权人为商业目的利用了明星的可识别的形象，则构成侵权。它甚至不要求使用明星的真实姓名、肖像或声音，而侵权人可能基于使用明星的昵称、“外貌酷似”或声音模仿而需承担责任。

比如，原告凡娜·怀特（Vanna White）因主持电视节目《幸运之轮》而在美国家喻户晓，被告三星公司在商业广告中使用了一个和她酷似的、身着晚礼服、头戴金色假发、佩戴首饰的机器人，站在一个名为“幸运之轮”的游戏棋盘前。最终，美国联邦第九巡回法院认为，综合各种元素，被告广告中描绘的机器人，在大多数人看来对应的只能是原告，其表现出了原告的“可识别性特征”，故构成对原告形象权的侵犯。

可以看出，美国对公众人物的“一切可识别的特征”都提供保护，在这种模式下其保护的路径是比较直接的、范围是比较广泛的。这意味着，如果是在美国，即使ESO成员纷纷改名，只要其仍通过穿着打扮、谈吐、言语等方式再现明星的可识别性特征从事商业活动，可能仍然构成对明星形象权的侵犯。而在我国，适用《民法典》关于姓名权的规定存在不确定性，可能仍然需要从《反不正当竞争法》的混淆行为或兜底条款中寻求救济。

☆ 周公说

ESO为什么会火？一方面，顶着与明星相似的名字、相貌打扮，ESO的存在仿佛真的使高高在上的明星落入凡尘，人们看着这样的“顶流”，难免产生一种猎奇的逆向快感。另一方面，在当下快节奏的生活中，人们超负荷运转的大脑需要的只是简单的快乐，ESO的表演也确实成功给他们带来了一时的爆笑，成功地短暂放松了一下。但这终究只是一时的。在大环境下，或许杨迪的话值得千千万万个ESO深思——“每一位模仿者最终都会回归到自己，‘硬实力’才应该是推崇和有价值的”。

>>>《少年的你》大火背后，为何原著又惹抄袭争议

2019年最火的国产电影非《少年的你》莫属。

在2019年6月疑似因题材原因经历临时撤档之后，《少年的你》选择于同年10月25日低调上映。但甫一上映便以逆天的口碑引爆舆论，豆瓣开场分数达到8.7分，首日票房便破两亿元。

当然，成功并不是偶然，本片由电影《七月与安生》的导演曾国祥和监制许月珍再次联袂打造，二者已然是品质保证。前者经过几部风格鲜明的导演作品之后，已经完全摆脱了曾志伟之子的头衔；后者与陈可辛搭档多年，监制、制作、编剧过《金枝玉叶》《甜蜜蜜》《如果·爱》《十月围城》《中国合伙人》等一系列知名作品。

周冬雨继《七月与安生》"封后"金马后，在本片中爆发出了更为惊人的能量；而一直被冠以流量担当名号的易烊千玺在演技上也毫不露怯，堪称影片中最大的惊喜。

本片触及了国产电影中少有涉及的"校园霸凌"的社会负面题材，这应该是撤档修改的主要原因。此外本片还成功融合了悬疑等商业元素，相比其他社会题材影片来讲可看性增色不少。

但是，在本片良好口碑持续发酵的同时，网上关于原著小说"抄袭""融梗"的质疑之声也开始不断泛起。虽然声讨之势并没有完全针对电影，但也让本片陷入了比较尴尬的境地。好像因为原著被指责"抄袭"的原罪，让电影的成功都显得没那么理直气壮了。

网上的争吵大多停留在道德指摘的层面，再加上粉丝的加入让局面

更加复杂。但是，如果单纯从法律角度而言，原著被指“抄袭”和电影到底有多大关系？要说清楚这一点，可能还要从原著小说讲起。

一、《少年的你，如此美丽》被指“融梗”

电影《少年的你》改编自玖月晞的小说《少年的你，如此美丽》，最早连载于晋江文学网。

而此次网上对于小说进行声讨时，多次提到一个叫“融梗”的词。这并非一个法律概念，大意是指把多个故事中的“梗”融合到一部作品里面使用。这里的“梗”可能指的是创意，可能是人物关系，也可能是情节或桥段。

如果把直接或间接复制的行为定义为“抄袭”的话，“融梗”的情节可能要略轻微一些，当然也更难以评判。这可能也是作者玖月晞的作品被争议已久，却鲜少涉及侵权诉讼的原因之一。

之前的争议大多还是在圈内流传，本次事件之所以能迅速出圈发酵，除了同名电影成为爆款的原因之外，跟《少年的你，如此美丽》被指“融梗”的对象也有关联：这就是大名鼎鼎的日本国民级推理小说作家东野圭吾和他的代表作《嫌疑犯 X 的献身》和《白夜行》。

除了写过《福尔摩斯》的柯南·道尔之外，东野圭吾应该是中国读者最熟悉的推理小说作者了，他的作品有“社会派推理”之称，擅长将社会问题与悬疑推理相互结合。这恰好也正是《少年的你》引发争议的特点之一。东野圭吾的两部代表作已经被日韩等国多次改编为影视剧，苏有朋在 2017 年第二次执导电影作品时也把目光投向了这部经典。

部分网友对于《少年的你，如此美丽》与《嫌疑犯 X 的献身》、《白夜行》等作品的相似点做了分析对比。日前，已有北京互联网法院的一审判决认定部分网友制作的对比调色盘与原文存在较大差异，构成诽谤、侵犯玖月晞的名誉权。

上述案件中法院的观点也警醒网友，面对即使是“调色盘”这类看上去言之凿凿的“剽窃依据”，其本身也不见得真实、站得住脚。“剽窃”“抄袭”也并不是以简单地“认为似曾相识”来进行判别。

尤其是《著作权法》中的“剽窃”的侵权行为，还需要结合具体证据材料，从法律技术方面进行分析，这其实是一套非常复杂的审查判断程序。

二、判定“剽窃”的基本思路

首先，需要确定对比的文本。如果都是小说还好，如果一个是小说一个是影视剧，那就需要先把影视剧的主要情节总结转换成文字作品，因为文字作品和影像作品是无法直接做相似性对比的。当然，如果影视剧剧本也公开的话，直接用小说和剧本进行对比即可。

其次，需要概括侵权点。这个工作一般由原告完成，主要是对于两个文本之间相似或相同的点，从多个维度进行概括和对比。这个工作其实是技术含量最高的一个环节。因为网上流传的很多网友自制的“调色盘”式对比方式，一般只适用于那种直接复制的“低端抄袭”情形。如果要对比人物设置、人物关系及具体情节等层面的相似之处，就需要先把这些内容用精练的语言总结出来，然后再一一进行对比。而侵权点寻找概括得是否准确客观，也会直接影响最终的结果判定。

再次，需要先排除公知素材。众所周知，很多情节和桥段因为人人都在用，可能早已进入公有领域，不能被单个作者所垄断。所以在对比具体的情节前，需要把公有领域的素材先排除出去。但如何判断哪些素材属于公有领域又是一个难题。在实践中一般需要被告对此进行举证说明，比如自己独立创作的思路和过程，或者哪些在先作品中已经存在类似的内容。

最后，需要进行实质性相似的对比。排除公知素材后，就进入最核心的实质性相似的判断阶段了。这是整个过程中最复杂的部分，主要是对人物设置及关系、具体情节、故事结构等方面进行全面对比。最终结果完全取决于法官的看法，所以此类案件中法官的自由裁量权是非常大的。

在“《宫锁连城》侵权《梅花烙》”一案中，法官最终认定前者构成对后者的抄袭①；而在“《最后的骑兵》侵权《高原骑兵连》”一案中（最高人民法院指导性案例第 81 号），最高人民法院得出了相反的结论。

由此可见，虽然判断抄袭的法律规则相对固定，但是否构成侵权需要在个案中做具体判断。即便是熟谙行业规则经验丰富的法官的观点常常也有所不同，也难怪吃瓜群众基于不同立场在网上吵翻天了。

三、小说被指抄袭会影响改编的电影吗

从最终呈现效果来看，电影《少年的你》对于原著小说已经做了较大幅度的改编和调整，再加上主创团队对于电影自有故事和氛围的超强把控能力，引起争议的相似点被进一步弱化。可以这么说，若非网络声讨甚嚣尘上，观众不一定会主动联想。

在这种情况下，假如原著小说真的存在实质性相似的情形，而东野圭吾在被惊动后跨洋维权（虽然这种可能性比较小），会对电影造成影响吗？

如果从诉讼角度来说，除非东野圭吾把小说作者和电影片方列为共同被告，否则并不会对电影带来实质性的影响；另外，即便被列为共同被告，但电影和东野圭吾的小说之间是否有实质性相似的侵权点，这个最终判定可能还是要打一个大大的问号。如果再退一步，即便法官最后认定电影也有侵权情节，电影片方仍可依据和小说作者之间的授权合同关系，向小说作者索赔，因为一般此类合同中都会要求小说作者承诺其作品的原创性，如因知识产权争议造成的损失需要赔偿。

所以目前的“融梗”“抄袭”等言论对于电影的影响，更多是声誉方面的；更难受的是，面对言之凿凿的指责，很多时候还无从反驳。

---

① 参见米新磊:《琼瑶诉于正　引出认定抄袭三原则》，载微信公众号“周公观娱”2016 年 1 月 14 日，https：//mp. weixin. qq. com/s? src =3&timestamp =1708237946&ver = 1&signature = DAGxyQxKd1a571Iw3qRNoDDYQerT – vk5196KlWNtdwtvkPKpto7lKBcSqMe3PT99EYikMEzdGUxfStOKEaSbtZL – VfwhJSvZqwXr5 – uWdBgdmPjlgfNLVbUUT42vPlO91zDFsJWJhKk53mNJyqDg7Q = =。

☆周公说

回过头看当今的互联网时代草木皆兵，任何内容创作都可能被冠上“抄袭”的名头，“抄袭”二字被放大，而真正的“抄袭”标准却逐渐被模糊。“抵制抄袭”也可能是被造谣者披着正义的外衣、携被误导的热血网友对创作者进行的一场舆论狂欢。一些“抵制抄袭”的支持者甚至没有完整阅读过其中任意一部作品。实际上，对于何为“抄袭”的评判，如果放在法律的语境下，是一个需要具体分析和足够的专业知识来衡量的判断，毕竟，所谓的“抄袭”其实是指著作权侵权，是否构成侵权，还应由司法机关裁决。

PART 2

娱乐互联网时代的恩怨

- “王者荣耀”案落槌，游戏和短视频的较量远未结束
- 司法风向变了？虎牙争夺主播，并非不正当竞争
- 爱奇艺《庆余年》案判了，超前点播何错之有
- 《个人信息保护法》生效，大数据杀熟和算法黑箱可休矣
- 网络直播打赏，什么情况下可以返还
- “直播带货”里的陷阱
- 时下火爆的直播带货，有多少经不起《广告法》的推敲
- 滴滴 App 遭下架：数据是财富，合规是生命线
- 游戏“换皮”判赔 3000 万元！玩法规则也受《著作权法》保护吗

周公观娱

>>> “王者荣耀”案落槌，游戏和短视频的较量远未结束

2020年初始，一场突如其来并迅速蔓延的疫情打乱了整个中国经济的运行节奏，被称为中国经济的“黑天鹅”事件，大部分实体行业都陷入了困顿，前路渺茫。

但也有少数行业，却因此收获了逆势增长，比如以网游为代表的线上娱乐行业。而腾讯的“王者荣耀”也成为隔离期间消磨时光的重要选择之一。据报道，2020年1月，“王者荣耀”的真实流水情况应在90.84亿元左右，创历史新高。

此外，短视频行业也迎来了爆发性的增长，疫情期间的下载量迎来高峰。抖音买下《囧妈》版权，快手赞助春晚，都成为现象级的话题事件。而对于疫情进展的实时关注，也让短视频的信息传播媒介作用凸显，突破了既往单纯的娱乐功效。

而2020年2月，广州互联网法院关于《王者荣耀》著作权及不正当竞争纠纷案的一纸判决，也让游戏和短视频这两个热门行业内的头部选手再次短兵相接。

这次诉讼，其实也是二者长期以来商业竞争的一个缩影。

一、游戏公司与短视频公司短兵相接

根据广州互联网法院的报道①，本案的原告是深圳市腾讯计算机系统有限公司（以下简称腾讯公司），被告是运城市阳光文化传媒有限公司（以下简称阳光文化公司）与广州优视网络科技有限公司（以下简称优视网络公司）。

据了解，阳光文化公司在其运营的西瓜视频平台中的“游戏”专栏，下设了《王者荣耀》专区，在显著位置主动推荐《王者荣耀》游戏短视频，这些短视频均系游戏用户在对运行《王者荣耀》游戏的画面进行录制、剪辑、配乐和解说后形成。此外，阳光文化公司还与多名游戏用户签订《游戏类视频节目合作协议》，共享收益。而公众可以通过优视网络公司运营的应用助手下载到某视频平台的软件应用程序。

因此，腾讯公司认为阳光文化公司未经许可，在其运营的视频平台上传播了大量的《王者荣耀》游戏短视频，并获得巨额收益，侵犯了腾讯公司的作品信息网络传播权。由于腾讯公司也在运营《王者荣耀》游戏短视频业务，阳光文化公司通过引诱用户上传侵权视频，获得了巨大的商业利益，对腾讯公司的短视频市场运营造成重大损失，构成不正当竞争。因优视网络公司提供某视频平台软件程序的分发、下载服务，扩大了侵权行为的影响力，构成共同侵权。

一审法院最终认定阳光文化公司的行为侵犯了腾讯公司作品的信息网络传播权，判决要求停止侵权、赔偿经济损失 480 万元及合理费用 16 万元，全额支持原告的诉讼请求。此后阳光文化公司提起上诉，2021 年 3 月，广州知识产权法院二审维持了一审判决。

在本案中，最核心的一个争议焦点在于《王者荣耀》这款游戏的定

① 参见《国内首例多人在线竞技类游戏短视频侵权案一审落槌!》，载微信公众号“广州互联网法院”2020 年 2 月 18 日，https：//mp. weixin. qq. com/s? src =11&timestamp = 1708237896&ver =5087&signature =X3GGdHTcmG4ffkaPFDbo2oPF92zwA4GIqRQYLtW8MSo1vtCQse0oiCwyLCQMyRsSFmPnYFE9WB3dYLBa - gmC8m6oqoWZpSCR4SX9iEweLb2Vy7Wb2gUovaWwZVHpBOXu&new =1。

性，腾讯公司和阳光文化公司对此展开了激烈的交锋，一审法院的判决也花费了大量笔墨对此进行了阐述。也正因如此，本案成为国内认定MOBA（Multiplayer Online Battle Arena，“多人在线战术竞技游戏”）类游戏连续画面为类电作品的首例判决。

二、保护游戏版权的“曲线救国”模式

众所周知，现行《著作权法》并没有规定“游戏”这一作品类型，因此只能通过将游戏归入法律有规定的类似作品这一“曲线救国”的方式进行保护。实践中，很多判例中是将游戏画面认定为“类电作品”（以类似摄制电影的方法创作的作品）来解决这个问题。

原因很好理解，电影或类电作品的本质是“可以通过一定方式传播的一系列有伴音或者无伴音的画面”，而很多游戏作品完全具备这个表征，与动画非常类似。正如2019年终审的“太极熊猫 v. 花千骨侵害著作权一案”判决所言：“《太极熊猫》整体画面从其表现效果来看，是随着玩家的不断操作，呈现在屏幕上的‘连续动态的图像’，符合类电作品的定义。”

但是，现实情况的复杂之处在于，游戏并非只有一种类型。与类电作品特点相似的游戏一般是具有较强故事背景、情节设定的角色扮演游戏类游戏（Role - playing Game，RPG）。但对于《王者荣耀》这种MOBA类游戏来说，该如何定性仍然存在争议。

对于MOBA，此类游戏玩法的特点是：玩家通常被分为两队，两队在分散的游戏地图中互相竞争。每个玩家只需控制自己所选的角色，与团队协作摧毁敌方基地就算作胜利。蜚声世界的DOTA、英雄联盟等都是MOBA游戏中的翘楚。

此类游戏的特点是“弱剧情、强交互”，这一点就与电影作品有明显的区别。此外，电影作品有时间长度，所以画面数量也是可计算的。而MOBA类游戏在运行过程中产生的游戏画面可能是难以穷尽的。正如广州互联网法院在“王者荣耀”案判决书中所言：

“（此类）游戏因用户选择和调用不同的游戏资源，将再现出不同

的丰富多彩的连续活动画面，包括不同的画面细节、人物外形、动作姿态、技能释放效果等。根据《王者荣耀》游戏现有的英雄选择不同的排列组合进行5v5的战斗，会产生上亿种不同的阵容组合，其游戏整体画面在某种意义上讲是难以穷尽的，可以在不同用户的参与下一直呈现扩张状态。”

但是，法院最终还是认为，尽管游戏画面从某种意义上来说难以穷尽，但潜在的画面都可以通过不同组合的形式显现。也就是说，即便画面数量再多，也不会出现脱离游戏本身的新的内容。因此，只要该游戏符合一系列有伴音或者无伴音的画面组成的基本特征，并且可以由用户通过游戏引擎调动游戏资源库呈现出相关画面时，就可以认定为类电作品。

三、腾讯系和头条系的再次缠斗

除了《王者荣耀》游戏作品性质认定这一亮点外，本案原被告的身份其实也耐人寻味。阳光文化公司和西瓜视频正是字节跳动公司旗下的知名短视频公司，因此本案正是腾讯系和头条系之间的又一次斗争。

如《直播〈王者荣耀〉也被禁，头条系做错了什么?》[①] 一文中所述，这已经不是腾讯公司在游戏领域和头条系的第一次正面冲突。2019年年初，西瓜视频就因为公开进行招募、组织主播人员直播《王者荣耀》游戏并从中获利，收到了广州知识产权法院做出的国内游戏直播行业的第一个知识产权禁令。

此次腾讯公司通过同样的招式再次出击，只不过枪口从直播领域转向了日渐壮大的短视频行业。

---

① 参见文方：《直播〈王者荣耀〉也被禁，头条系做错了什么?》，载微信公众号“周公观娱”2019年3月28日，https：//mp. weixin. qq. com/s? src =11&timestamp =1708237994&ver =5087&signature =Df -1UfXy7ZYcCJgSw1iKjjrfzAaSOMUEELVGyDJcdWU70Qgfd4NK25 * ebKXW2 -dLdnbWWveJIDBrVctelHRRd Q4HKfpQLXHvubk * slzfc1ytKOaR7mEB -Y97JXrbkA8g&new =1。

☆周公说

正如“网红”电商直播是带动电商平台卖货的重要营销方式一样，主播游戏直播向来是带动一款游戏知名度的重要途径。但是，如《2019年中国网络视听发展研究报告》[①] 中的数据显示，直播行业自2018年起已经开始呈整体下滑趋势，与之相对应的是，短视频行业却迎来了爆发性的增长，已经形成了抖音、快手平分秋色的“两超多强”局面。这也是很多做直播的主播转行去做短视频的原因。游戏行业当然也不例外。

迅速崛起的短视频平台瓜分的是公众的注意力，利用的内容却是竞争对手引以为傲的游戏作品，面对这种抢占流量的行为腾讯公司自然不能听之任之。从长远来看，单纯依靠游戏的盈利模式已经被证明存在很大风险，因此加强社交业务的占比，抢占短视频的山头，自然不遑多让；自家的游戏当然是在自家渠道传播最好，所以扶持自家的短视频平台“微视”，也是打击对手的目的之一。

所有的诉讼体现的都是竞争策略，这便是腾讯系与头条系之间不断缠斗的商业逻辑所在。

---

① https://www.sohu.com/a/316802357_728306.

>>> 司法风向变了？虎牙争夺主播，并非不正当竞争

"有人的地方就有恩怨，有恩怨就会有江湖。"

网络直播的江湖，尤其如此。无数光鲜亮丽的主播背后，是各大平台之间因主播跳槽、互相挖角而引发的恩恩怨怨。

法律如何评价平台挖角主播的行为，是问题焦点。

2017 年年末，武汉市中级人民法院在朱浩案中认定直播平台擅自挖角主播构成不正当竞争①，引发行业地震。而就在 2020 年年末，浙江省高级人民法院就李勇案作出判决，终审认定虎牙公司争夺主播的行为并非不正当竞争，再次触动行业神经②。

司法风向变了吗？争夺主播究竟是不正当竞争行为，还是正常的人才竞争？通过研读判决书，或许能找到答案。

一、李勇案案情概要

浙江省高级人民法院终审判决的李勇案，是一起典型的因主播跳槽引发的案件。

该案原告叫开迅公司，经营"触手"直播平台。开迅公司与经纪公

① 鱼趣公司诉炫魔公司、脉森公司、朱浩侵害著作权及不正当竞争纠纷案，湖北省武汉市东湖技术开发区人民法院简易程序裁定书，（2016）鄂 0192 民初 1897 号；湖北省武汉市中级人民法院民事判决书，（2017）鄂 01 民终 4950 号。

② 杭州开迅科技有限公司与李勇等不正当竞争纠纷上诉案，浙江省杭州市中级人民法院民事判决书，（2019）浙 01 民初 1152 号；浙江省高级人民法院民事判决书，（2020）浙民终 515 号。

司伊恬中心签约，约定由伊恬中心为开迅公司招募、推荐主播。伊恬中心又与主播李勇签约，推荐李勇至开迅公司平台上独家直播，双方就直播收益分成。协议同时约定，若李勇违约，需要赔偿伊恬中心违约金，违约金数额包括伊恬中心向开迅公司支付的违约金，以及伊恬公司的可得利益损失。

上述协议履行过程中，主播李勇跳槽至虎牙平台直播，构成违约。为此，经纪公司伊恬中心与开迅公司达成《补充协议》，由伊恬公司赔偿开迅公司成本损失、预期可得利益共 366 万余元。伊恬中心随后另案提起仲裁，要求主播李勇赔偿其损失 389 万余元，图 1 为本案的法律关系示意。

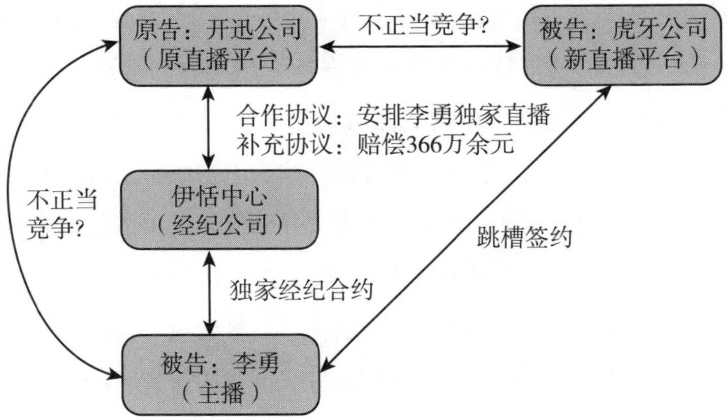

图 1　法律关系示意

在依据合同获得 366 万余元赔偿后，开迅公司并不满足。开迅公司认为，虎牙公司允许、放任、有意使用开迅公司培育的主播，并利用主播与用户的黏性，采取昵称、头像等影响力因素，与主播李勇共同实施的窃取开迅公司用户及流量的行为构成不正当竞争。开迅公司遂向法院起诉，索赔 1319.5 万元。

二、李勇案两大焦点问题

在该案中，两审法院论述的焦点问题有两个：（1）主播李勇的行为，是否构成对开迅公司的不正当竞争？（2）虎牙公司的行为，是否构成对开迅公司的不正当竞争？

对于第一个焦点问题，法院认为："在市场竞争中，自由是原则，通过反不正当竞争法进行干预是例外，其中通过第二条一般条款进行规制尤其应当慎重……在违约行为发生时，一般应直接适用合同的约定及相关的合同法律规定，这属于经营者自由竞争的范畴。除非经营者的行为在违反合同义务之外，还损害了公共政策所保护的其他利益……才应受到反不正当竞争法的规制。"

据此法院认为，李勇在本案中实施的签约虎牙、使用原头像/昵称直播等行为均涉及合同义务的违反，可由《合同法》进行规制，但未损害公共政策所保护的其他利益，故不应再适用《反不正当竞争法》进行调整。

一言以蔽之，法院认为李勇的涉案行为用《合同法》（现《民法典》合同编）上的违约责任规制即可，《反不正当竞争法》具有谦抑性，没必要再行介入。主播个人的违约跳槽，不构成不正当竞争。

对于第二个焦点问题，法院认为需要判断虎牙公司的行为是否违反了诚实信用原则和公认的商业道德。《反不正当竞争法》中的商业道德不同于一般意义上的个人品德或社会公德，故尽管虎牙公司与有约在身的主播签约具有过错，但也应当从行为方式、行为目的、行为后果三个方面，考察虎牙公司是否违反了商业道德。

（1）从行为方式上来看，李勇认可其出于自身发展考虑更换平台，无证据证明虎牙公司采取了引诱行为。故虎牙公司的行为并非恶意诱导，而是接收跳槽主播。

（2）从行为目的上来看，虎牙公司作为市场主体，选择与能够为其带来商业机会和竞争优势的跳槽主播合作、提升竞争力，符合通常的商业伦理，不具有不正当竞争的目的。

（3）从行为后果上来看，开迅公司的平台用户及流量损失系依据合同可获得的期待利益，故可以在与主播签署的合同中约定损失计算方法，以弥补自身损失。

综上，法院认为虎牙公司未违反公认的商业道德。在市场机制存在自我净化、调节能力的前提下，《反不正当竞争法》应减少对市场竞争行为的干预，直播平台单纯接收跳槽主播的行为无须适用《反不正当竞争法》调整。

三、争夺主播行为适用《反不正当竞争法》的司法分歧

分析完浙江省高级人民法院的判决后，笔者将本案与2017年武汉市中级人民法院判决的朱浩案［（2017）鄂01民终4950号判决书］做了对比。同样是主播跳槽案，两地法院在多处观点上存在分歧，也各有精彩论述。在此简单归纳，供读者讨论争鸣。

（一）关于网络直播行业的自身特点

在浙江省高级人民法院判决中，法院并未就网络直播行业的特点过多着墨，而是将其与一般行业做类比。法院指出：

“高薪是争夺人才的常见市场竞争方式，也在一定程度上体现了人才的价值……此种吸引人才的方式在一个竞争充分的市场中当属常态，不应认定有悖商业道德。”

而对于同样的问题，武汉市中级人民法院则认为：

“擅自使用他人签约主播资源，虽然与传统行业中企业人才的挖角与跳槽有些类似，但又有本质不同。传统行业中……企业真正参与市场竞争的是产品……企业人才即使流失到竞争对手处，也并不直接导致该企业产品的竞争力和市场占有率下降……而网络直播行业中，主播并非企业员工，更类似于传统行业中参与竞争的企业产品，特别是自行发掘并培养的主播，实际上就是平台推向市场直接参与市场竞争，抢占市场占有率，获取流量的‘优质产品’……”

“使用他人签约主播，实质上就是直接攫取他人竞争果实——不仅仅是平台花费大量人财物所培养的优质主播资源，也包括了平台通过激烈竞争和长期经营所积累的观众及流量……在分析涉案行为是否构成不正当竞争时，必须考虑网络直播行业的竞争环境及特点，探求该行业公

认的商业道德。"

（二）关于是否符合商业伦理的判断标准

由于市场竞争本身就带有损人利己的性质，故"商业伦理"不同于一般意义上的个人道德或社会公德。在这一点上，两地法院的观点一致。但是，两地法院在判断涉案行为是否符合商业伦理时，采用了不同的参考因素。

在李勇案中，法院采用的参考因素是市场经营者的行为方式、行为目的、行为后果。法院认为："涉案网络直播行业属于新兴市场领域，对于各种商业规则仍在探索中，商业道德在相关市场共同体中尚未形成共识，应结合市场经营者的行为方式、行为目的、行为后果等案件具体情形来分析判定。"

而在朱浩案中，法院采用的参考因素是：（1）对行业效率的影响；（2）对竞争对手的损害程度；（3）对竞争秩序及行业发展的影响；（4）对消费者福利的影响。武汉市中级人民法院认为："商业伦理标准可以实际的行业背景下的商业惯常做法为依据，它必须以市场效率为基础和目标，并符合行业的竞争环境及特点……若竞争行为虽损害了其他竞争者利益，但符合商业实际，促进了商业模式的创新，提升了行业效率，增进了消费者福利，则应摒弃完全诉诸主观的道德判断，认可竞争的正当性；反之，若竞争行为既损害了其他竞争者利益，又无法促进市场效率，反而扰乱了公平竞争市场秩序，有损行业发展，则应归于可责性的不正当竞争行列。"

从这段论述中，我们明显可以看到边沁、穆勒功利主义学派的影子。这与李勇案中法院"自由主义"的观点形成了鲜明对比。

（三）关于《反不正当竞争法》介入的必要性

关于在适用合同救济的同时，是否需要《反不正当竞争法》介入，两地法院也有不同观点。

浙江省高级人民法院认为，在当事人能够通过合同方式得到有效救济的情况下，《反不正当竞争法》的适用更应秉承审慎、谦抑的原则，不应随意干预当事人的行为自由。

而武汉市中级人民法院则指出："从网络直播行业的竞争特点看，合同法律规范的规制并不足够。因主播资源对平台意义过于重大，竞争行为的发起者多为参与竞争的平台而非主播，而平台非合同方，通常也并不介意将违约之代价作为竞争成本，合同法律规范显然无法限制作为非合同方的竞争平台，反不正当竞争法介入并对行为做出评判具有必要性。"

☆ 周 公 说

作为首例认定主播跳槽行为的主播方、平台方均不构成不正当竞争的案件，且由地方高级人民法院作出终审判决，李勇案对于直播行业的示范意义和导向作用不言自明。

但笔者的个人观点是，目前断言争夺主播纠纷的司法风向已变，还为时尚早。

一方面，李勇案案情本身具有特殊性。该案中，原平台方已经从经纪公司处获得了 366 万余元的赔偿，该赔偿中明确包括平台方的预期利益损失；且原平台也未能举证证明虎牙公司存在恶意引诱的行为。这两点，也是法院判决的重要参考因素。

另一方面，本案作为一份个案判决，在部分说理上似有可探讨之处。例如，法院在分析涉案行为对竞争秩序的影响时指出，"虽然主播跳槽对用户的平台选择存在较大影响，可能导致行业竞争的加剧，但不同平台能够通过及时调整自身的经营策略，拓展精品游戏资源，创新服务形式和更新营销举措等方式，提供更多和更高质量的服务项目，以吸引用户……故虎牙公司未扭曲市场竞争秩序"。相较而言，笔者个人更认同朱浩案判决中的相关论述。

"把市场的交给市场。"李勇案中法院的判决要义，或许用这句话可以概括。作为首例认定主播跳槽行为的主播方、平台方均不构成不正当竞争的案件，李勇案对于直播行业的影响不言而喻。本案是否会成为此类案件的司法风向标？只有时间能给我们准确答案。

>>> 爱奇艺《庆余年》案判了，超前点播何错之有

2019 年年底，《庆余年》通过腾讯视频和爱奇艺首播，该剧制作优良，引得网友热捧，纷纷争先恐后追剧。本来播出的剧集叫好又卖座，对播出平台来说是好事一桩，但当腾讯视频和爱奇艺趁热打铁推出“超前点播”后，却惹得网友吐槽不断。

更有律师不仅“动口”吐槽，还“动手”起诉了爱奇艺，认为爱奇艺的会员协议相关约定属格式条款，要求法院确认该等条款无效，并请求法院判决取消超前点播功能。

该案由北京互联网法院于2020 年6 月2 日作出一审判决，北京市第四中级人民法院于2020 年 12 月 9 日作出判决维持原判。法院判决认定爱奇艺公司的《爱奇艺 VIP 会员服务协议》（以下简称 VIP 用户协议）部分无效；在原告吴某购买会员服务后更新的“付费超前点播”条款对吴某不发生效力；爱奇艺公司连续 15 日向吴某提供黄金 VIP 会员权益，使其享有爱奇艺平台已经更新的卫视热播电视剧、爱奇艺优质自制剧的观看权利，并赔偿吴某公证费损失 1500 元。

尽管本案是因“超前点播”这一特殊的视频网站会员权益而起，但目前这份判决对 VIP 用户协议的相关认定，可能对所有互联网平台的合规都有影响。

一、下画线不等于尽合理提示义务

吴某的诉讼请求涉及请求法院确认爱奇艺 VIP 用户协议相关约定无

效或未生效，其中部分约定实际上在大部分互联网平台的用户协议中都可以看到相似内容。

比如，VIP 用户协议导言第 2 款的“双方同意前述免责、限制责任条款不属于《合同法》第 40 条规定的‘免除其责任、加重对方责任、排除对方主要权利’的条款，即您和爱奇艺均认可前述条款的合法性及有效性，您不会以爱奇艺未尽到合理提示义务为由而声称协议中条款非法或无效”。

因为互联网平台的用户协议往往会详尽约定涉及平台服务的方方面面，为了确保平台的权益，一般用户协议中都会约定用户认可平台所设定的“免责、限制责任类条款”是合法有效的，并约定用户同意放弃主张平台“未尽到合理提示义务”。

但本案中北京互联网法院则认定此等约定属无效的格式条款。尤其值得注意的是，法院对“合理提示义务”相关约定的认定和说明。

法院认为，VIP 用户协议中“您不会以爱奇艺未尽到合理提示义务为由而声称协议中条款非法或无效”部分是爱奇艺以格式条款拟制其已尽到法定义务，本质上是通过格式条款，排除合同相对方的法定权利，规避了应尽的法定义务，不符合《合同法》第 39 条（现《民法典》第 496 条）的规定，此等约定应属无效。

特别地，判决中认定，“根据 WORD 软件字数统计，‘涉案 VIP 会员协议’总字数约为 9640 字，其中下画线部分字数约为 6440 字。爱奇艺公司主张下画线部分是重点提示内容”。对此，法院认为，因为爱奇艺在 VIP 用户协议中“为履行提示义务而标注下画线的文字，比不标注下画线的文字多出一倍”，所以，爱奇艺并未尽到合理的提示义务。

实际上，对用户协议中需提示用户的内容加下画线，是包括但不限于互联网公司在起草用户协议时最常用的方式，而法院的思路显然是划重点太多，相当于没有重点，按此逻辑，可能不少互联网平台的用户协议都不能满足法院对“合理提示义务”的标准。

这样一来，从谨慎合规的角度，恐怕互联网平台都需要对自己提示用户的方式重新思考，这无形中提高了互联网平台的合规成本。

二、单方变更条款要遵循公平原则

本案对于涉及平台变更条款和协议版本的认定，也值得互联网平台加以注意。

具体而言，VIP 用户协议有如下约定。第 3.1 条："爱奇艺有权基于自身运营策略变更全部或部分会员权益、适用的用户设备终端。"第 10.2 条："双方同意，解决争议时，应以您同意的最新《爱奇艺 VIP 会员服务协议》为准。"

按上述约定，首先，爱奇艺有权随时变更与用户之间的约定；其次，对于版本经常更新的用户协议，只要用户同意了，即以最新版本为准。

本案中，对互联网平台有利的是，法院并未否定此等"单方变更条款"的效力。

法院在分析第 3.1 条效力时，明确认可了"……服务型网络平台，基于用户需求、技术发展、商业运营等因素，适时调整服务内容、更新服务模式，有其行业必要性和现实合理性。且合同当事人通过合同条款，为自己保留单方面变更合同的权利，属于当事人合同自由的组成部分"。

但是，法院也进一步对互联网平台提出要求："在具体适用该单方变更条款时，基于公平原则，爱奇艺公司负有不损害合同相对方利益的当然法律义务。"

而对 VIP 用户协议第 10.2 条，因该条款说明了更新版本的用户协议须经用户同意，法院并未否定该条款效力。

但法院认为，尽管会员协议中约定如果用户不同意更新后的协议的，会员有权停止使用 VIP 会员服务，但爱奇艺"没有提供给 VIP 会员便捷解除合同，退还 VIP 会员费的有效渠道，导致即便会员不同意变更的内容，其解除 VIP 会员协议的权利形同虚设，构成对 VIP 会员权利的实质损害”。

法院进一步认为，VIP 用户协议中“如您在变更后的协议生效后仍继续使用 VIP 会员服务的，则视为您已经同意变更的全部内容”的约定违反公平原则，“因为在于己不利、被动适用的合同条款中，合同相对方‘真实意思表示’的‘同意’，必须是积极的、明确的、可以被共同认知的具体行为或者具体表达。……当用户进行爱奇艺平台的登录操作时，用户已经登录的行为，亦不能认为是同意用户协议链接下的 VIP 会员协议及其变更的内容”。

实际上，法院的上述认定就用户的“同意”向平台提出了很高的要求。仅仅是在合同条款上赋予用户以“不同意”的权利还不够，还需要向用户提供其在“不同意”的情况下可以权益不受损害地解除合同的便捷渠道，否则，用户即便继续使用 VIP 会员服务，也不代表其真实地“同意”协议内容的变更。

三、消费者权益与平台责任

诚然，法院判决对用户权益的保护非常到位，也展开了较为充分的论述，但从平台角度看来，这份判决所透露的信息，恐怕不仅仅是能否继续开通“超前点播”功能这么简单。

如前所述，法院对用户协议不少条款的论述，都给平台增加了合规成本，平台需要从对“用户友好”、对用户更加周到、体贴的角度去设计用户协议，并需要配套地调整网站本身功能的实现渠道。

或许平台本身就不够“体贴”，本身为用户提供的措施就不尽周全甚至不尽公平，但这份判决是否给平台加以过高的义务？

举例来说，根据爱奇艺公司的说法，对于协议内容的变更，其在设置“付费超前点播”服务时，在用户协议正文开始部分存在版本更新提示，内容为“爱奇艺集团于前述时间更新了《爱奇艺服务协议》的相关内容。本次更新的内容主要包括：增加了 VIP 会员服务（包括自动续费服务）的相关内容、更为具体地阐述了爱奇艺集团的联系渠道以及其他文案描述性内容调整等。请您在使用/继续使用爱奇艺集团的产品与/或服务前仔细阅读和充分理解全文，并在同意全部内容后使用/继续使用”。另外，该协议中设有跳转链接，可以链接至VIP用户协议。

在某种意义上，不能不说爱奇艺此前的告知手段已经符合目前通常互联网平台的注意水平了。

但法院认为这还不够，在判决中，法院对互联网平台有更高的期望：“在爱奇艺平台用户登录的过程中，页面中有弹窗、弹窗中有文字提示，这种明示且便捷的方式，证明爱奇艺公司有技术能力和实践能力，可以为观影用户提供便捷的服务。上述便捷的技术能力和实践能力，完全可以同时运用到VIP会员在订立合同、变更合同、解除合同等各环节中去，爱奇艺公司可以且应当全面地、有效地运用相关技术，提高服务质量，避免纠纷的产生。”法院认为爱奇艺所取得的用户对协议变更内容的“同意”并不公平，主要是因为爱奇艺并未给用户提供便捷的解约渠道，但是，法院在上述论述所提出的要求，恐怕体现的是目前司法实践对消费者/用户权益保护的高度倾斜。

对用户的告知义务要尽到何种程度才算公平、充分？仅仅一般性的提示查看还不够，还需要充分采取各种手段令用户能非常便捷、直接地甚至是难以忽视地注意到用户协议的变更。

☆周公说

目前的判决结果尽管像是“一边倒”地支持了原告吴某的主张，但正如爱奇艺的公开回应所言，本次一审判决其实并未否定超前点播模式本身这一商业探索。包括判决中对会员协议相关条款效力的认定和说理，也充分肯定了互联网经济模式下的新的探索。

显然，如何在消费者的权益保护与商业自由和创新之间进行平衡，是需要司法实践一步步摸索和谨慎考虑后果的。

毕竟，如若司法实践只是单纯地向消费者权益倾斜，而不考虑互联网平台合规成本，也可能会“纵容”消费者们继续躺在权利上睡觉，只要求平台无限度满足自己的要求，而不会“用脚投票”；长此以往，也有碍互联网的自由竞争和发展，最终消费者的福利也会受损。

>>>《个人信息保护法》生效，大数据杀熟和算法黑箱可休矣

2021 年 11 月 1 日，万众瞩目的《个人信息保护法》（以下简称《个保法》）正式生效。该法自 2018 年 9 月纳入全国人大常委会的立法规划之后，就进入了立法的快车道。从 2020 年 10 月第一次公布征求意见稿，到 2021 年 8 月正式通过，整个过程还不到一年。再结合 2021 年年初生效的《民法典》，专门在首次独立成编的“人格权编”中纳入了有关“个人信息保护”的六个条文。足见国家对于“个人信息保护”的重视程度。

如果说《民法典》对于个人信息保护的重点还是集中在“个人”，也就是解决单一的个人信息受到损害以后的救济问题；那么《个保法》则从个人信息权益保护、信息处理者的义务以及主管机关的职权范围等多个方面，为个人信息权利保护与数据流动、数据利用，提供了全面的、体系化的法律依据。

从这个角度而言，信息处理者如何合法合规地处理个人信息，最大限度地避免风险，成了“后《个保法》时代”的当务之急。而各种类型的互联网企业作为最频繁接触和利用个人信息数据的主体，合规义务显得更为迫切。

对于大部分互联网平台及用户而言，在《个保法》所有条文中，第 24 条的“自动化决策”条款，显得尤其引人注目。原因是现在最常见的“个人化推荐”商业广告，以及引发公众热议的“大数据杀熟”等现象，都与之有关。到底该条规定有何特别之处，让我们一探究竟。

一、什么是“自动化决策”

根据《个保法》第73条的规定：“自动化决策，是指通过计算机程序自动分析、评估个人的行为习惯、兴趣爱好或者经济、健康、信用状况等，并进行决策的活动。”

换言之，自动化决策是在没有人工干预的情况下，计算机自动处理个人信息而产生的对个人有影响力的决策，也就是我们经常说的“算法”的一种。

其实在商业场景中，自动化决策最常见的情形就是“自动化推荐”，它几乎存在于我们网络生活的方方面面，比如：

（1）在淘宝天猫等电商平台，会通过用户的搜索记录、消费频率、购买物品的功能和价格等分析用户的偏好、年龄特征以及生活习惯，从而在商品首页为用户推荐其可能想购买的物品；

（2）网易云音乐等音乐平台，会根据你的听歌习惯自动在每日推荐以及私人FM为用户推荐其可能喜欢的歌曲；

（3）今日头条等资讯App分析用户的浏览记录分析用户的阅读习惯，从而为用户提供个性化的新闻信息流、推荐用户可能想看的资讯。

虽然说，自动化决策是一种被网络平台普遍应用的常见算法技术，但并不代表只要是技术就是中立的，因为网络平台在利用“自动化决策”这种技术时，也可能会带来很多风险。

原因是部分计算机算法难以被法律和技术规制。而一旦算法有误，或者夹杂了错误性、偏见性的内容时，其预测功能就会失去价值。例如，自动化决策强调利益最大化，受此影响，在推送信息中所体现出的倾向性和歧视性特征，一方面，使社会财富流动不平衡；另一方面，“算法（大数据）杀熟”现象愈演愈烈，商家的常客反而成为被针对的最佳目标，用户在网络交易中易受到不合理的差别待遇。此外，在自动化决策的作用下，“信息茧房”[1] 和“回声室”效应不断强化，容易使用户进入自己的舒适圈，形成某种价值取向的固化观念。[2]

《个保法》第 24 条，正是为了规制“算法歧视”、打开“算法黑箱”、打破“信息茧房”应运而生的。

二、打开“黑箱”和打破“茧房”的方法

1. 透明度原则和公平合理原则

根据《个保法》第 24 条第 1 款的规定，利用个人信息进行自动化决策，不仅要保证决策的透明度和结果的公平、公正，还要求不得对个人在交易价格等交易条件上实行不合理的差别待遇。该条规定提出的“透明度原则”和“公平合理原则”，正是“算法歧视”的应对之策，也明确否定了遭人诟病的“大数据杀熟”等现象。

2. 信息处理者的两项义务

该条第 2 款还明确，如果利用自动化决策方式进行信息推送、商业营销，还应当同时提供不针对其个人特征的选项，或者向个人提供拒绝的方式，比如提供关闭个性化推荐的选项。这也是《个保法》为了保障个人的知情同意权，赋予信息处理者的两个义务。也就是说，如果用户不愿意接受平台针对其兴趣爱好、消费习惯等特征的定向推送，平台要么给他“去个人特征化”的服务选项，要么给他关闭的选项，否则就可能违法。

3. 个人的请求说明权和拒绝权

该条第 3 款还规定了，对于信息处理者通过自动化决策方式作出的

---

① “信息茧房”意味着大数据时代的个体进入了只关注其选择或能愉悦自己的资讯的长期状态，认为其在此情形下就如蚕一般会织成“茧房”。在信息茧房中的个体，基于算法只能接收到同类型的信息，会使之误认为这些信息就是全世界的真相，进而间接减损了其知情权，并影响其对问题的正确判断。（龙卫球主编：《中华人民共和国个人信息保护法释义》，中国法制出版社 2021 年版，第 107 页。）

② 参见杨立新、赵鑫：《利用个人信息自动化决策的知情同意规则及保障——以个性化广告为视角解读〈个人信息保护法〉第 24 条规定》，载微信公众号“法律适用”2021 年 10 月 15 日。

对个人权益有重大影响的决定，个人有权要求说明，也有权拒绝。需要说明的是，个人拒绝权的内容是非人为的全自动化算法的决定，而不是拒绝算法，所以是一种不完全的拒绝权。

从前述规定可以看出，因为第 24 条明确赋予了个人在面对违法自动化推荐时，进行维权的请求权基础，未来此类纠纷有可能会不断涌现。而在《个保法》正式生效之前，其实就已经有类似的案例得到了法院的支持。

三、大数据杀熟，携程被判退一赔三

2021 年 7 月，浙江省绍兴市柯桥区人民法院开庭审理的某用户起诉携程公司侵权纠纷一案正是此例。

在该案中，原告胡女士一直都通过携程 App 来预订机票、酒店，因此，是平台上享受8. 5 折优惠价的钻石贵宾客户。胡女士于2020 年7 月18 日在携程 App 预订了舟山希尔顿酒店一间豪华湖景大床房，支付价格 2889 元，次日却发现酒店该房型的实际挂牌价加上税金、服务费仅为 1377. 63 元。随后，胡女士以携程公司采集其个人非必要信息，进行“大数据杀熟”等为由起诉到法院，要求“退一赔三”并要求携程 App 为其增加不同意“服务协议”和“隐私政策”时仍可继续使用的选项，以避免被告采集其个人信息，掌握原告数据。

法院经审理后支持了原告的诉请，并且对具体原因进行了详细论述：

（1）要求携程支付订房差价的三倍赔偿金

携程 App 作为中介平台对标的实际价值有如实报告义务，其未如实报告。携程向原告承诺钻石贵宾享有优惠价，却无价格监管措施，向原告展现了一个溢价 100% 的失实价格，未践行承诺。

而且，携程在处理原告投诉时告知原告无法退全部差价的理由，经调查也与事实不符，存在欺骗。故根据《消费者权益保护法》认定被告存在虚假宣传、价格欺诈和欺骗行为，支持原告退一赔三。

（2）要求携程在其App中，为原告增加不同意其现有《服务协议》和《隐私政策》仍可继续使用的选项，或者为原告修订《服务协议》和《隐私政策》，去除对用户非必要信息采集和使用的相关内容

新下载携程App后，用户必须点击同意携程“服务协议”“隐私政策”方能使用，如不同意，将直接退出携程App，是以拒绝提供服务形成对用户的强制。而且，携程App的“服务协议”“隐私政策”均要求用户特别授权携程及其关联公司、业务合作伙伴共享用户的注册信息、交易、支付数据，并允许携程及其关联公司、业务合作伙伴对用户信息进行数据分析，且对分析结果进行进一步商业利用。

携程App的“隐私政策”还要求用户授权携程自动收集用户的个人信息，包括日志信息、设备信息、软件信息、位置信息，要求用户许可其使用用户信息进行营销活动、形成个性化推荐，同时要求用户同意携程将用户的订单数据进行分析，从而形成用户画像，以便携程能够了解用户偏好。

上述信息超越了形成订单必需的要素信息，属于非必要信息的采集和使用，其中用户信息分享给被告可随意界定的关联公司、业务合作伙伴进行进一步商业利用更是既无必要性，又无限加重用户个人信息使用风险。

原告因之不同意被告现有“服务协议”和“隐私政策”合乎情理，应予支持。

☆周公说

《个保法》第24条，显然对于互联网平台普遍采用的“算法推荐”这一商业模式，提出了更高的合规性要求。再加上“技术中立”等平台惯用的抗辩思路，未来可能会面临司法机关更为审慎的考查①，为了防

① 参见杨德嘉：《算法推荐与平台责任》，载微信公众号“知产财经”2021年10月27日，https：//mp. weixin. qq. com/s/UAbGEEUlgCUf_ – M_yrP_VQ。

范风险，平台必然需要在应用具体技术前施加更多的注意义务。

关于“自动化推荐”的规定只是《个保法》的一个缩影，背后体现的可能正是我国对于数据安全和个人信息保护的强监管现状。但是换个角度来说，《个保法》的立法目的在于协调个人信息保护和个人数据利用的平衡。所以通过更为细致的规定划定边界，其目的正是保证信息和数据的有序流通。

从长远来说，希望这是一个更为安全和有序的大数据时代的序幕。

>>> 网络直播打赏，什么情况下可以返还

在直播红火的今天，打赏早已成为相当普遍的现象，但同时也带来了许多现实问题。未成年人巨额打赏的新闻屡见报端，用户主张受骗，要求平台或主播退还打赏等案件也频频发生。在热门综艺《令人心动的offer》中，就曾出现一个关于“主播返还打赏”的案例课题，引发人们关于“直播打赏”中各方主体法律关系的讨论。

对于直播打赏，各方主体之间到底是什么法律关系？如果要主张返还打赏金额，是向主播还是向直播平台主张？在什么情形下，法院会支持返还？本篇文章，我们就来好好聊一聊这些问题。

一、直播平台充值的法律性质

用户在直播平台上充值，获得“钻石”“金币”等虚拟货币，可以用于兑换平台上的特殊权益，也可以用来购买虚拟礼物并送给自己喜欢的主播。这种情况下，用户购买虚拟货币的目的是在平台消费，获得相应的产品或服务，加之用户与平台之间通常存在《用户服务协议》，对用户使用平台服务过程中的权利和义务进行约定，因此很多法院都认为用户和平台之间系网络服务合同法律关系，也有一些法院认为二者之间系网络买卖合同关系。

有人认为，打赏带有赠与的色彩，而打赏要通过在直播平台充值来实现，且主播不能直接将虚拟礼物兑换成金钱，要等待平台与其结算收益。这是否意味着直播平台才是或也是被赠与的对象，用户与直播平台

之间存在赠与关系？安徽省无为市人民法院就曾在一起直播打赏纠纷案件中作出如下论述：

“西瓜视频”平台没有要求观看直播的人必须要付费或打赏，用户在观看主播直播过程中并不需要另行支付虚拟货币费用，而是在其对主播的直播内容感到满意或者赞赏的情况下，通过用虚拟货币购买礼物的方式打赏。钟某淘充值刷礼物打赏的行为属于自愿性的，是否打赏、打赏多少完全由其自身决定，也不需要直播平台或主播支付对价，这与赠与行为的法律构成要件相符合。①

但这种观点在二审判决中被推翻，二审法院认为：

赠与合同是赠与人将自己的财产无偿给予受赠人，受赠人表示接受赠与的合同。首先，钟某淘在字节跳动公司平台充值行为的意思表示明确，即购买虚拟货币“钻石”，其未曾有将自己的充值财产无偿给予字节跳动公司的意思表示，也未曾有将自己在字节跳动公司平台充值购买的“钻石”无偿给予字节跳动公司的意思表示；其次，即便将虚拟货币“钻石”视为财产对待，钟某淘充值购买虚拟货币“钻石”打赏行为的对象为网络平台主播，并非字节跳动公司，钟某淘未曾有将自己的充值财产无偿给予字节跳动公司的行为，也未曾有将自己购买的虚拟货币“钻石”无偿给予字节跳动公司的行为；最后，更无证据证实字节跳动公司曾有接受赠与的意思表示及行为。因此钟某淘与字节跳动公司之间不符合赠与合同的法律特征，不成立赠与合同关系。②

可见，用户在平台充值的行为与用户对主播进行打赏的行为是相对独立的，二者的法律关系不能混为一谈。用户在平台充值是为了获得平台虚拟货币，并将该等虚拟货币用于自己希望的用途（与此相对的，平台要提供相应的服务），而不是将充值的金钱或充值获得的虚拟货币赠与平台，因此二者之间构成网络服务关系而不是赠与合同关系。

① 安徽省无为市人民法院民事判决书，(2020) 皖 0225 民初 1671 号。

② 安徽省芜湖市中级人民法院民事判决书，(2020) 皖 02 民终 2598 号。

二、打赏主播的法律性质

主流观点认为打赏主播是一种赠与性质的法律行为，因为用户的打赏意味着其自愿将虚拟货币或虚拟礼物的所有权转移给主播，通常是基于对主播的欣赏和喜爱而作出，并未设定主播的义务，属于无偿、单务合同，符合赠与合同的特点。

但也有法院认为用户和主播之间构成即时成立、即时履行的网络服务合同关系。

浙江省杭州市中级人民法院在（2020）浙01民终3982号案中认为，网络直播作为借助互联网和移动终端技术应运而生的新兴发展行业，具有一定的特殊性，网络直播服务亦相应具有一定特性，即具有开放性、即时性，直播面向不特定对象，用户可随进随出，对主播的直播服务感到满意即可自愿打赏，但并不能当然以此来否定网络直播服务的对价性。

隋某在抖音直播平台为用户提供直播等服务，孙某在接受主播的服务后，获得精神层次上的愉悦，将抖音币打赏给隋某，亦是一种消费行为，双方之间实际上存在对价给付，即时成立网络服务合同关系，同时亦即时履行。①

笔者认为，法院在以上判决中的观点存在可商榷之处。除非存在特殊的情境，否则一般应当认为主播和用户之间是赠与关系而非服务合同关系。

赠与合同与服务合同的核心区别在于，主播是否要为获得该等打赏而履行一定的义务。但是，主播的直播内容、时长、互动等通常是自己决定的，用户的打赏并不构成主播决定这些事宜的约束条件。否则就会造成一个荒谬的情境：不同的用户同时对主播进行打赏，要求主播提供不同的直播内容，主播如何选择？只能接受其中一个用户的要求并接受

---

① 浙江省杭州市中级人民法院民事判决书，（2020）浙01民终3982号。

他的打赏，二者成立服务合同关系，然后主播将其他人的打赏退回？在主播提供相同的直播内容时，有些人打赏，有些人不打赏，如果认为其与打赏的人构成服务合同关系，显然无法解释其中逻辑上和法理上的缺陷。

三、什么情况下可主张返还打赏，向谁主张

既然用户和直播平台之间是网络服务合同或网络买卖合同关系，和主播之间是赠与合同关系，那么在什么情况下，用户可以解除合同、主张合同无效或者可撤销，进而主张返还打赏的金额？

1. 未成年人的打赏都可以返还吗

未成年人在家长不知情的情况下进行大额充值或打赏，家长得知后主张返还，是一种最典型的情境。在家长能够提供充分证据证明该等行为是未成年人擅自作出的情况下，对于 8 周岁以下的无民事行为能力人，其实施的民事法律行为无效，他们充值或打赏的金额自然应全额返还。而对于 8 周岁以上的未成年人，其具有限制民事行为能力，与其年龄、智力、精神健康状况相适应的民事法律行为有效，因此这类未成年人的充值或打赏金额未必可以全额返还。

2020 年 5 月，最高人民法院发布《关于依法妥善审理涉新冠肺炎疫情民事案件若干问题的指导意见（二）》中也有过明确规定：限制民事行为能力人未经其监护人同意，参与网络付费游戏或者网络直播平台“打赏”等方式支出与其年龄、智力不相适应的款项，监护人请求网络服务提供者返还该款项的，人民法院应予支持。

最高人民法院对此解释称，本条规定没有采用“一刀切”的做法，而是将应予返还的款项限定在与未成年人的年龄、智力不相适应的部分，这一点在具体案件中可以由法官根据孩子所参与的游戏类型、成长环境、家庭经济状况等因素综合判定。

此外，家长是否尽到监护责任，也会成为法院判定返还金额的考量因素。例如，在北京的一个案件中，原告郑某（15 岁）独自在海外留

学，将本应作为学费的数十万元款项在映客直播平台购买虚拟映币进行消费，其母刘某遂以郑某的名义起诉，主张充值服务合同无效，要求返还充值金额。而法院认为：

在短暂两个月左右的时间内，郑某的消费支出已远远超过一个没有收入的未成年人正常的消费水平。作为郑某的法定代理人，刘某在郑某对外进行网络消费等社会活动中，也负有管理、监督的法定义务。同时，郑某进行的网络消费均使用刘某的名义，作为法定代理人和钱款的所有人，刘某均可通过一般性的账户管理手段获悉。面对多笔、持续、大额、不合常理的财务支出，作为郑某的法定代理人和钱款的所有人，刘某并未对自己未成年子女独自在国外留学的生活情况给予更多的关注，也未尽到一般账户管理人对自己的个人信息和账户内财务谨慎管理的义务。因此，法院仅基于映客平台的过错，支持了原告主张金额中的一小部分。①

2. 擅自使用夫妻共同财产的打赏无效吗

夫妻一方在另一方不知情的情况下，使用夫妻共同财产在平台充值或对主播进行打赏，另一方是否可以基于无权处分等理由要求返还？许多法院都否定了这一观点，近日宣判的一则案例②对此作了详尽的论述，归纳如下：

首先，这种情形不宜适用无权处分的规定。因为该条文主要适用于无处分权人处分他人财产。而这种情形中，一方处分的财产为夫妻共同共有财产，并未处分他人财产，而夫妻共同共有制度下的夫妻共同财产归夫妻不分份额地共同享有同一所有权，夫或妻均为夫妻共同财产的共有权利人。

其次，充值和打赏未必超出夫妻一方家事代理权的权能范围。在处理日常家庭事务范围内，夫妻互为代理人，享有家事代理权，夫妻一方代表家庭所为的行为，视为夫妻共同的意思表示，夫妻双方对该行为承

① 北京市第三中级人民法院民事判决书，（2018）京03 民终539 号。
② 浙江省杭州市中级人民法院民事判决书，（2020）浙01 民终3982 号。

担共同的连带责任。日常家事的范围应当包括家庭生活所必要的一切事务，不限于衣、食、住、行等基本生存需求，也包括非基本生存需求之外的文化和娱乐服务需求。通过手机观看网络直播表演以及充值使用虚拟社区币服务可纳入文化和娱乐服务消费类别，本身并未超出我国居民常见的消费支出范围。本案证据难以直接认定钟某淘（该案中打赏的丈夫一方）的充值行为显著超过了日常家事的范围且必然侵害夫妻共同财产处分权。

最后，善意第三人的权益应当得到保护。一方面，互联网服务提供者难以就用户充值行为是否侵害其他共有人权益作出实质性的审查和判断。另一方面，钟某淘也已长期享受并使用了约定的网络直播及虚拟社区币的网络服务，如今无论是其本人还是其妻子再主张返还，不仅客观上不具有可操作性，更会造成各方当事人的权利义务显著不公，违背公平原则。而且，即便存在丈夫欺骗妻子、处分共有财产的事实，也属于夫妻共有财产处分的内部纠纷，不得对外对抗网络服务提供者作为善意第三人的合法权益。

3. 其他情形

一方面，无论是与平台之间的网络服务合同，还是与主播之间的赠与合同，符合合同无效或可撤销情形的，都可以向平台或主播主张返还。例如，无民事行为能力人实施的行为、夫妻一方与主播串通以打赏的方式转移夫妻共同财产等情况。

另一方面，对于用户与主播之间的赠与合同，符合特定条件的，可以撤销。例如，主播严重侵害用户或其近亲属的合法权益，又或者赠与明确附有条件而主播未能完成。此外，除了具有救灾、扶贫等社会公益、道德义务性质的赠与合同和经过公证的赠与合同之外，赠与人都可以在赠与财产转移之前任意撤销赠与合同。但在直播打赏的情景中，财产的转移在打赏时便即时完成，难以据此主张撤销。

☆ 周公说

作为近年来新兴的娱乐休闲形态，直播确实为我们带来了很多愉悦的享受，甚至也带来了不少有益的知识，慷慨解囊进行打赏自然无可厚非，但随之而来的种种问题也值得正视。未成年人沉迷直播甚至一掷千金、六旬阿姨被假“靳东”欺骗感情和金钱……种种事端都给我们带来了警示。

值得欣慰的是，随着行业的发展，监管越来越完善，司法实践积累了更多处理直播相关纠纷的经验，平台等网络服务提供者也在为净化网络生态作出努力。作为消费者，我们也应当树立正确的消费观念和娱乐观念，认真评估自身及家庭承受能力，避免在发生不恰当的巨额消费后心疼惋惜、家庭不睦；对于有未成年人的家庭而言，应当从小帮孩子树立正确的金钱观，在符合打赏退还的条件下，也可以积极与平台、主播沟通，维护自身权益。

>>> “直播带货”里的陷阱

“双 11”是一个极具中国特色的购物节。各大电商平台数据显示，2018 年“双 11”当天，全网最终销售额达 3143 亿元。这份巨大的消费红利催生了一个新的职业——带货主播。他们通过视频直播的方式与消费者对话，利用主播的个人魅力推广产品，实现线上销售。但是，直播带货在刺激消费的同时，也暗藏不少销售陷阱。李佳琦等头部“网红”主播的“翻车”事件也随之而来。

李佳琦作为头部带货主播，凭借独特的推销文案和幽默的性格被广大消费者喜爱，曾号称“5 分钟卖出 15000 支口红”。2023 年 9 月因直播时“口不择言”卷入花西子舆论风波的李佳琦，此前也在直播展示不粘锅产品时惨遭“翻车事件”——原本号称不粘的锅，在李佳琦助理敲入一颗生鸡蛋后，死死地和蛋液粘在一起，任凭李佳琦怎么使劲铲也没能补救。“不粘锅”成了“不！粘锅”。

头部主播的带货质量尚且如此，直播带货的陷阱中，还会有什么秘密？

一、主播陷阱有几多

直播带货和一般电商销售不同的是，直播的即时性完全刺激了人类最本能的购买欲，“冲动消费”在每个直播间里被展现得淋漓尽致。常见的主播陷阱有销售假货、恶意刷单、虚假折扣以及售后空洞四种。

1. 销售假货

直播带货行业，主播的个人魅力发挥了重要作用，展现在消费者面前的不再是冷冰冰的商品，而是舌灿莲花的主播。他们凭借个人魅力，与消费者建立起类似偶像与粉丝的关系，以粉丝的信任和喜爱为基础，轻而易举地实现卖货变现。

而直播间不比经过工商登记和质量检验的实体店，光凭主播一张嘴，并不能保证产品的质量，直播售假早已屡见不鲜。据央视财经报道，曾有主播号称“赌石”专家，在直播间布景假造玉石毛料市场，线上售卖，后被警方当场抓获。

2. 恶意刷单

对恶意刷单或许大家已不陌生，商家利用消费者以主播、直播间人气、销售量、点赞数等评判商品质量，获得购买安全感的心理，外包机构刷单，购买粉丝，不仅制造销售假象，也制造主播和直播间人气假象，甚至以限量促销、销售倒数的方式诱骗消费者激情下单。

3. 虚假折扣

虚假折扣常发生在购物节，商家节前一波涨幅再紧跟着一波降幅，成功制造虚假折扣，但这种方式也容易被识破，有固定消费者的商家现在已基本不会采用虚假折扣来刺激消费。

4. 售后空洞

主播直播带货是“下单一时爽，售后悔青肠”。大量主播甚至是明星艺人，只顾线上直播促进销售，但是对商品下单后的物流、瑕疵等售后却不闻不问，多少消费者发现问题之后投诉无门。

二、买到假货谁负责

直播售假似乎防不胜防，如果真让我们遇上售假，可以找谁负责？

1. 销售者

一旦发现被骗，消费者首先可以联系赔偿的，就是商品的销售者，也就是卖家。

首先，消费者可以产品质量问题为由，向经营者主张赔偿。我国《民法典》中的侵权责任编也专设“产品责任”，严格规定商品生产者和销售者的法律责任。也可以买卖合同关系为基础，要求销售者提供符合合同约定的商品。

其次，消费者可以虚假广告为由，向销售者提出赔偿。直播推广作为宣传新业态，实际是一种广告行为。如今市面上常见两类主播，第一类为自己销售的产品进行直播推广，其中佼佼者包括与李佳琦同为头部“网红”的张大奕。这类为自营产品进行推广的主播，不仅是广告的发布者，也同时是广告主。根据我国2021年《广告法》第4条规定，广告不得含有虚假或者引人误解的内容，不得欺骗、误导消费者，否则使消费者合法权益受损的，由广告主依法承担民事责任、行政责任，严重的可追究刑事责任。

“网红”减肥药“蓝胖子”就曾被鉴定出存在精神管控药品，2022年4月，上海市徐汇区人民法院依法认定售卖该药品人员张某某构成贩卖毒品罪，判处其有期徒刑3年，缓刑3年，并处罚金人民币2万元。

2. 带货主播

除了前述类型以外，另一类是纯粹接受推广业务的主播，他们不是产品的经营者，并非广告主，但即便如此，也依然会为直播售假而承担法律责任。

2021年《广告法》第55条规定，明知或者应知广告虚假，还仍然发布或者作推荐、证明的，应当与广告主承担连带责任。除此之外，和销售者一样，发布虚假广告还可能面临监管部门作出的，处广告费三倍至十倍的罚款，无法计算广告费用的甚至可能被处200万元以下罚款，严重的可以追究刑事责任。

2018年10月深圳警方公布，跨国打假追逃第一案、售假“网红”“美pi猫娘”回国自首，日入50万元的网络知名人物，因推广销售冒牌韩国眼镜而被批准逮捕。

3. 网络平台

带货主播通常活跃在淘宝、京东，甚至是抖音、快手一类的网络平台，作为“网红”主播的滋养地，网络平台应当尽到适当的注意义务。我国《电子商务法》明确了“红旗原则”与“避风港原则”，要求电商平台经营者在知道或者应当知道，或者在接到知识产权权利人的侵权通知后，及时采取删除、屏蔽、断开链接、终止交易和服务等必要措施，否则应当与平台内经营者承担连带责任。

三、主播有“冤”如何诉

直播这种强即时性的广告销售方式，不仅容易让消费者堕入陷阱，主播往往也会一失足成千古恨。李佳琦直播“翻车”事件中，不粘锅品牌方立即回应：产品质量没有问题，李佳琦不会做饭，把责任“甩”给李佳琦。

我们不妨深入讨论，如果消费者因为不粘锅质量问题，以虚假广告为由起诉李佳琦，作为带货主播的李佳琦是不是只能认栽了呢?

根据我国《广告法》第 2 条的规定，带货主播不仅接受品牌方委托，将直播间作为发布广告的平台推广商品，并且以自己名义或形象对商品作推荐、证明，因此可能被认定为广告发布者、广告代言人。

而根据《广告法》第 56 条的规定，发布虚假广告，欺骗、误导消费者，使消费者受损的，本应由广告主承担民事责任。但是，广告发布者不能提供广告主有效联系方式等信息的，消费者可要求其先行赔偿。更甚的是，如果广告发布者或者代言人，对该虚假广告知情，或者应当知情，则不再是先行赔偿，而是需要跟广告主承担连带赔偿责任。

可见，如果主播被起诉，还是可以向广告主追偿。不过最为保险的还是在带货之前做好商家信息调研、产品质量调研，并且与商家签订合作协议，约定一旦因产品质量问题导致主播被起诉或遭受损失的，均由品牌方承担责任。

☆ 周 公 说

直播带货不仅对消费者来说处处存在陷阱，对于带货主播，也是稍有不慎就可能掉入身败名裂的深渊。但是，直播带货作为一种新业态，却在爆炸性发展。在蓬勃发展中，“网红”主播组建尽职的选品团队，为消费者提供保质保量、货真价实的货物，才能令这个商业模式健康发展。

>>> 时下火爆的直播带货，有多少经不起《广告法》的推敲

绝大多数国人，都不会对“618”“双11”这两大购物狂欢节感到陌生。每逢这两大购物狂欢季，各大平台及商家都会提前宣传造势。如每年的“618”购物节，一般从6月1日开始，各大平台就纷纷推出了自己的促销活动，为“618”当天进行预热。而近两年“618”和以往最大的不同，或许就在于“直播带货”的火爆。不仅成交量屡创新高，还吸引了一大批演艺明星亲自下场。刘诗诗、赵丽颖、杨幂、唐嫣、关晓彤、胡歌、鹿晗、朱一龙等明星纷纷做客李佳琦和其他“网红”主播直播间，“网红主播+明星”的组合似乎已是直播带货的标配。

可在一片繁荣的背后，部分主播在推销产品时天花乱坠的宣传，也引发了很多人对其是否违反《广告法》的疑问。事实上，从广告合规的角度观察，市面上的很多带货直播都经不起推敲。就直播带货中各主体的法律责任，我们在此前的文章中已经有详细的分析。本文将进一步通过一些具体案例，帮助作为消费者的我们擦亮双眼。

一、虚假广告

虚假宣传，是带货直播中最常见，同时也是被消费者诟病最多的问题。根据《广告法》的规定，广告以虚假或者引人误解的内容欺骗、误导消费者的，构成虚假广告。具体来说，如果带货直播中卖的是商品，那么该商品的性能、功能、产地、用途、质量、规格、成分、价格、生产者、有效期限、销售状况、曾获荣誉等信息必须与实际情况相符。同

样，如果直播中是对某项服务进行推介，那么该项服务的内容、提供者、形式、质量、价格、销售状况、曾获荣誉等信息也必须与实际情况相符，否则会构成虚假广告。除此以外，使用虚构、伪造或者无法验证的科研成果、统计资料、调查结果、文摘、引用语等信息作证明材料，或者虚构使用商品或者接受服务的效果的，同样都属于违反《广告法》的虚假广告行为。

仅以我们了解到的带货直播而言，此类“名不副实”的情况并不罕见，甚至连被称为“口红一哥”的当红主播李佳琦也曾陷入“虚假宣传”风波，而且还不止一次。2019年9月，李佳琦在直播销售某品牌的“状元蟹”时称“这个是状元蟹，阳澄湖的大闸蟹”，事后却被曝出货不对版，所谓“状元蟹”并非产自阳澄湖；2019年11月，他在直播展示一款不粘锅产品时，这款号称不粘的锅却在敲入一颗生鸡蛋后，死死地和蛋液粘在一起，当场“翻车”。依据《广告法》，宣传产地名不副实的大闸蟹和性能相去甚远的不粘锅，都涉嫌构成虚假广告。

被卷入虚假广告风波中的主播不止李佳琦一位。一位名叫穆雅斓的带货“网红”女主播，曾在直播间推销某品牌化妆品时，表示这款产品的成分获得过诺贝尔化学奖，随即又改口成了诺贝尔化妆学奖，并表示不是她乱编的，是发表自某科学日报。这种明显的虚假宣传，也遭到了网友的群嘲。

二、擅自宣传特殊类型商品

值得注意的是，《广告法》对于某些特殊类型的商品的广告行为有着严格的限制，并非所有商品都可以通过直播进行推广和销售。概括说来，《广告法》对于特殊类型商品的限制主要有以下三种：

第一种是绝对禁止作广告。例如，麻醉药品、精神药品、医疗用毒性药品、放射性药品等特殊药品禁止作广告；禁止在大众传播媒介或者公共场所、公共交通工具、户外发布烟草广告，禁止向未成年人发送任何形式的烟草广告。这是绝对禁止性规定。

第二种是限制广告的发布渠道、发布流程。在我国，除禁止作广告的药品之外的处方药尽管可以作广告，但只能发布在特定的医学、药学专业刊物上，且必须事先经广告审查机关审查通过后方可发布。这也是我们日常生活中很少见到处方药广告的原因。

第三种是限制广告的内容。例如，根据《广告法》的规定，保健食品广告中不能对功效、安全性进行断言或者保证，不能涉及疾病预防、治疗功能，不能声称或者暗示广告商品为保障健康所必需，也不能利用广告代言人作推荐、证明。违反上述规定的，可能将受到没收违法所得，并处违法所得一倍以上二倍以下的罚款的行政处罚。正因如此，在药品、保健品、金融产品等特殊类型商品的广告中需要特别注意合规风险。而在现实中，像“直播卖药、卖保健品”这样游走在违法边缘的情况也时有发生。

根据我国《广告法》第 2 条的规定，带货主播不仅接受委托将直播间作为发布广告的平台推广商品，并且以自己名义或形象对商品作推荐、证明，因此可能被认定为广告发布者或广告代言人。而《广告法》中明确规定，医疗、药品、医疗器械、保健食品广告中均不得利用广告代言人作推荐、证明。

三、内容有悖公序良俗

网络直播出现伊始，以唱歌、跳舞等才艺展示为主要特色的秀场直播才是直播界的主流。彼时，围绕网络直播最多的非议就是低俗色情。而在这个电商直播方兴未艾的时代，低俗内容同样是一大顽疾。在上海市徐汇区市场监督管理局公布的一起案件中，当事人上海海王星辰药房有限公司组织了一场名为“有球必硬　夜夜激情”网络直播活动，为某品牌壮阳药物作宣传。在网络直播过程中，出现了“性生活的技巧、体位，挑逗男生，买情趣内衣、制服诱惑，对小弟弟的爱抚”等低俗用语。徐汇区市场监督管理局依法对该公司作出了责令停止发布违法广告、罚款 70 万元的行政处罚。

除了内容低俗之外，利用童星做代言的行为同样涉嫌违法。上海市工商行政管理局检查总队曾查处过这样一起案件：当事人至初牛奶贸易（上海）有限公司为宣传其幼儿配方奶粉，邀请艺人胡可与其子安吉共同参加网络直播活动，而安吉在参加活动及广告发布时实际年龄未满10周岁。该公司的行为违反了《广告法》中关于不得利用不满10周岁的未成年人作为广告代言人的规定，最终被处以10万元罚款，并责令停止发布违法广告、在相应范围内消除影响。

☆ 周公说

艾媒咨询发布的《2022—2023年中国直播电商行业运行大数据分析及趋势研究报告》显示，2021年中国直播电商行业的总规模达到12,012亿元，预计到2025年规模将达到21,373亿元。因受到新冠疫情的影响，直播电商近3年发展趋势比此前预想的更加火爆。从主播平台企业、知名企业，到央视主持人甚至地方政府官员，都在尝试着“直播带货”。如此巨大的市场自然少不了监管。尽管《广告法》已于2021年修订，可经过检索，却发现实践中适用《广告法》对直播带货的处罚案例却并不多，仅有上海、天津、广州等地有个别处罚案例。相比于庞大的交易体量和现实中几乎随处可见的“打擦边球”行为，这样的检索结果着实令人感到诧异。个中原因，或许与直播电商作为新生事物，在法律适用上存在模糊和争议有关。但随着国家网信办、全国“扫黄打非”办等部门相继对网络直播行业展开专项整治，以及《网络直播营销行为规范》《市场监管总局关于加强网络直播营销活动监管的指导意见》《网络直播营销管理办法（试行）》等规章制度的相继出台，电商直播的“野蛮生长”，或将从此画上句号。

>>> 滴滴 App 遭下架：数据是财富，合规是生命线

2021 年 7 月 2 日，网络安全审查办公室宣布，为防范国家数据安全风险，维护国家安全，保障公共利益，将依据《国家安全法》《网络安全法》《网络安全审查办法》对“滴滴出行”App 实施网络安全审查。而就在 2 天后，国家互联网信息办公室便指出“滴滴出行”App 存在严重违法违规收集使用个人信息的问题，迅速宣布下架“滴滴出行”App。

尽管互联网公司因违规收集个人信息被查处的情况屡见不鲜，但此次公告涉及“国家数据安全”“国家安全”等牵动国家安全利益的字眼，一经发出立刻引起民众广泛关注。“滴滴出行”作为目前国内影响力最大、受众最广的网约车平台，早已深刻地改变了人们的出行方式。此次遭遇安全审查和下架整改，无疑会使全行业感到风声鹤唳。那么，“滴滴出行”App 究竟缘何下架，而此次风波对其他互联网公司又有何启示呢？

一、导火索：纽约证券交易所上市

“滴滴出行”被查的直接导火索，是其在纽约证券交易所的低调上市。北京时间 2021 年 6 月 30 日晚，滴滴在纽约证券交易所挂牌上市，股票代码为“DIDI”，发行价定为 14 美元。根据滴滴的招股书，此次募资主要目的在于扩大国际市场的业务，同时希望提升包括共享出行、电动汽车和自动驾驶在内的技术能力，推出新产品和拓展现有产品品类以

持续提升用户体验等。据悉，滴滴最终的发行规模为3.17亿股ADS，比原计划的2.88亿股多10%，足以体现滴滴在海外的市场影响力。然而，国家互联网信息办公室的公告如当头一棒将滴滴上市预设的美好愿景击碎。尽管两个公告均未披露安全审查的具体细节，但由于此事紧跟滴滴赴美上市，难免会让人将这两者联系到一起。公告发出后，网上迅速出现各种关于滴滴威胁国家数据安全的传言，如“滴滴为赴美上市，将中国的道路信息和用户数据泄露给美国”“滴滴在海外上市，把数据打包交给美国”等。

滴滴方面很快否认了这些传言，并表示将积极配合网络安全审查。滴滴副总裁李敏在2021年7月3日回应称：“和众多在海外上市的中国企业一样，滴滴国内用户的数据都存放在国内服务器，绝无可能把数据交给美国。”并表态针对恶意造谣者要坚决诉诸法律手段维权，但这仍然没能阻挡滴滴在美股盘前交易狂跌不止。

二、美国证券监管制度与中国数据安全保护要求存在冲突

滴滴在美上市为何引来数据泄露的猜测？这需要结合美国资本市场的上市规则、监管规则进行分析。中美双方的证券监管冲突由来已久。美国几乎所有会计师事务所都要接受美国公众公司会计监督委员会（PCAOB）的全面监管，但依据中国《关于加强在境外发行证券与上市相关保密和档案管理工作的规定》（现已失效），在境外上市过程中，证券公司在境内形成的底稿应当存放在境内，双方在这一问题上一直存在矛盾。同时，出于对国家秘密、国家安全等重大利益的考虑，中国对数据的境外传输存在较多限制。

2020年瑞幸咖啡造假丑闻让美国借机加强对中国公司的监管，美国参议院顺势提出《外国公司问责法案》（HFCAA），由时任美国总统特朗普签署通过。该法案对在美上市的外国公司提出了更多的信息披露要求，主要包括两方面：其一，任何一家外国公司连续三年未能遵守PCAOB的审计要求，将禁止该公司的证券在美国证券交易所上市。其

二，上市公司需要披露它们是否为外国政府所有或控制。这一法案看似适用于所有外国公司，但其打压中国的指向性却十分明显，如上市公司需要证明自身不被外国政府所有或控制，披露董事会里共产党官员姓名、《中国共产党章程》是否写入公司章程等，早已超出了证券监管的合理范围，威胁了中国的国家信息安全。

然而，无论中国官方和民间如何强烈谴责，2021 年 3 月，美国证券交易委员会（SEC）仍宣布通过《外国公司问责法案》最终修正案。赴美上市的中国公司将面临两难局面：一方面若想保留上市资格，就必须满足美国 PCAOB 的信息披露要求，接受其全面监管，其中就可能包括向其提交会计底稿；另一方面作为中国的公司，也必须通过中国严格的数据安全审查，符合中国数据安全保护相关的各种规定。倘若被美方要求必须提交会计底稿或某些重要数据，即使满足要求成功上市，也极有可能面临国内的查处。这种矛盾的境地无疑会让许多计划赴美上市的公司望而却步，而从滴滴选择在美上市那一刻起，就已经注定其选择了一条夹缝生存的艰难道路，此次被查处也是中美数据监管之战的必然结果。可以确定的是，这次事件将成为一个风向标，让所有打算在海外上市的企业心生警惕。

三、"滴滴出行"存在数据安全隐患

国家互联网信息办公室通报指明此次对"滴滴出行"进行安全审查的法律依据主要为《国家安全法》《网络安全法》，审查过程直接适用《网络安全审查办法》。其中《网络安全法》第二节规定了关键信息基础设施的运行安全的相关规范，被认为与此次安全审查密切相关。

《网络安全法》第 35 条规定：关键信息基础设施的运营者采购网络产品和服务，可能影响国家安全的，应当通过国家网信部门会同国务院有关部门组织的国家安全审查；同时《网络安全法》第 31 条对关键信息基础设施进行了列举描述。尽管目前国务院还尚未出台规定对关键信息基础设施予以准确的定义，但依据该条可推知：公共通信和信息服

务、能源、交通、水利、金融、公共服务、电子政务等行业领域的重要网络和信息系统都属于关键信息基础设施。

可以认为，"滴滴出行"所使用的网络系统由于涉及了交通等行业领域，已被归为关键信息基础设施，符合接受安全审查的主体要求。而滴滴出行在招股说明书的"风险因素"部分也提到了其存在的数据风险，表明其在平台上会接收、传输和存储大量个人身份信息和其他数据，坦言其业务会受有关数据隐私和保护的各种法律、法规、规则、政策和其他义务的约束，而且机密信息或个人数据的任何损失、未经授权的访问或发布都可能使其在声誉、财务、法律和运营方面承担严重后果。

的确，"滴滴出行"作为网约车服务平台，有许多基于业务需要而不得不采集的信息，例如乘客用户以及司机用户都需要实名制认证，需要用到注册用户的移动电话号码；还有与网约车关系最为密切的行程信息，如乘车人的出发地、到达地、位置信息、行踪轨迹等，以及相关支付信息，如支付时间、金额、渠道等；此外，为了保护用户的人身安全，滴滴平台还上线了全程车内录音系统，会存在大量录音信息。上述数据无论哪种数据出现泄露，都会造成国家的数据损失，甚至对个人安全乃至国家安全造成威胁。对属于关键信息基础设施的"滴滴出行"平台来说，当其拥有的数据存在向海外披露的风险时，国家必然要对此加强监管。

四、严抓网络安全审查已成大势所趋

当前信息技术已经渗透到全行业各领域，各类数据迅猛增长、扩散、聚合，数据安全已然成为事关国家安全与经济社会发展的重大问题，相关立法也亟待完善。2021 年 6 月，我国首部数据领域的基础性法律——《数据安全法》正式发布，可以确定的是，此后类似问题将面临更为明确、严格的约束。例如在个人数据方面，《数据安全法》特别强调了任何组织、个人收集数据，应当采取合法、正当的方式，不得窃取或者以其他非法方式获取数据。同时，非经中华人民共和国主管机关批准，境内的组织、个人不得向外国司法或者执法机构提供存储于境内的数据。同时还规定了非法向境外提供数据后的明确罚则。这些都体现出我国对数据安全的监管正在逐渐趋于严格。此次“滴滴出行”首当其冲遭遇安全审查并下架，并不意味着其他公司就能幸免。正相反，“滴滴”此次被查吹响的是我国网络安全审查工作的前奏曲：2021 年 7 月 5 日，网络安全审查办公室开始了对“运满满”“货车帮”“BOSS 直聘”的网络安全审查工作，这几家公司也刚好于被查前在美国上市。相信后续还会有更多境外上市企业被纳入审查的范围。

在此背景下，已经在美上市的公司，只能设法同时满足中美双方存在冲突的监管需求，势必面临各种问题。相关公司应当密切关注此次“滴滴出行”被查事件的发展，借前车之鉴寻找公司的合规道路。而对于那些尚未赴美上市的公司而言，去我国香港特别行政区上市无疑是一条可选择的替代道路。我国香港特别行政区的资本市场十分自由且交易活跃，可以在很大限度上满足融资需求；最重要的是，港股上市可免受中国数据安全审查和美国资本市场信息披露的双重要求，让公司投入更多精力在融资与发展上。值得一提的是，“滴滴出行”事件发生后，港股上市的一些大型互联网公司股票也纷纷遭遇重挫。2021 年 7 月 5 日的数据显示，恒生科技指数跌超 2.5%，快手、美团跌超 6%，百度、腾讯、哔哩哔哩跌超 4%，阿里巴巴等也都呈现下挫态势。这表明此次“滴滴出行”被审查，其影响不仅仅作用于滴滴自身，也并非局限于美股上市的公司，而是对整个互联网行业都造成了较大冲击。

经过一年的审查，滴滴迎来自己的终局时刻。2022 年 7 月 21 日，国家互联网信息办公室依据《网络安全法》《数据安全法》《个人信息保护法》《行政处罚法》等法律法规，对滴滴全球股份有限公司处人民币 80.26 亿元罚款。同时还对滴滴全球股份有限公司董事长兼 CEO 程维、总裁柳青各处人民币 100 万元罚款。

经查明，滴滴公司共存在违法收集用户手机相册中截图信息、过度收集乘客人脸识别信息、在未明确告知乘客情况下分析乘客出行意图等16项违法事实。同时，网络安全审查还发现，滴滴公司存在严重影响国家安全的数据处理活动，以及拒绝履行监管部门的明确要求，阳奉阴违、恶意逃避监管等其他违法违规问题，给国家关键信息基础设施安全和数据安全带来严重风险隐患。但因这部分违法违规事实涉及国家安全，故未公开。

☆周公说

当前，数据已经成为一种具有战略意义的财富，但是与此同时，数据也绝不仅是任何主体的私有财产，其具有影响国家安全、个人隐私保护等问题的多重属性。尤其是对互联网公司来说，一方面，其日常业务产生、收集、使用的数据都是海量的，如何处理和保存这些数据，本就是一个技术和伦理的双重难题。另一方面，互联网的特性也会加大数据泄露、滥用的风险。因此，数据合规问题越来越成为互联网公司的生命线，是每个互联网公司都必须关注的重点。严抓网络安全、数据安全已成大势所趋。互联网公司应当重视研究和学习最新的数据安全相关法律法规、国家标准乃至国际规则，明确大数据利用和个人数据安全保护的规则规范。在此基础上，尽早进行全面、审慎的数据合规自查，提前梳理排查可能存在的数据安全隐患，完善公司个人信息安全管理制度，建立完善的数据安全合规体系。

>>> 游戏“换皮”判赔 3000 万元！玩法规则也受《著作权法》保护吗

近年来，持续快速增长的游戏行业吸引了不少入局者，但高新技术企业的研发成本是无法忽视的一道难关，这也导致游戏“换皮”现象一度蔚然成风。

游戏“换皮”，即保留核心玩法和逻辑，改变美术设计、名称、声音等外部表达，以此打造一款“新”游戏。然而，仅因玩法近似而主张侵权很难得到法院的支持，维权难成为行业的共识。正因如此，2019 年，二审判决原告胜诉并获赔 3000 万元的《花千骨》手游“换皮”侵权案显得格外引人注目。①

一、《花千骨》案始末

《太极熊猫》是一款由蜗牛数字公司研发的动作类 RPG 手机游戏，于 2014 年 9 月上市。而《花千骨》则是改编自同名电视剧的仙侠题材手机游戏，由天象公司开发、爱奇艺运营。

2015 年 6 月，蜗牛数字公司发现《花千骨》存在大量与《太极熊猫》相似的元素，认为《花千骨》全面抄袭和使用了《太极熊猫》中的游戏元素，包括《太极熊猫》游戏的核心元素——游戏规则。因此以著作权侵权和不正当竞争为由，将天象公司和爱奇艺诉至法院。

---

① 苏州蜗牛数字科技股份有限公司诉成都天象互动科技有限公司等侵害著作权纠纷案，江苏省苏州市中级人民法院民事判决书，（2015）苏中知民初字第 201 号；江苏省高级人民法院民事判决书，（2018）苏民终 1054 号。

2018年3月，苏州市中级人民法院作出一审判决，认定《花千骨》侵犯了《太极熊猫》的著作权，判令两被告立即停止侵权行为、消除不良影响，并赔偿蜗牛数字公司经济损失3000万元。两被告提起上诉后，江苏省高级人民法院于2019年12月作出二审判决，维持原判，驳回上诉。

在原被告的两审攻防战中，双方的核心观点可概括如下。

1. 原告的主张

首先，网络游戏包括但不限于计算机程序，且计算机程序并非识别网络游戏的核心，仅是实现其功能的驱动工具，其核心和实质性内容是游戏的玩法规则。

其次，《花千骨》对《太极熊猫》进行了换皮抄袭，且二者构成实质性相似的部分并非思想或有限表达或公知元素，而系游戏作品的核心表达、实质性内容。

蜗牛数字公司主张，相同类型的游戏会存在功能结构的相似，具体的单一玩法也会构成公知元素。但这些玩法规则在结合具体数值设定和投放以及进行组合设计时，已不再是思想或公知元素，而是一种规则的表达。网络游戏是从游戏的细分结构顺序、具体关卡、副本、对应具体玩法、相关数值配比、界面的功能排布等方面，给予玩家关于游戏的总体判断，并非从故事背景、人物形象来判断。

《花千骨》对《太极熊猫》的核心和实质性内容全盘照抄，在游戏结构、玩法规则、游戏数值、投放节奏和软件文档五个方面与《太极熊猫》构成实质性相似，以还原其功能、用户体验和操作习惯。区别只在于《花千骨》整体使用了明显不同的IP形象，改变界面中的一些图形、文本、声音资源等，目的是从表面感官上与《太极熊猫》区别。

最后，天象公司和爱奇艺侵害了蜗牛数字公司享有的复制权、信息网络传播权和改编权，根据被告侵权所得及原告的损失，应赔偿3000万元。

2. 被告的抗辩

首先，游戏整体不构成著作权法意义上的作品：目前国内的在先判例中均无将游戏作为整体认定为《著作权法》第 3 条第 9 项规定的“其他智力成果”进行保护的先例，且对于是否构成“以类似摄制电影的方法创作的作品”也存在争议。

其次，两款游戏存在显著差异，不构成实质性相似：蜗牛数字公司主张的玩法规则、页面布局、数值、投放节奏等均属于思想范畴，是抽象的，隐藏在游戏的故事情节和美术设计（表达）之后，不能被用户直接感知。将游戏规则等同于游戏作品，继而认为游戏规则相同则两个游戏作品相同并构成著作权侵权，严重违反游戏设计的一般原理和游戏行业的普遍认知。另外，蜗牛数字公司主张的相似部分，即便成立也属于来自公有领域的通用设计，两款游戏存在美术风格、IP 剧情、背景音乐、玩法设计等诸多差别，《花千骨》具有独创性，不能认定二者构成实质性相似。

最后，《花千骨》游戏依据同名电视剧官方合法授权开发，《花千骨》作为黄金 IP 对游戏玩家起到了足够的吸引效果，两被告没有必要通过不正当竞争方式争取市场用户。

二、“玩法近似”为何能得到法院支持

起初，业内并不看好蜗牛数字公司的维权行为，主要是因为玩法规则一般被认为属于思想的范畴，而著作权法的基本原理是不保护思想，只保护表达。因此，在二者 IP 不同的前提下，“玩法近似”侵权的主张既难举证，又很难得到法院支持。

那么，本案的原告为何能够胜诉？让我们来看一下法院的判决理由：

法院首先肯定了《太极熊猫》的整体运行画面可以认定为类似摄制电影的方法创作的作品，给予著作权保护。该种观点近年来已不鲜见，周公在此不再赘述。本案的亮点在于，法院认为除整体画面和音乐、美术作品等细分权项外，游戏中玩法规则的特定呈现方式可以被认定为表达，也属于著作权法保护的客体。

著作权法只保护表达，但表达并不仅指“表达形式”，也包括具有独创性的“内容”。如果将一部作品比喻成一个三角形，最底端的是每一个具体的表达，最顶端的则是主题思想，其间存在一个不断抽象和概括的过程。虽然这个递进的过程中，表达与思想不存在绝对清晰的分界线，但一般而言，在后作品与在先作品在三角形顶端以下的趋同部分越高，就代表越接近“表达”意义上的侵权。

在本案中，《太极熊猫》游戏玩法系统设计中的对战、成长等系统，属于“思想”部分，“首充”玩法和左右下方操纵摇杆界面等属于非独创性或有限表达和公有领域的表达内容，不应受《著作权法》的保护。但是，其余的界面布局、内容和连续展示等，具有独创性，且玩家可以通过这些内容了解到蜗牛数字公司所设计的特定玩法规则及其运行体验，因此可以看作对游戏具体玩法规则的特定呈现方式，构成《著作权法》中的“表达”。此外，蜗牛数字公司对其他公有领域、有限表达等要素进行的选择、排列、组合所构成的新的界面布局或具体玩法规则的特定呈现，如果达到区别于其他游戏的创作性特征，则也可以被认定为具有独创性的“表达”。

以玩法“炼星”为例，如果说 RPG 游戏中一般都有通过道具提高角色属性的设计，这一规则可以认定为“思想”，所有游戏设计者都可使用。但《太极熊猫》中的该玩法包括了具体的触发条件、道具数量、界面布局、操作流程等，已经具体细化到了一定的程度，故可以被认定为具有独创性的、受《著作权法》保护的“表达”。

最后，《花千骨》实施了对《太极熊猫》的“换皮”抄袭。一方面，《花千骨》的计算机软件著作权登记存档资料中，26 张 UI 界面所使用的均为《太极熊猫》的元素和界面的图片。另一方面，游戏结构、玩法规则、数值策划等属于游戏设计的核心内容，相当于游戏的骨架，而角色形象、配音配乐等则相当于游戏的皮肤或衣服，所以行业内才将只更换 IP 形象、音乐等元素而在玩法规则等方面实质性相似的行为称呼为“换皮”抄袭。

涉案两款游戏在游戏的核心玩法及其相应的表达内容上存在诸多实质性相似之处，且许多细节已经超过了创作“巧合”的空间，《花千骨》对《太极熊猫》界面设计的失败之处亦予以复制，因此可以认定两者虽然在“表达形式”上存在部分不同，但是在“表达内容”上构成实质性相似。证据显示玩家也明显地感知到了两款游戏在各方面的相似性。故可以认定《花千骨》对《太极熊猫》的具体玩法规则所设计的特定表达进行了整体照搬和复制，构成著作权侵权。

三、玩法和模式如何得到《著作权法》保护

本案是继《炉石传说》状告《卧龙传说》胜诉后不多见的“玩法近似”侵权胜诉案件，而且本案的意义更加深远。因为在《炉石传说》与《卧龙传说》案中，法院并没有对玩法规则的著作权意义作出论述，而是认为游戏规则尚不能获得《著作权法》的保护，并不表示这种智力创作成果法律不应给予保护。否则将不利于激励创新，为游戏产业营造公平合理的竞争环境。因此适用《反不正当竞争法》的第 2 条，认为《卧龙传说》“模仿”《炉石传说》玩法的行为构成不正当竞争。

而本案则弥补了这个遗憾。法院并没有颠覆著作权法保护表达而不保护思想的基本原理，也没有直接认定玩法规则属于表达，而是将著作权法意义的“表达”区分为“表达形式”和“表达内容”，具体的界面图形和文字等视听因素可以认为是“表达形式”，而玩法规则的特定呈现方式是通过这些因素传达的，抽象程度在这些因素之上，属于“表达内容”，同样可以被认定为著作权法保护的客体。但如果在这之上再进一步概括和抽象，则很可能被认定为属于“思想”的范畴。

因此，本案的开创性意义在于论述了玩法规则在著作权法体系内的意义，提出了“玩法规则如果细化到了特定呈现方式的程度，就可以被纳入著作权法的保护”的观点。

☆周公说

说到这里，笔者不禁联想到了电视节目模式的抄袭现象、文学作品

的“洗稿”现象，等等。这些现象背后的深层次法理，其实与本案并无二致。

在从具体到抽象的金字塔中，思想与表达之间的临界点受到很多因素的影响，但无论如何，越是细化到一定程度，受到《著作权法》保护的可能性越高。例如文学作品中，将人物设置与特定事件和特定顺序结合在一起，将构成表达的范畴，因此哪怕是作者闻之色变的“洗稿”，也能揪出抄袭者的侵权痕迹。

然而，这看似简单的原理背后，隐藏着知识产权诉讼中最大的障碍——举证难。类似案件中胜诉者寥寥，正是因为证明实质性相似需要对海量内容进行概括、比对和梳理，既需要大量的人力物力，也需要法律知识和特定行业知识的完美结合，对代理律师的专业性提出了更高的要求。

游戏产业的飞速发展必将导致游戏开发商为争夺玩家而投入更多的人财物成本去研发更新奇独特的玩法规则。因此，对游戏规则的保护一定程度上就是为游戏产业的前景保驾护航。游戏开发者在研发、策划过程中应当谨慎把握“借鉴”与“换皮”的界限，不能因短期利益而陷入侵权纠纷，最终得不偿失。

PART 3

火眼金睛辨真假“李逵”

- “茶颜悦色”v.“茶颜观色”：“李逵”怎样打赢“李鬼”
- “谭谈交通”全网下架，版权之争谁能杀出重围
- 小满广告被指抄袭，刘德华和奥迪谁要背锅
- 图解电影被判侵权，影视解说如何避坑
- “操场埋尸案”改编电影惹争议，真人故事必须获得授权吗
- 动辄侵权，短视频背景音乐到底怎么用
- 动辄侵权，公众号配图到底怎么用
- 使用字体动辄侵权，企业如何应对
- 反转再反转！体育赛事直播画面可版权性，终于盖棺定论

周公观娱

>>> “茶颜悦色” v. “茶颜观色”：“李逵”怎样打赢“李鬼”

2013 年 12 月，第一家茶颜悦色门店在长沙营业。作为一家新中式鲜茶门店，茶颜悦色凭借其别具一格的“中国风”风格，迅速吸引了消费者的目光，并进一步爆红网络，成为众多外地游客来长沙旅游的“打卡圣地”。

人红是非多，茶颜悦色的火爆也促使了一些山寨仿冒品牌出现，其中具有代表性的便是“茶颜观色”。2019 年，“茶颜悦色”被“茶颜观色”起诉商标侵权。2020 年 4 月，法院驳回了“茶颜观色”的全部诉讼请求。其后，“茶颜悦色”以不正当竞争为由，起诉“茶颜观色”。该案历时两年，终在 2022 年迎来了法院二审判决。判决中，“茶颜悦色”两审均胜诉并获赔 170 万元。

类似地，日本無印良品也曾被一家看上去有些山寨的“北京无印良品”起诉商标侵权，然而，日本無印良品却最终在这场商标侵权纠纷中败诉。本文将梳理两茶之间这场备受瞩目的纷争，结合法院的判决，与無印良品一案进行对比，希望为广大品牌方在商标布局与维权方面提供启示。

一、“李鬼”诉“李逵”

1. “李鬼”提起诉讼的基础

“茶颜观色”这个“李鬼”，到底为何能把“茶颜悦色”这个“李逵”起诉到法院呢？据查，“茶颜观色”起诉“茶颜悦色”商标侵权的基础是其经过受让所享有的“茶颜观色”商标，该商标于2008年获得注册。

相比2008年就获得注册的“茶颜观色”商标，“茶颜悦色”商标的注册时间则更晚。经查，“茶颜悦色”权利人于2015年获得了第30类文字商标“茶颜悦色”（核定使用商品为“茶饮料、甜食、咖啡饮料”等）。而“茶颜观色”商标权人正是基于其注册在先的商标，对“茶颜悦色”提起商标侵权之诉。

2. 法院判决

2020年4月8日，湖南省长沙市岳麓区人民法院一审驳回“茶颜观色”全部诉讼请求。法院作出上述裁判是基于以下两个理由：（1）注册商标“茶颜悦色”在使用过程中，并没有超出商标所核定使用范围，也不与“茶颜观色”商标构成近似，因此没有侵犯同为注册商标“茶颜观色”的商标使用权；（2）“茶颜观色”权利人使用与“茶颜悦色”相同或相似的图片进行宣传，具有明显的主观恶意，违背了诚实信用原则。

二、“李逵”反击“李鬼”

在“茶颜观色”的诉讼请求被驳回之后，“茶颜悦色”奋起反击，以“茶颜观色”使用与其相同或近似装潢标识构成不正当竞争为由，将“茶颜观色”告上了法庭。

1. “李逵”提起诉讼的基础

在上一案中，“茶颜观色”起诉“茶颜悦色”是基于其在先注册的商标。在本案中，“茶颜悦色”起诉“茶颜观色”是基于对方使用了与自身近似的装潢、使消费者产生混淆，从而违反了《反不正当竞争法》。

2. 法院判决

2021年4月22日，法院判决，“茶颜观色”关联公司行为构成不正当竞争及虚假宣传，判令被告向“茶颜悦色”方赔偿经济损失及合理维权费用合计170万元。法院认为，“茶颜悦色”茶饮料经过网络推广，系“网红”饮料、长沙名片，为有一定影响的商品。门店店招、室内标语、室内海报等元素共同构成的组合体，经过持续宣传和使用，与原告茶饮产生了紧密的联系，具有区别商品来源的显著特征，因此，构成《反不正当竞争法》第6条第1款所规定的“有一定影响的装潢”。考虑到被告在广告宣传中的店铺招牌、室内标语海报、饮品菜单、集点卡等元素与原告装潢相同或近似，构成不正当竞争。

三、“李逵”并非一定能胜诉：日本無印良品案与“茶颜观色”诉“茶颜悦色”案所引发的思考

在两茶之争中，“茶颜悦色”最终得以成功维权，不但在商标侵权之诉中全身而退，还转过头来状告“李鬼”，维护了自己的合法权益。但是并不是所有的品牌权人都是这样幸运。

日本無印良品就曾于2019年，在商标纠纷中败诉给了北京无印良品。

“茶颜悦色”与“無印良品”两个品牌方的遭遇相似，但是判决结果却不尽相同。这是为何呢？

1. 日本無印良品在使用商标时，超出注册商标所核定使用范围

商标具有地域性。在无印良品一案中，北京无印良品所依靠的商标权基础就是其在中国所享有的先注册的第24类“无印良品”商标。实际上，在日本無印良品进入中国市场之前，就已经进行了较为广泛的商标注册，但是偏偏遗漏了第24类纺织品品类商标，于是该项类别的商标就被一家国内公司率先注册使用。

2015年，第24类“无印良品”商标权利人起诉日本無印良品，称其销售的抹布、面巾、浴巾、浴室用脚垫产品错误使用了其所有的“无印良品”的商标，构成商标侵权。与两茶商标侵权之争不同的是，在中日无印良品纷争中，日本無印良品在对其“無印良品”商标使用时，确实超出了其在中国注册商标所核定使用范围。日本無印良品在第24类仅仅有英文商标“MUJI”，其所享有的中文商标“無印良品”“MUJI無印良品”并没有涵盖第24类商品。而日本無印良品在经营中，在抹

布、面巾、浴巾、浴室用脚垫等明显属于第 24 类商品上使用了“無印良品”等中文商标，这种使用行为显然超出了商标所核定使用范围。

反观“茶颜悦色”商标侵权一案，我们就会发现，“茶颜悦色”商标核定使用的范围为第 30 类“茶饮料、甜食、咖啡饮料”等商品。而在“茶颜悦色”的实际经营活动中，门店虽然设有座椅等设施，但是这些设施设立的目的是为消费者消费茶饮料商品提供便利，而不是为消费者提供茶馆性质服务，不属于“茶颜观色”商标所核定使用的“茶馆、咖啡馆、餐厅”等服务范畴，所以，“茶颜悦色”商标在实际使用时，并未超出其核定使用范围。

2. 被控侵权商标和权利人商标的近似程度存在差异

在两个案子中，被控侵权商标和权利人商标的近似程度也不同。无印良品一案中，日本無印良品在被控侵权商品上所使用的繁体“無印良品”“MUJI 無印良品”商标，与北京无印良品所享有的在先注册商标“无印良品”相比，仅存在“无”和“無”的差异以及有无“MUJI”的差异，故应当构成相同或者近似商标（图 1 为商标图示对比）。

图 1　商标图示对比

反观“茶颜悦色”和“茶颜观色”，虽然二者仅仅相差一字，但是从整体外观上判断，二者在字形、含义及构图组合后的整体结构上均存在较大差异，所以二者不构成近似（图 2 为商标图示对比）。

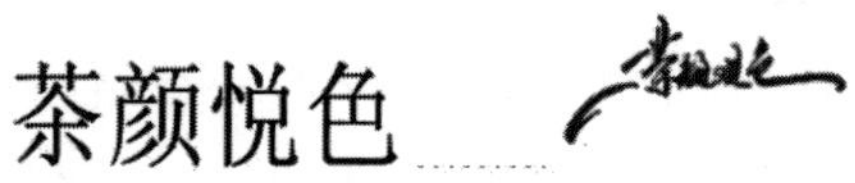

图 2　商标图示对比

所以，鉴于“茶颜悦色”商标在使用中并未超过其所核定使用范围，其本身也与注册商标“茶颜观色”并不近似，因此，不构成商标侵权。

3. 两案中，原告在主观恶意方面存在差异

此外，在主观恶意方面，早在2001年商标公示的时候，日本無印良品就对“无印良品”商标提出了异议，认为该商标系恶意抢注，之后也展开了长期诉讼，但是由于第24类“无印良品”商标被申请注册时，日本無印良品在国内知名度有限，因此该商标不足以构成恶意抢注。

与之相对，在两茶纷争中，洛旗公司在成功购入“茶颜观色”商标之后，就开始将原商标类似于草书的字体改变为与“茶颜悦色”相似的字体“茶颜观色”，并且设计出与茶颜悦色的仕女图相近的仕女标识（如图3所示）。还照搬“茶颜悦色”的装修风格、产品外观、产品名称、菜单设计等，种种表现，因此，被法院认定为具备主观恶意。

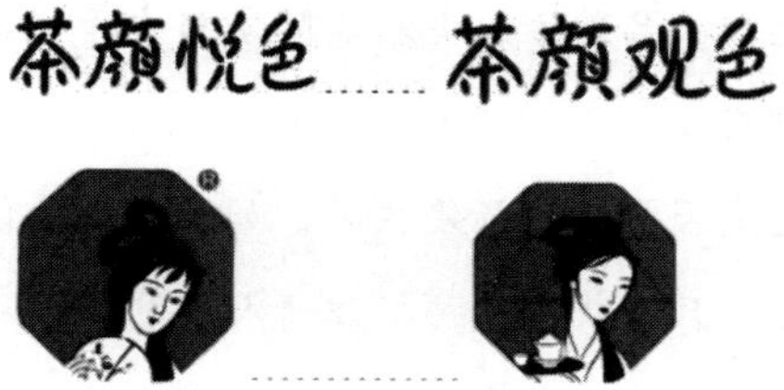

3　“茶颜悦色”与“茶颜观色”对比

4. 结论

所以，上述两案事实相近、却得出了截然不同的结果，并不是由于法院在判决构成商标侵权行为时存在双重标准，而是因为二者从一开始就存在区别：尽管日本無印良品的确持有“無印良品”“MUJI 無印良品”等商标，但被控侵权商品更加接近北京无印良品的注册商标所覆盖的商品，加之二者商标确实构成近似，可能导致消费者的混淆误认，从而构成商标侵权。“茶颜悦色”之所以免于商标侵权，也是因为其商标“茶颜悦色”客观上和“茶颜观色”并不近似，加之“茶颜悦色”商标权利人对其商标的使用也没有涵盖到第43类商品，故而不应当被认定为侵权。

☆周公说

当品牌经营者在实际经营过程中，对自身商标的使用应当限定在其商标所核定使用的商品/服务范围内。如果超过其注册商标的核定使用范围使用商标，就会产生商标侵权的风险，尤其是当在这个超出自身商标保护范畴的商品/服务领域，另有在先注册的相同或近似商标，这种侵权的风险则会进一步加剧。

一些知名商家在成名的早期的经营过程中，并未形成较强的知识产权保护意识，未能及时注册商标、给予品牌全面的保护，客观上给了一些山寨仿冒品牌可乘之机。在商标遭到抢注之后，品牌方一方面应当积极采取异议、撤销、无效等措施维护自己的合法权益，而另一方面，在该商标确认失效之前，品牌方应当在实际使用中予以避让，否则就会产生被“碰瓷”的风险。

当然，在考虑是否构成商标侵权时，如果绝对地以商标注册时间作为唯一的衡量因素、只保护在先商标注册人的利益，从而简单认定其他品牌方对商标的使用行为构成商标侵权，会损害连续、诚信使用特有名称和商标的经营者的利益及其商誉，从而违背市场公平原则。因此，在判断是否构成侵权时，也应当适度考虑历史等原因形成的市场格局，判断在先商标注册人是否违背了《商标法》第7条所规定的“申请注册和使用商标，应当遵循诚实信用原则”。

但是仍应当注意的是，当现存证据不足以证明“李鬼”确实存在恶意时，法院也难以支持品牌方关于在先商标注册人存在恶意注册的相关主张。事实上，2019年修订《商标法》时，为了遏制傍名牌、囤积商标以及摹仿驰名商标等恶意申请商标注册的行为，有关部门已经开始将打击商标恶意注册的关口前移到审查部门，以增加恶意抢注和大量囤积商标的违法成本。目前的实践中，商标注册部门在商标初审阶段即可按照《规范商标申请注册行为若干规定》，对于不符合注册标准的恶意申请行为依法驳回，从源头阻止商标恶意注册人非法目的的实现。

但即便如此，仍难免会有“漏网之鱼”。

因此，对企业而言，在开展生产经营活动之前，预先开展合理的商标布局是十分必要的。企业不仅应当在其生产经营业务范围内的商品和服务类别上对商标进行注册，有条件的，还应当在其他类别上尽可能宽地开展防御性注册，防止恶意抢注。而在获得注册商标专用权之后，在注册商标的实际使用过程中也仍需注意避免与他人注册商标之间的冲突，避免侵犯他人商标权。

>>> "谭谈交通"全网下架，版权之争谁能杀出重围

一、"谭谈交通"全网下架事件回顾

"谭谈交通"是成都市广播电视台一档寓教于乐的交通警示类节目，于2005年播出，2018年停播。该节目的主持人谭乔是成都市公安局交通管理局宣传处的一名交警。"谭谈交通"每期节目是由谭乔对出现在成都街头的交通违章人员进行沟通劝导，并对交通法规知识进行宣传和科普。

2019年开始，陆续有UP主将谭乔主持的"谭谈交通"节目片段搬运到B站，因为节目中大量"奇葩"的违章事件以及谭警官和交通违章人员之间幽默搞笑的对话而火爆出圈，引起广泛关注，谭乔也因此成为交通普法领域"顶流"。

这次热搜事件的起因是2022年7月10日谭乔发布的微博和视频，自曝在拍摄安全宣传视频时，听闻自己账号所发布的"谭谈交通"视频及大量UP主的二创视频被成都游术文化传播有限公司（以下简称游术公司）投诉下线，该公司还放出豪言要索赔千万。谭警官称自己系"谭谈交通"的唯一创作者和视频的记录方，但如今却面临巨额索赔。

2022年7月11日，有报道称谭乔微博中提到的游术公司，已经从成都广播电视台获得了"谭谈交通"的节目版权，"维权于法有据"。成都广播电视台相关负责人也回应称，电视台长期以来没有对"谭谈交通"节目主张版权权利"并不代表着任何个人可以随便侵权"。

2022年7月11日晚间，就“谭谈交通”全网下架事件，成都市广播电视台委托律师公开发布声明称，成都市广播电视台是“谭谈交通”节目的著作权人，有权对网络上未经许可发布“谭谈交通”相关视频的行为进行维权，相关维权工作授予游术公司，维权仅针对未经许可而进行不当获利的公司经营主体，并未针对任何个人，更不存在对个人“索赔千万”的情况。

当日晚间，谭乔在微博发布视频回应电视台“未索赔千万”的声明，称自己对于平台给的流量激励收益及直播礼物收益，除了必要开支外，均已经联系公益平台妥善处理，且表示自己得知了游术公司将公益视频商业化的企划方案。基于此，谭乔对游术公司发出“灵魂三问”，强调“谭谈交通”节目的版权是存在争议的，质疑游术公司授权合法性。

不过，风波很快平息，2022年8月7日，谭乔在其个人微博发布“‘谭谈交通’重新上线”，并转发律师声明称“谭乔与成都台进行了良好沟通，成都台强调其维权仅针对未经许可而进行不当获利的公司经营主体，并未针对任何个人”。

除去事件的和解结局，从法律层面看，此次事件归根结底是一场关于“谭谈交通”节目的著作权权属之争。

二、“谭谈交通”节目相关权利实际归谁

在我们分析“谭谈交通”节目的著作权权属问题前，首先需要了解一点小知识：大陆法系的著作权法体系中，作品被视为作者人格的延伸和精神的反映，是具有独创性的智力成果，作品的著作权受到保护。而表演、录音录像、广播节目等，不符合作品“独创性”等构成要件，需要采取专门的邻接权制度予以保护。

我国的著作权法也借鉴了此种立法模式，采取狭义著作权和邻接权（与著作权有关的权利）并立的架构，依据成果独创性将视频分为视听作品和录像制品两类，分别对应不同的权利类型。鉴于此，梳理“谭谈

交通”节目视频具体的权利归属，我们首先需要判断“谭谈交通”节目是属于视听作品还是录像制品。

1. “谭谈交通”是属于录像制品还是视听作品

视听作品和录像制品都是由一系列有伴音或无伴音的连续画面组成，独创性是区分相关连续画面是视听作品还是录像制品的唯一标准，有独创性的属于视听作品，作者享有著作权，不具有独创性的属于录像制品，制作者享有的不是著作权而是邻接权，相较于著作权的保护范围更加狭窄。然而我国《著作权法》及相关司法解释，对于独创性要求都缺乏量化标准，导致在定义作品时出现分歧。

目前理论研究和司法实践中对此问题主要存在两种观点，即“独创性有无标准”和“独创性高低标准”。而这两种观点的分歧在北京新浪互联信息服务有限公司（以下简称新浪公司）诉北京天盈九州网络技术有限公司（以下简称天盈九州公司）等侵犯著作权及不正当竞争一案中体现得淋漓尽致。

在该案中，新浪公司诉称天盈九州公司未经合法授权，在其网站上设置中超频道，非法转播中超联赛直播视频，天盈九州公司擅自将电视台正在直播的中超比赛的电视信号通过信息网络同步向公众进行转播的行为侵犯了新浪公司享有的以类似摄制电影方式创作的涉案体育赛事节目的作品著作权。

北京知识产权法院二审判决从我国著作权法的体系化角度、国际著作权与邻接权制度历史发展以及司法实践的现有做法角度进行分析后认为，在我国著作权法区分著作权和邻接权两种制度，且对相关连续画面区分为电影作品与录像制品的情况下，应当以独创性程度的高低作为区分二者的标准。而电影作品的独创性体现在素材的选择、素材的拍摄、画面的选择编排三个方面。

据此分析，案涉直播的素材是中超比赛，直播团队对素材并没有多大的选择空间，直播导演虽然有对直播画面的选择和编排空间，但也必须与比赛实际相符合，在很大程度上限制了其个性化选择。因此认定其独创性不足，不构成作品。

但北京市高级人民法院再审此案时却完全否定了二审法院的观点，再审判决认为，从文义解释的角度，作品一般定义中的“独创性”要求系指“具有独创性”。从体系解释和目的解释的角度，邻接权是在狭义著作权之外增加的权利，目的在于对那些不具有独创性、仅仅是劳动和投资的成果也给予保护，电影类作品和录像制品分别作为著作权和邻接权的保护客体，实质性区别在于连续画面的制作者是否进行了创作，所形成的连续画面是否具有独创性。故电影类作品与录像制品的划分标准应为有无独创性，而非独创性程度的高低。

而涉案赛事节目在制作过程中，大量运用了镜头技巧、蒙太奇手法和剪辑手法，在机位的拍摄角度、镜头的切换、拍摄场景与对象的选择、拍摄画面的选取、剪辑、编排以及画外解说等方面均体现了摄像、编导等创作者的个性选择和安排，故具有独创性，不属于机械录制所形成的有伴音或无伴音的录像制品，符合电影类作品的独创性要求。

两种观点各有道理。但是目前司法实践更倾向于采纳“独创性有无”的标准，在各个案件中认定部分具有独创性的体育赛事节目构成作品。这样的界定标准也有利于加强视听节目的著作权保护。

回到本次事件，“谭谈交通”节目的内容素材来自对成都市中随机发生的各种交通违章人员违章行为的抓拍，主要画面是谭乔警官和交通违章人员进行语言上的交流，相较于镜头切换复杂、画面选取精致的体育赛事节目，该内容独创性可能更低，但是2022年3月29日，拥有著作权授权的游术公司发现其他公司未经授权擅自在公众号上传“谭谈交通”视频，于是将该公司诉至四川天府新区成都片区人民法院。而在该案中，法院认定了“谭谈交通”属于著作权法意义上的视听作品。该案也系有关“谭谈交通”著作权争议纠纷的首案。

2. “谭谈交通”节目的权利人是谁

根据谭乔2022年7月10日的爆料视频，“谭谈交通”节目在创作之初，从来没有签订过任何协议，故应属没有约定之情形。成都市交管局相关工作人员7月11日对此次事件的著作权争议回应称："我们向相关部门核实了，'谭谈交通'版权不属于交管部门。"此回应若属实，则仅剩成都市广播电视台作为"谭谈交通"节目唯一制作者，则节目相关著作权同样归属于成都市广播电视台享有。

综合上述分析结论，谭乔警官并非"谭谈交通"节目视频的著作权人或者录音录像制作者，理论上，如其未经权利人事先许可，在自己开设的B站账号上传"谭谈交通"节目视频片段，无"合理使用""法定许可"等抗辩理由，可能会构成对"谭谈交通"节目信息网络传播权的侵权。

三、谭警官对"谭谈交通"可以主张什么权利

前面我们分析得出了谭警官不是"谭谈交通"的著作权人或者邻接权人的结论，这可能让广大支持谭警官的粉丝难以接受：明明这个节目最灵魂的内容就是谭警官与"二仙桥大爷""福贵大爷""气球哥"等人的交谈中创造出的各种幽默风趣的或感人至深的对白，怎么这个节目的相关权利却不属于谭警官呢？但谭警官并非完全没机会在这次著作权之争中博得一席之地。

1. 谭警官或可考虑主张在"谭谈交通"节目中与他人的对话构成口述作品

口述作品，是指即兴的演说、授课、法庭辩论等以口头语言形式表现的作品。口头表述达到了一定长度和复杂度，作为一个整体能够较为完整地表达作者的思想感情并反映作者的个性时，符合著作权法上独创性的要求，可以构成口述作品。①

例如，在新东方罗永浩讲课录音案中，法院即认定罗永浩的授课内容系罗永浩独立构思并口头创作而成，具有独创性，符合《著作权法》规定的作品要件，构成口述作品。

---

① 参见王迁：《知识产权法教程》（第7版），中国人民大学出版社2021年版，第104～105页。

具体到本次事件中，“谭谈交通”节目是真实访谈内容的记录，不存在成都电视台给谭警官和交通违章人员事先安排剧本、台词及设置场景等情况，以谭警官和“二仙桥大爷”的对话为例，是两人即兴的对话，内容类似即兴演讲或授课（普法教育），且能够完整表达谭警官跟“二仙桥大爷”的思想感情并反映出两人的鲜明的个人特性，笔者认为是具有一定独创性的，可以去尝试主张是两人合作创作的口述作品。

2. 谭警官或可以口述作品著作权人身份主张权利

如前文所述，认定“谭谈交通”中谭警官与“二仙桥大爷”等人的对话属于口述作品，考虑到谭警官当时作为成都市公安局的民警这一身份，是否会导致这些口述作品构成职务作品、影响谭警官作为口述作品著作权人的身份呢?

要构成“职务作品”，必须符合两个条件：第一，创作作品的自然人与单位有实质上的劳动或雇佣关系；第二，作品必须因履行职务行为的需要而创作，为了完成单位的工作任务而产生。“工作任务”是指工作人员在该单位中应当履行的职责。①

鉴于此，正如谭警官所述，他的工作职责就是查处交通违法行为并进行处罚，与交通违法人员“拉家常”、了解这些人背后的故事，并不在他通常的职责范围之内，从这个角度来看，谭警官与“二仙桥大爷”等人的对话创作的口述作品并不符合“职务作品”第二个要件，著作权当属于他本人与“二仙桥大爷”等人。退一步讲，即便认为上述口述作品构成“职务作品”，也应当属于《著作权法》规定的一般职务作品，著作权仍由作者谭警官与“二仙桥大爷”等人享有，成都市公安局只是有权在其业务范围内优先使用。

谭警官等人可以主张作为口述作品作者的署名权和获得报酬的权利，同时可以自行单独使用口述作品的著作权。

① 参见王迁：《知识产权法教程》（第7版），中国人民大学出版社2021年版，第214页。

☆周公说

《著作权法》第一章总则的第1条明确规定，制定著作权法的目的之一便是“鼓励有益于社会主义精神文明、物质文明建设的作品的创作和传播”。

想必许多像谭警官一样的创作者也是抱着同样的初衷。但是，如果不在创作的过程中注重著作权的保护，也可能会起到令人遗憾的相反效果，并不是次次都能以和解收场。

>>> 小满广告被指抄袭，刘德华和奥迪谁要背锅

2022 年 5 月，恰逢节气“小满”，奥迪发布了一则“刘德华说小满”的广告视频十分应景，文案引起极大共鸣，很快取得刷屏效果。然而广告发布不久，其文案就被指抄袭一位名为“北大满哥”的短视频博主，引发全网热议。

一、奥迪刘德华小满广告抄袭事件经过

2022 年 5 月 21 日，奥迪发布了一条关于刘德华讲述节气“小满”的品牌广告片，题为“人生小满”。短片中，刘德华本人出镜，原声配音，文案颇有深度，娓娓道来，加上精良的画面和后期制作，被网友盛赞，刷爆各大平台，热度口碑俱佳。

但当日下午，名为“北大满哥”的短视频博主在刘德华的短片下留言，“不好意思，几乎整篇都是截取自我去年小满的视频文案，里面的诗词是我自己做的原创命名诗，麻烦问下引用的时候能不能通知一下原作者”。但刘德华和品牌方均未回应。

5 月 21 日晚，“北大满哥”直接放出“撒手锏”对比视频，封面配文“被抄袭了过亿播放的文案是什么体验”，并同时@刘德华和奥迪。

从“北大满哥”的对比视频中可以看出，奥迪发布的广告文案与他在 2021 年 5 月 21 日发布的短视频文案几乎完全一样，甚至还采用了他在 2018 年原创的诗。这超高的相似度，被网友戏称为“查重率 99%”。“北大满哥”与奥迪文案对比见表 1。

表 1 “北大满哥”与奥迪文案对比

对比项	“北大满哥”2021 年文案	奥迪 2022 年文案
介绍“小满”的疑问	就比如说小满这一天吧 确实挺怪的 有小暑就一定有大暑 有小寒就一定有大寒 但是小满一定没有大满 因为大满实际上不符合古人的智慧	今天是二十四节气的小满 但是有一样事情挺奇怪的 有小暑一定有大暑 有小寒一定有大寒 但是小满一定没有大满 因为大满不符合我们古人的智慧
古人对“小满”的态度	在小满这一天 刚好麦穗开始逐渐的饱满 但是还没有完全饱满 这种状态特别好 它代表了一种人生态度 其实小满代表的态度呢 就是我们一直在追求完美的路上 但是我们并不要求他一定要十全十美 所以从这个角度 小满其实是一年中最好的节气 也是我最喜欢的日子	小满的这一天 麦穗开始逐渐饱满 但是还没有完全饱满 所以小满这种状态特别好 小满代表了一种人生态度 就是我们一直在追求完美的路上 但并不要求一定要十全十美 所以从这个角度 小满其实是一年中最好的一个节气 也是我最喜欢的日子
小满的诗歌	借用曾国藩先生的一句话 花未全开月未圆 半山微醉尽余欢 何须多虑盈亏事 终归小满胜万全	送你一首我喜欢的诗 花未全开月未圆 半山微醉尽余欢 何须多虑盈亏事 终归小满胜万全

2022 年 5 月 22 日，奥迪方面发布声明，一方面表示因监管不力、审核不严等向刘德华、“北大满哥”致歉，另一方面也向公众说明该视频是由第三方代理公司制作，已责成处理，并将视频全面下架。

22 日中午，《人民日报》点名批评奥迪广告抄袭事件，称抄袭是行业丑闻，更涉嫌违法，必须零容忍，行业应借机反思构筑有效防范机制。

22 日下午，奥迪的广告代理公司上思广告（上海）有限公司（以下简称上思广告）发布声明，表示因团队版权意识淡薄，在未与版权方沟通的情况下，直接使用了“北大满哥”关于“小满”视频中的文案内容，给刘德华先生、“北大满哥”、一汽奥迪品牌带来了巨大的不便和困扰，深表歉意。

紧接着，刘德华在官方后援会 App 华仔天地发文称，“对原创我是百分百的尊重，今次事件，对于广告团队在创作过程中出现的问题，以及对满哥造成的困扰，我个人深感遗憾。Audi 和广告公司现正认真处理中”。

至此，涉事各方均已表态。

二、广告文案侵权，谁来埋单

不论是电影、电视剧、歌曲还是广告，当文学艺术作品出现负面新闻时，明星常常成为“靶子”。这类事件在娱乐圈内并不鲜见。

此前，艺人易烊千玺个人单曲《灾》的封面被曝抄袭外国设计师斯图尔特·利平科特（Stuart Lippincott）的创意。尽管大概不会有人真的认为是易烊千玺本人亲自参与封面设计，但易烊千玺工作室照样因此发布官方道歉声明。

在此次事件中也是如此，“北大满哥”在其发布的视频中表示“相信德高望重的刘先生一定不会来我的短视频里，一个字一个字地扒我的文案，再去发商业广告”，只要求“是谁扒的，谁就站出来帮他做一个解释”。

但一旦发生抄袭，不管明星本人是否有份参与，被卷入舆论中心几乎是必然。

目前可以明确的是，奥迪的广告文案的确使用了与“北大满哥”的视频文案相同或极为近似的文字表述，而且文案内容贯穿广告始终，是该广告的主线。如果“北大满哥”确实是该文案的原创作者，前述行为已涉嫌侵犯“北大满哥”的著作权。

那么，在奥迪、代理公司、刘德华三者之间，应该由谁来对“北大满哥”承担责任呢？

首先，品牌方奥迪是该视频广告的发布者，且对该广告的制作享有决定权，很可能需要对外承担法律责任。

其次，奥迪在声明中指出，提报并执行该视频的是创意代理公司上思广告，即该代理公司是小满广告的直接创作者，在制作广告的商业行为中几乎是直接“复制”了“北大满哥”的文案，然后把广告销售给奥迪，应该也属于侵权链条上一环。除此之外，代理公司很可能需要依据合同约定向奥迪承担违约责任。

最后，刘德华先生虽然出演了该奥迪广告，且由其陈述全部广告文案，但不论是按行业惯例，还是从奥迪、上思广告两方发布的声明来看，刘德华先生本人应当没有参与广告文案及视频的创作。同时，通常情况下，在艺人与品牌方的合同中，艺人方会要求品牌方承诺尽广告内容审查之义务，包括不得侵犯任何第三方的合法权益。在这样的情况下，刘德华本人在法律上承担责任的可能性并不大。

三、明星如何避免“天降抄袭”

不过，即使在法律上不构成侵权，一旦曝出类似新闻，对于明星声誉的损害仍将难以预料。为了避免“背锅”，明星究竟可以做些什么？

【事前】

著作权侵权行为发生前，明星及其经纪公司可以做的事情主要有三项：

第一，审核权利来源，查看授权是否完整，有遗漏的应当尽力获取授权。

第二，与品牌方明确责任承担，即把责任承担体现在合同中，明确如果因品牌方原因导致艺人被第三方追责的，由品牌方承担责任。

第三，审查是否涉嫌抄袭。文案、歌词类抄袭的审查成本相对较低，此次事件中，如果“华仔”的经纪团队或者奥迪公司在发布视频前仔细审查，或许可以避免此次纠纷。

【事后】

一旦发生疑似抄袭事件，该如何应对也是明星面临的难题。

抄袭者致歉、明星本人致歉、原作者发声和解是比较圆满的解决途径。此前，易烊千玺单曲封面抄袭事件中，易烊千玺方的应对方法可算作业内典范，因此事后对艺人本人的声誉影响并不大。

目前刘德华本人已出面回应，获赞有责任有担当，不愧为正能量偶像。就多次类似事件来看，明星本人的事后回应至关重要。态度端正、勇于承担的正面回应，比较能够有效降低负面事件对明星声誉造成的不良影响。

☆ 周公说

此次事件实际上是目前短视频直播内容抄袭洗稿成习惯的一个缩影，只是抄得实在颇不用心，并且“不巧”阴差阳错发生在合规要求相对比较严格的广告行业，让业内人看了笑话，才会导致如此“出圈”的一个大反转。

一方面，如同官媒点评，新媒体营销从业者及品牌方确有必要重视知识产权合规问题，意识到每一次的忽视都有可能造成严重影响。毕竟一个侵权短片，可能就足以毁掉一个品牌辛辛苦苦积攒起来的声誉。另一方面，建议原创作者们，在遇到侵权问题时，积极站出来发声或者维权，毕竟如果权利人都不重视自己的权利行使，行业永远都不可能有所变化。

>>>图解电影被判侵权，影视解说如何避坑

随着生活节奏的加快，如今人们已经迈入信息碎片化时代，网络短视频正是利用了当今社会的这一特点实现了快速发展。类似“谷阿莫×分钟带你看完×××”系列的电影解说类短视频博主广受网友欢迎的同时，也在法学界引发了是否侵权的争议。

北京互联网法院判决了一起案件，只不过这次被告用的是“图解电影”的方式——法院认定被告制作图片集解读电影的行为构成侵权。被告蜀黍公司侵权成立，赔偿原告优酷公司经济损失 3 万元。该案上诉后二审也维持了原判。

实际上，在介绍、解说影视剧的过程中引用影视剧图片、视频片段的行为可能构成合理使用，在超出合理使用的范围内才构成侵权。那么尺度和边界何在？北京互联网法院在“图解电影”案中的论述或许能给我们带来一些启发。

一、用图片回味《三生三世十里桃花》，竟然也侵权

该案中，原告优酷公司在被告蜀黍公司运营的“图解电影”App 和网站上，发现了名为《三生三世十里桃花作品 01》的图片集，该图片集的内容涵盖了《三生三世十里桃花》第一集的主要画面，图片的下方还配有制作者自行添加的解说文字。于是优酷公司便以侵害信息网络传播权为由，将蜀黍公司诉至法院。

面对侵权指控，被告蜀黍公司辩称：“图解电影”平台仅是用户自

行上传信息的分享平台，其已经尽到了合理的注意义务。并且“图解电影”是图片和文字结合的再创作，核心在文字本身。更重要的是，被告仅使用了300多张静态图片。按照一般类电作品每秒24帧计算，涉案图片集仅引用了原作品0.5%的画面内容，应当属于合理使用。

那么，引用部分所占原作品的比例大小究竟和判断是否构成合理使用有没有关系呢？

从司法实践中来看，在引用比例较小的情况下，由于使用的形式和内容都极其有限，既没有实质性地再现作品的完整表达方式，也不会对作品的发行传播构成威胁，没有对著作权人的利益构成实质损害，因此判定属于合理使用的可能性较大。

例如，在（2003）一中民初字第11687号中国音乐著作权协会诉福建周末电视有限公司等侵犯著作权纠纷案中，一审北京市第一中级人民法院就认为被告使用一段7秒钟音乐的行为不构成侵权。其理由是：“因两被告在涉案电视剧中对该作品的使用仅有短短的7秒钟，且在剧中仅演唱了‘我曾经问个不休，你何时跟我走’这一句歌词、弹奏相应的曲子，被告的使用行为对该作品的正常使用不产生任何实质不利影响，也未实质损害该作品的权利人的合法权益，因此，两被告行为的情节显著轻微，故不构成侵权。”

又如在（2017）京0105民初10028号东阳市乐视花儿影视文化有限公司诉北京豆网科技有限公司侵害作品信息网络传播权纠纷案中，北京市朝阳区人民法院在判决中也提到：“最后，涉案截图作为从四十余集电视剧的连续动态画面中截取的一帧帧静态画面，数量有限，亦无法通过截图的前后连续组合表达出完整的故事情节，公众难以通过浏览涉案截图获悉涉案影视作品的全部内容，因此涉案截图的使用行为并未实质性地再现涉案影视作品……”

但需要注意的是，虽然法院都将引用比例作为了判断合理使用的考量因素之一，但是从其论述可以看出引用比例小不意味着必然构成合理使用，其最终落脚点仍然是是否对作品的正常使用造成了实质不利影响，是否实质损害了该作品权利人的合法权益。北京互联网法院在“图解电影”案中也再次强调了这一点。

二、为何“图解电影”也侵权

北京互联网法院在判决中明确表示“合理引用的判断标准并非取决于引用比例”，并从使用目的是否限于介绍、评论或者说明，使用行为是否影响该作品的正常使用、使用行为是否不合理地损害著作权人的合法权益三个方面，论述了被诉侵权行为不构成合理使用。

首先，涉案图片集几乎全部为原有剧集已有的表达，或者说，虽改变了表现形式，但具体表达内容并未发生实质性变化，其使用目的是迎合用户在短时间内获悉剧情、主要画面内容的需求，已远远超出以评论为目的适当引用必要性的限度。

其次，涉案图片集实质呈现了整部剧集的具体表达，公众可通过浏览上述图片集快捷地获悉涉案剧集的关键画面、主要情节，提供图片集的行为对涉案剧集起到了实质性替代作用，影响了作品的正常使用。

最后，涉案图片集提供的主要功能并非向公众提供保留剧情悬念的推介、宣传信息，而是涵盖了涉案剧集的主要剧情和关键画面，在一般情况下，难以起到激发观众进一步观影兴趣的作用，不具备符合权利人利益需求的宣传效果，损害了权利人的合法权益。

基于上述理由，法院判决被告蜀黍公司使用涉案作品的行为侵犯原告优酷公司信息网络传播权，需要赔偿原告经济损失 3 万元。

三、解说电影，如何避开侵权雷区

只用了一集视频中的部分图片，就要赔偿 3 万元，作为被告的蜀黍公司肯定觉得自己很冤。那么，对于类似的短视频/图集制作者而言，如何解说电影，才能降低乃至避免侵权风险呢？

一般而言，未经著作权人授权而使用其作品，即侵犯著作权，但是，《著作权法》及《著作权法实施条例》中也规定了一些例外情形，并非一切、任何方式不经授权使用作品的情形都侵犯他人著作权。所谓合理使用，指的就是无须征得著作权人同意，也不必向其支付报酬而使用他人作品的例外情形。

《著作权法》第24条第2项规定，“为介绍、评论某一作品或者说明某一问题，在作品中适当引用他人已经发表的作品”，可以不经著作权人许可，不向其支付报酬。也就是说，当未经许可引用影视剧片段、图片的行为属于该条允许的范围之内，即属于合理使用，而不构成对影视剧著作权的侵权。

虽然相关立法或司法解释并未对该条的含义做出更为详细的解释，但根据著作权法原理和司法实践，结合影视作品自身的特点，我们认为，对是否构成适当引用需要综合考虑以下几个因素进行判断：

第一，作品使用行为的目的。如果使用影视剧的视频、图片等是为了对影视剧进行介绍、评论或对其他问题进行说明，则可以主张使用目的的正当性，而是否以商业营利为目的并非判定侵权或成立合理使用的标准。当然，使用目的是否正当还需要结合具体使用情形来判断。为迎合用户在短时间内获悉剧情、主要画面内容的需求而使用影视作品核心、关键内容的，难谓“正当”。

第二，被使用作品的性质。在判断是否构成合理使用时，还需要考察被使用作品的性质，包括是否已经发表以及独创性程度高低。一般来说，对于未发表的作品比已发表的作品保护程度要高。按照《著作权法》规定的独创性标准，一件作品创造性程度越高，利用公有领域的素材越少，与公有领域素材区分度越高，其保护范围越广，保护强度越大。

第三，被使用部分的比例。使用比例并不是指一个绝对的数量或使用比例的固定标准，正如北京互联网法院在“图解电影”案中所言，“合理引用的判断标准并非取决于引用比例，而应取决于介绍、评论或者说明的合理需要”。换言之，被引用的部分只能是在必要的范围内使用，而不能喧宾夺主，不能把引用部分作为主体而让自己的介绍和评论等沦为画外音。超出合理需要，即使在量上只占极低比例，仍可能被认定为侵权。

例如，在陈少华与中国音乐著作权协会、中青网络家园（武汉）有限公司著作权侵权纠纷案中，一审法院就在判决书中明确表示，“法律没有规定必须将播放歌曲的时间长短作为判断是否属于合理使用的必要条件……”，最终判定其不构成合理使用。

第四，使用部分对原作品市场的影响。我国《著作权法实施条例》第 21 条规定：依照《著作权法》有关规定，使用可以不经著作权人许可的已经发表的作品的，不得影响该作品的正常使用，也不得不合理地损害著作权人的合法利益。由此可见，即使表面上是为了介绍、评论或说明而使用影视剧片段或图片，如果实际上影响了对影视剧的正常使用或不合理地损害了影视剧著作权人的合法利益，这种使用也是侵权的。

像如今出现的很多“几分钟看完某某电影”或是“图解电影”系列，往往不是向公众提供保留剧情悬念的宣传信息，而是涵盖了主要剧情和关键画面，能够实质呈现整部影视作品的具体表达，从而满足公众在短时间内了解整部作品的“快餐”需求。通常看这类解说的网友都不会再自掏腰包去影院或追剧了。这实际上就对被引用的剧集产生了实质性替代作用，影响了影视作品的正常使用和著作权人的正当权益，超出了适当引用的范围。

☆ 周公说

在自媒体时代，像谷阿莫这样的电影解说类自媒体越来越多，并且深受大众欢迎，为大家带来了全新的娱乐方式，一定程度上也激发了社会创造力。但在鼓励创造、繁荣文学艺术和保护著作权人合法权益之间还是要保持相对平衡。此类自媒体在利用他人作品进行创作的同时，也不能肆无忌惮踏入著作权人的领地。

首先，自媒体应当加强著作权自律，对于热门影片的解读甚至是戏说，其实可以积极探索与著作权方合作，在取得授权后制作发布相应的解说视频，实现双赢。

其次，在未取得著作权人授权的情况下，此类自媒体应当注意在制作相关解说视频时尽量避免大量引用影视剧内容，避免引用影视剧的核心、实质内容和关键情节，只有为了介绍、评论、说明目的和需要所作的适当引用，才属于合理使用，超出这一范围的引用即会存在侵权风险。

>>> “操场埋尸案”改编电影惹争议，真人故事必须获得授权吗

2019年12月17日，湖南怀化市中级人民法院开庭审理16年前在新晃县发生的一起“操场埋尸案”。被告人杜某平、罗某忠被指控犯故意杀人罪，承认杀害邓某平的事实。最终被判决执行死刑。

据检方指控，杜某平以他人名义违规承揽了新晃县一中的400米田径跑道开挖工程，让罗某忠具体负责施工管理。在建设过程中，负责监督工程质量和安全的新晃县一中总务处职工邓某平，向校长黄某松反映了工程质量存在的问题。此举引起了杜某平的不满，认为被挡了财路。于是杜某平连同罗某忠采用下迷药、套塑料袋、用胶带捆绑、锤击头部等手段，将邓某平残忍杀害，并将其尸体抛至新晃县一中的操场深坑内填埋。

本案细节被公之于众后，震惊全国，引发了广泛讨论。尤其是离奇的情节让人慨叹，连电影都不敢这么拍。孰料不久之后，不但有制片方打算改编这个事件，还引发了一场原型人物家属抗议的争议。

2021年8月10日，湖南“操场埋尸案”将被改编成电影《操场》的信息在网络引发关注。据悉，这部犯罪题材电影已由浙江漫光年影业有限公司在电影局做了剧本备案，预计于10月开拍。备案公示信息显示的故事梗概是：“新光县第一中学操场改扩建工程监理董一民老师，拒绝豆腐渣工程的‘合格验收’，被包工头杜立青及其同伙杀害并埋尸操场下。在中央督导组领导下，公安部门一举打掉了以杜立青为首的‘涉黑涉恶犯罪团伙’，给社会一个公平交代。”

但是，本案中被害人邓某平的女儿邓某接受采访时称，《操场》团

队没有通过家属授权，她担心事件被胡乱改编。故委托律师处理相关电影未来可能涉及的侵权纠纷。这也是业内比较少见的，在电影开拍之前就被原型人物喊话的案例。

一、为何真人改编影视剧争议这么多

实际上，关于真人事件改编影视剧未获原型人物授权所引发的纠纷远不止这一起。

《我不是药神》的原型陆勇也公开发表声明称片中“卖药赚钱”的情节损害其名誉。

如果仔细分析上述案例，会发现这些原型人物都是因为认为电影的虚构情节对其造成了侮辱，从而损害其名誉权；或者因为“被迫”在大荧幕上“抛头露面”，从而主张侵犯了肖像权或隐私权。

也就是说，绝大部分维权的原型人物，都是认为自己的“人身权”（包括名誉权、肖像权、姓名权和隐私权等）受到了损害，而这些权利确实是《民法典》等法律明确赋予的。

本次的“操场埋尸案”电影改编争议也不例外。邓某女士委托的律师在公开发表对于本案的意见时称：“目前对于《操场》的剧本以及拍摄内容是否涉嫌侵权还不清楚。我们需要密切关注。如果后期该部电影，存在针对新闻事件当事人诽谤或侮辱，从而引发大众的臆测，造成对当事人社会名誉的降低，我们不排除对此提起诉讼。”

二、真人改编要提防侵犯原型人物人身权

一般来说，真人真事改编的电影一般会涉及当事人的两种人身权利：名誉权和隐私权。这二者其实很容易区分：侵犯名誉权的表现是捏造虚假事实，损害当事人的对外形象，导致社会评价降低；而侵犯隐私权是违背当事人意志，将其私事和信息公之于众。换句话来说，主张侵犯名誉的事实必须是假，主张泄露隐私的事实则必须是真。

综观国内外的类似案例，绝大部分当事人都是以名誉权侵权名义进

行维权，甚少见到用隐私权为诉由起诉的。原因就在于受到侮辱或诽谤的当事人一般都亟须通过诉讼来恢复自己被损害的名誉，而且通常是诉讼造成的声势越大越好；而隐私一般都是当事人不愿为人知的秘密，一旦付诸诉讼就会公之于众，很容易对其造成二次伤害，故大部分人都会选择息事宁人。因此，国内曾经闹得沸沸扬扬的“杨子荣原型养子起诉《林海雪原》制片方一案”“霍元甲后人起诉李连杰和电影《霍元甲》制片方一案”“杨三姐孙子起诉电视剧《杨三姐告状》制片方一案”，无一例外都是以“电影或电视剧虚构情节，侵犯先人名誉”作为理由的。

然而，绝大部分类似案例中原告要求认定侵犯名誉权的诉讼请求最终都被法院驳回，也即，法院并未认可电影中的虚构情节构成侵犯电影原型的名誉，原因是符合艺术创作规律的虚构很难构成侵权。

以“霍元甲”一案为例，霍元甲的孙子主张同名电影中的“霍元甲前期好勇斗狠滥杀无辜”，导致“霍家全家惨遭灭门”，最后还移情“恋上盲女”。上述情节与自己祖父的真实形象相去甚远。对此法院判决称：影片《霍元甲》系对一代爱国武术家霍元甲生平的艺术加工与再现。而艺术创作遵循“源于生活而高于生活”的规律，所以对于历史人物的艺术塑造应允许在一定的程度上和范围内进行虚构与夸张。而本片的夸张和虚构仍在可容忍的范围之内，故并未对霍元甲的名誉权构成侵犯。

三、合理改编的情况下，是否一定要取得原型授权

那我们假设一种情况，如果一部改编自真人真事的电影，并未体现原型的肖像或其他隐私，也不存在任何侮辱或诋毁等侵犯名誉权的情节，是否还需要获得原型人物的授权呢？也就是说，原型人物除了人身权之外，对于自身的经历是否享有权利？是否能够禁止别人使用呢？

答案是不一定。

比如“脑瘫拳击手”改编电影一案中①，原型人物汪强就认为自己对于自己的真实经历故事享有著作权，将未获授权改编其故事的影视公司和导演诉至法庭。

根据著作权法的原理，真人真事是客观存在的，与人类的文化创造无关，不构成作品，因此不受《著作权法》的保护。因为事实无法被垄断，在不侵犯人身权的前提下，理论上任何人都有权去独立改编真人真事。

而《操场》一片的制片方律师在回应争议时也发表了同样的观点：“如果（操场埋尸案）由一位记者进行深度采访或跟踪报道，那么这个著作权的享有者是记者；如果多家媒体进行了集中采访、持续跟踪、集体报道，那它不是某一个记者个人的专项的著作权，当然不存在授权问题。《著作权法》对此有明确规定，来源于新闻媒体公开报道的事件，不作为著作权保护的范围。”②

四、获得原型授权不是必须的但是必要的

既然从法律角度来说，只要注意避开侵犯原型人物人身权的坑，而真实故事又不一定存在著作权的话，那获得原型人物或家属的授权就不是必备环节，因为实际上并“无权可授”。但为什么现实中很多制片方还是会去这么操作呢?③

---

① 汪强出生两个月后，就因行动和智商的缺陷，被确诊为脑瘫。而身为拳击教练的父亲不仅通过中医按摩等方式让他恢复了生活自理的能力，通过教下象棋等逐渐培养他的智商，还教他拳击让他走上了拳击之路。详见米新磊：《陈可辛又拍真人改编，这次还会惹争议吗?》，载微信公众号“周公观娱”2019 年 3 月 11 日，https：//mp. weixin. qq. com/s/rtd_ZhcqYQ0L9eYCCIPlFg。

② 郑超：《“操场埋尸案”影视化背后的权利之争》，载微信公众号“法治周末报”2021 年 8 月 25 日，https：//mp. weixin. qq. com/s/6_lxL3j31ATHljenzY0IaQ。

③ 《梅兰芳》《叶问》等国内较为出名的传记电影，都请了电影原型的后人作为顾问，以避免拍摄内容与后人预期差异过大，其实这也是一种变相许可；在国外，制片方一般会要求电影原型签订“弃权声明”，声明放弃以后可能的对片方诉讼权利，作为对价当事人可以获得一定的补偿，这等于是一种事前补偿。详见米新磊：《从〈失孤〉看真人改编电影是与非》，载微信公众号“周公观娱”2015 年 3 月 26 日，https：//mp. weixin. qq. com/s? _ _ biz = MzAwODMwMDUwMA = = &mid = 204402536&idx = 1&sn = 0df22d45ad15c35efb1761cc81926a3f&scene = 25&key = b2574200810f04e8740b9143890356801a29d5fbb0105d225325cf5e73c2a90ba40dbb02f84954e385100a3d26485c35&ascene = 1&uin = MTM4NjExNTYxNA%3D%3D&devicetype = webwx&version = 70000001&pass _ ticket = EZ4%2FlUVnarXSj XAV5fVhdRrnctvcjhWk0Ifyc4PtakPl7bYyWsu4VO4kmzSL%2Bebk#wechat_redirect。

原因是从合规角度来说，片方要最大限度地防患于未然。

事实上，前面的论证均是从“合法性”角度来分析的，而“是否违法”实际上是最低的标准。因为对于被告来说，即便法院最终判决其行为并不构成侵权，也不代表其影视项目就安全无虞了。因为如果未获授权而引发纠纷，其实对于影视项目已经造成实质性影响了，很可能导致项目就此搁置。

因此，在一个影视项目启动前，评估是否需要获得原型人物的许可的风险时，显然不能以是否“合法”为标准，而应该以是否“合规”作为标准。这里的合规指的就是“行业规则”。

☆ 周公说

好莱坞其实有不少真人改编电影，但很少发生类似的纠纷或诉讼，这是因为好莱坞确立了一系列高标准的行业规则。比如，在涉及真人真事改编的电影时，好莱坞较为常见的做法便是与原型人物签署真人故事购买协议。签署该协议可以按照买断的方式交易，购买的费用主要取决于权利人的名气和故事的名气。

因此，即便原型人物对于真人故事不存在法律规定的著作权，但却存在故事购买协议所赋予的合同权利。这和“电视节目模式授权”有异曲同工之处：绝大部分国家的法律都未规定节目模式有著作权，但这并不妨碍通过许可合同对外进行授权。而当此种方式成为整个行业都普遍遵循的规则时，违反规则乃至违反法律的行为就会变成小概率事件。

>>> 动辄侵权，短视频背景音乐到底怎么用

毋庸多言，短视频可能已经是目前普及度最高的内容形式之一，而短视频制作中又往往离不开吸引人的背景音乐。然而，许多使用者无法判断自己对背景音乐的选择和使用是否可能构成侵权，为每个短视频的背景音乐取得授权又难以实现，频繁而又充满了不确定的使用使该领域成为互联网著作权侵权的重灾区。

短视频背景音乐到底怎么用？什么情况构成侵权？判赔一般是多少？如何避免侵权？本文将进行分析。

一、短视频音乐侵权四问

一般来说，使用他人的作品都需要获得授权，但是《著作权法》第 24 条规定的合理使用制度为权利开了例外的门，规定在特定情况下使用作品，可以不经著作权人许可，不向其支付报酬。但法律规定毕竟是原则性的，对于一些实际应用场景，很多人仍有疑问，其中最典型的是这几个问题。

1. 个人用于记录生活，没有盈利，也构成侵权吗

使用可以分为个人目的的使用及商业目的的使用，虽然朴素的法感情会让我们觉得，“没赚钱就都不侵权”，但是严谨的法律往往会给我们相反的回答。

没有盈利即不构成侵权的想法在合理使用制度规定的第一种例外情形下可能得以适用，即“为个人学习、研究或者欣赏，使用他人已经发

表的作品”。按照该规定，如果将他人的作品作为自己制作的短视频的背景音乐，但并未将该视频公开发布，而是设为私密视频等非向不特定的对象公开的模式，确实可以适用合理使用制度从而不需要取得音乐作品著作权人的授权。但是，如果将视频在公共平台发布，展现给公众，则显然脱离了“为个人学习、研究或者欣赏”这个前提，也就不构成合理使用了。当然，如果使用平台提供的背景音乐，平台一般都已获得授权，有权许可用户使用，那又另当别论。

另外，《信息网络传播权保护条例》第 18 条第 1 项明确规定“通过信息网络擅自向公众提供他人的作品、表演、录音录像制品的”就构成侵权并承担相应责任；第 19 条第 2 项又对相同行为但是获得经济利益的情况，规定了更重的罚则。可见，是否获得经济利益并不是判断是否侵权的必要条件。

2. 为了介绍作品，对音乐进行适当引用，也构成侵权吗

合理使用制度同时规定了，“为介绍、评论某一作品或者说明某一问题，在作品中适当引用他人已经发表的作品”的情形无须获得授权，那么如果短视频的目的是向他人介绍某一首音乐，而截取了音乐的片段播放，是否能够构成此处的“适当引用”呢？也难：

其一，《著作权法实施条例》第 21 条为使用增加了“不得不合理地损害著作权人的合法利益”的限制，实践中类似的做法可能会使部分听众满足于从该视频中获取的音乐片段，从而降低其完整地（付费）获取该音乐的可能性，很容易被认为违反了这一限制①。

① 音乐作品通常就是由部分重复的片段构成的，若是为了介绍某一音乐作品，即便不是完整地使用作品，通常也需要截取非重复的一半音乐。在这种情况下，音乐的节奏、旋律、歌词及其变化基本已经被囊括，可能会使部分听众满足于从该视频中获取的音乐片段，从而降低其完整地（付费）获取该音乐的可能性。此时，权利人即可主张侵权人的行为导致著作权人的合法利益受损。例如，央视国际网络有限公司与上海聚力传媒技术有限公司侵害著作权纠纷、不正当竞争纠纷案中，法院认为，适当引用不得对原作品产生不正当竞争关系；孙某斌与上海教育出版社有限公司著作权侵权纠纷案中，二审法院认为，直接展示被引用长视频本身，导致短视频与原长视频在市场上的竞争，即具有市场替代效应，不构成合理使用。

其二，此时原作品很容易构成视频的实质部分，不可谓“适当”，也会被认定无法构成合理使用①。

其三，该类型的使用通常是以商业目的而为的分享，直接的商业目的可能因其私营属性会当然地被适当引用排除在外②。

片段式提供只有在用于展示原作品样貌、吸引读者目光，并无法使接受者通过这些片段了解作品的核心和思想感情，满足其审美等需要时，才可能被认定为不构成对原作品的实质性利用，进而不会不合理损害原告的合法利益③。但是，该规定的适用存在较大的自由裁量空间，难以完全避免侵权的可能。因此，为介绍而进行适当引用可能不侵权，但是有风险。

3. 只用了15秒，也构成侵权吗

有传言，如果把使用音乐的时间控制在15秒以内，即便没有获得授权，也不构成著作权侵权。然而，这种说法没有法律依据。

首先，此前已经明确，合理使用原则是著作权保护的例外，而该制度并未提及使用时长或使用篇幅的标准。

其次，北京市高级人民法院发布的《关于侵害知识产权及不正当竞争案件确定损害赔偿的指导意见及法定赔偿的裁判标准》第3.11条将“使用的曲谱小节、歌词较少”规定为可酌情降低赔偿额的情形，即说明了即便用的时间短，也构成侵权，只是有可能降低赔偿额。

4. 付费下载的音乐也不能用吗

流媒体平台提供的会员服务或付费购买服务使用户能够从平台下载音乐，听众此时似乎已经为其下载的音乐“埋单”了，但实质上，这并

---

① 运城市阳光文化传媒有限公司与深圳市腾讯计算机系统有限公司、广州优视网络科技有限公司侵害作品信息网络传播权纠纷案中，法院认为，在类似的二次创作作品中，原作品已经构成视频的实质部分，即超出了适当使用的合理限度，进而不构成合理使用。

② 向某红与梦想者电影（北京）有限公司、中国电影股份有限公司等著作权权属、侵权纠纷案中，二审法院明确，直接的商业目的因其私营属性当然被适当引用排除在外。

③ 参考王某与北京谷翔信息技术有限公司、谷歌公司著作权权属、侵权纠纷案。

不代表用户可以任意使用自己下载的音乐。

平台从版权方处获得授权，将歌曲发行在其自有的音乐网站上，供用户在线试听、付费下载等。而用户对歌曲的使用权限，既受限于平台取得的授权范围，也受限于平台用户协议中的约定。QQ 音乐付费会员服务协议如下：

> 4.3【服务限制】基于版权方的要求，您在开通付费会员服务期间下载的歌曲、有声读物，可能有部分歌曲、有声读物仅可在您使用的下载终端设备（即指下载歌曲时使用的终端设备）本地进行播放或收听，不能进行复制或拷贝至其他终端设备；可能有部分歌曲、有声读物仅能在会员服务期内或特定设备进行播放或收听，在会员服务期到期后，或更换特地设备后无法进行播放或收听。

网易云音乐付费会员服务协议如下：

> 5.3 您理解并同意：因版权合约限制，对于版权方要求数字音乐单曲/专辑整体销售等专案营销方式，网易公司将应版权方要求另行按数字音乐单曲/专辑方式提供增值服务并收取费用，不计入付费会员服务中。由于版权合约约束，网易公司会对开通付费服务用户所在的地区以及用户具体使用服务的时间、地域、内容范围等做出一定限制，可能会导致用户在一定的地区或时间等情况下无法获得相关服务，包括但不限于目前付费会员服务仅限用户在中国大陆（不含香港、澳门、台湾地区）范围内开通并使用；因版权原因需下线有关歌曲，使用户无获取所需歌曲，对于因为前述原因或其他原因造成用户无法享有相关服务的，网易公司不承担任何责任且不退还已收取的费用。
>
> 5.4 基于版权方的要求，您下载的歌曲中，可能有部分歌曲仅能在下载的终端设备进行本地播放，不能复制至其他设备播放。付费会员服务到期后，上述歌曲将无法播放，但续费后可重新进行播

放，且不占用新的付费会员服务期内当月的下载额度。

从各平台的服务协议中都可以看到，即使付费，用户获得的也只是在特定范围内、自己收听相关音乐的权利，并不意味着可以用于其他未经明确许可的用途。

二、音乐侵权赔偿标准

针对音乐侵权的赔偿尚无明确的标准，但北京市高级人民法院知识产权庭于 2020 年 4 月发布的《关于侵害知识产权及不正当竞争案件确定损害赔偿指导意见及法定赔偿的裁判标准》对于此类行为的赔偿计算提出的评估标准具有较强的参考意义见表 1。

表 1　音乐作品赔偿标准

<table>
<tr><th>侵权行为</th><th>赔偿标准</th></tr>
<tr><td colspan="2">一般裁判标准</td></tr>
<tr><td>未经许可以音像制品的形式复制、发行涉案音乐作品</td><td rowspan="2">原告为词、曲著作权人的，每首音乐作品的赔偿数额一般不少于 600 元，其中词、曲著作权人赔偿占比为 40%、60%；原告为录音制作者的，每首音乐作品的赔偿数额一般不少于 2000 元；原告为表演者的，每首音乐作品的赔偿数额一般不少于 400 元</td></tr>
<tr><td>在线播放涉案音乐作品</td></tr>
<tr><td>未经许可同时提供在线播放和下载涉案音乐作品</td><td>比照前述在线播放的基本赔偿标准，酌情提高 1 ~ 2 倍确定赔偿数额</td></tr>
<tr><td>未经许可在网络直播中播放或演唱涉案音乐作品</td><td>根据主播人员的知名度、直播间在线观看人数、直播间点赞及打赏量、平台知名度等因素，可以比照前述在线播放、现场表演的基本赔偿标准，酌情确定赔偿数额</td></tr>
</table>

续表

侵权行为	赔偿标准
酌加标准	
未经许可将涉案音乐作品用于电视广告、网络广告、宣传片、商业促销活动现场等	比照前述基本赔偿标准，酌情提高1～10倍确定赔偿数额
涉案音乐作品具有获得国际或国内知名奖项、进入国际或国内音乐排行榜前列、专辑销量在国际或国内销量排行榜前列、成为国际或国内知名影视剧主题曲等情节	比照前述基本赔偿标准，酌情提高1～5倍确定赔偿数额
侵权情节严重： （1）擅自将涉案音乐作品作为主题曲； （2）擅自在热门综艺节目中使用涉案音乐作品； （3）被诉侵权作品位列排行榜前列； （4）其他情形	比照前述基本赔偿标准，酌情提高1～5倍确定赔偿数额
侵权行为	赔偿标准
酌减标准	
（1）涉案音乐作品被使用的曲谱小节、歌词较少； （2）其他情形	比照前述基本赔偿标准，酌情降低赔偿数额

同时，参考司法判例中对经济损失的判赔：根据媒体报道，在被称为“MCN 商用音乐侵权第一案”的判例中，Papitube 旗下视频博主@Bigger研究所未经授权使用 Lullatone 的原创歌曲 *Walking On the Sidewalk*，相关视频全平台总播放量超过2039万，转赞评数据总计超过25万，最终一审判决仅支持了4000元的经济损失。

在中国音乐著作权协会与北京快手科技有限公司侵害作品信息网络传播权纠纷系列案一审中，中国音乐著作权协会提出了单曲万元的经济损失赔偿，法院支持的金额为4000元和7000元。北京麒麟童文化传播有限责任公司与武汉斗鱼网络科技有限公司侵权案中，12名主播以营利为目的，59次在斗鱼直播间演唱《小跳蛙》，一审判决斗鱼公司赔偿北京麒麟童文化传播有限责任公司经济损失 3.74 万元，二审将赔偿金额改判至 2.9 万元。①

结合北京市高级人民法院的裁判标准及实践中的案例，可以看出我国现阶段音乐侵权案件的大体赔偿标准总体不高。但是，2021 年 6 月 1 日生效的《著作权法》引入了惩罚性赔偿制度，将法官酌定的赔偿金额上限由 50 万元提高至 500 万元，对于侵害著作权的赔偿力度必然随之大幅提高。在考虑侵权成本时务必格外注意，切莫顶风作案。

三、如何避免侵权

1. 使用短视频平台音乐，依托平台发布

(1) 个人使用

短视频平台在用户协议中通常会要求用户保证在使用软件时上传的音频等素材为用户原创或已取得合法授权，但如果使用平台音乐库中的音乐资源作为背景音乐则无须用户自己取得授权。

短视频平台的音乐资源除了直接购买、与版权平台合作之外，还可能来自自己推出的各项挖掘新锐音乐人及原创歌曲的内容孵化活动。其一，这些活动通常会基于一份包含了著作权权利授予的用户协议，用户在通过平台发布内容时即将相关内容的知识产权权利免费授予平台方；其二，用户通过平台发布的内容可供其他用户在该平台上合理地使用。抖音用户协议相关条款如下：

> 10.3 除非有相反证明，您知悉、理解并同意，为使您的作品得到更好的分享及推广，提高其传播价值及影响力，您通过“抖音”软件及相关服务上传、发布或传输的内容（包括但不限文字，图像，音频，视频、直播内容等各种形式的内容及其中包括的音乐、声音、台词、视觉设计、对话等所有组成部分），您授予公司及其

① 北京麒麟童文化传播有限责任公司与武汉斗鱼网络科技有限公司侵害录音录像制作者权纠纷案，北京互联网法院民事判决书，(2019) 京 0491 民初 23409 号；北京知识产权法院民事判决书，(2021) 京 73 民终 598 号。

关联方、控制公司、继承公司一项全球范围内、免费、非独家、可再许可（通过多层次）的权利（包括但不限于复制权、翻译权、汇编权、信息网络传播权、改编权及制作衍生品、表演和展示的权利等），上述权利的使用范围包括但不限于在当前或其他网站、应用程序、产品或终端设备等使用。您在此确认并同意，公司有权自行或许可第三方在与上述内容、“抖音”软件及相关服务、公司和/或公司品牌有关的任何宣传、推广、广告、营销和/或研究中使用和以其他方式开发内容（全部或部分）。为避免疑义，您理解并同意，上述授予的权利包括使用、复制和展示您拥有或被许可使用并植入内容中的个人形象、肖像、姓名、商标、服务标志、品牌、名称、标识和公司标记（如有）以及任何其他品牌、营销或推广资产、物料、素材等的权利和许可。基于部分功能的特性，您通过“抖音”软件及相关服务发布的内容（包括但不限于内容中包含的声音、音频或对话等）可供其他用户使用“抖音”软件创作及发布相关内容时使用。

基于这些举措，用户可以使用平台的音乐库资源来制作视频，并依托该平台发布作品，一般不会构成著作权侵权，若有相关纠纷，通常会由平台兜底担责。

（2）商用

快手用户协议相关条款如下：

2. 快手尊重并保护用户及他人的知识产权、名誉权、姓名权、隐私权等合法权益。您保证，在使用“快手”软件及相关服务时上传的文字、图片、视频、音频、链接以及直播表演等均属于您原创或已合法授权，不侵犯任何第三方的知识产权、名誉权、姓名权、隐私权等权利及合法权益，其中需要获得授权的，已获得第三方授权及转授权。您使用快手软件及相关服务时上传、发布的任何内容的知识产权归属您或原始著作权人所有。针对第三方提出的全部权利主张，您应自行处理并承担可能因此产生的全部法律责任；如因您的侵权行为导致公司及其关联方、控制公司、继承公司遭受损失的（包括但不限于经济、商誉等损失），您还应足额赔偿公司及其关联方、控制公司、继承公司遭受的全部损失。基于部分服务功能的特性，您通过快手软件上传的内容（包括但不限于音频、声音、对话及视频/音频中包含的音频、声音、对话等）可供其他快手用户使用快手软件创作并发布内容时使用，用户根据前述约定再创作的作品仅能于快手平台或快手合作的第三方平台传播，未经快手同意，不得用于任何商业用途。

3. 您应知悉并承诺，您使用快手软件内的下载功能下载的用户作品仅供您个人学习、研究或欣赏，未经快手及/或作品权利人的许可，您不得将作品用于本条约定的使用范围之外的任何其他用途，否则，您应承担由此导致的一切法律责任。

但是，短视频平台不对用户以商用为目的的使用负责（例如商业广告、企业宣传、品牌推广等），这都超过了平台授权的范围，需要自行获取特定歌曲的商用版权授权。

2. 付费以获得相关授权

付费以获得授权主要针对商用情形。最常见的授权方式是在商用音乐版权平台付费购买。商用音乐版权平台都大同小异，此处仅提醒用户，购买音乐时，可能因：（1）个人使用或是商用；（2）仅在国内使用还是需要在全球使用；（3）具体使用形式；（4）使用期限等因素有所区别，在购买和使用时需要注意，超出授权范围的使用也是存在侵权风险的。

3. 使用免费音乐

除了付费音乐以外，还存在包括公共版权音乐（Public Domain Music），免版税音乐（Royalty – Free），以及 CC0 协议音乐（或 CC 协议歌曲）三大类别的免费音乐。

（1）公共版权音乐

公共版权音乐是指进入“公共领域”的作品，权利不为个人专有，可随意使用。虽然是完全免费，但是通常要达成一个前置条件——如我国的《著作权法》对著作财产权保护期规定的“作者有生之年加死后50年”。

（2）免版税音乐

免费或一次性付费取得音频后，无须再为该音频支付版权费用，包括商业使用。

（3）CC0协议音乐

CC0是知识共享组织（Creative Commons）发布的一种版权声明工具，即作者或创作者通过对特定作品声明CC0，在法律允许的最大范围内，放弃其在该作品上的全部著作权和邻接权，将作品贡献于公共领域。但如果作品注明适用CC－NC协议声明，则不能商业使用。

在使用这些音乐的时候，同样需要注意每个音乐的许可协议，确认要使用的音乐在什么范围内是免费使用的。另外，网上也有人分享经验，谈及免费的音乐授权得不到保障，使用后仍收到律师函等情况，因此建议准备使用免费音乐的朋友有“留痕”思想，起码能够证明“我使用的音乐曾经是免费的！”“我没有侵权恶意！”避免吃了哑巴亏。

☆ 周公说

音乐著作权本就较为复杂，再结合目前多样化的使用场景，更是让使用者无所适从。愿本文能成为大家的实用指南，让大家在为短视频选择配乐时，烦恼少一些，风险少一些！

>>> 动辄侵权，公众号配图到底怎么用

微信公众号自推出以来不断受到用户的青睐，每天都有数亿用户阅读公众号。对于个人而言，公众号可以成为记录生活和思考的一方天地；对于企业而言，公众号作为产品宣传的展示台，成为吸引和沟通用户的桥梁。同时，微信公众号作为自媒体平台，其准入门槛低、自由度高，发文章不需要经过平台的事先实质性审核，这也导致随意使用他人作品引发的侵权风险大大上升。

为增强可读性，在公众号文章中使用插图是“基本操作”。以常见的图文式公众号推文为例，除了自己拍摄、制作的图片之外，文章中的插图有的来自“百度”“搜狗”等图片搜索引擎，有的来自专门的图库网站，还有的甚至来自他人的公众号。然而，每次写文章都去寻找每张配图的权利人、单独取得授权，往往又难以实现。频繁而又充满了不确定的使用使该领域成为互联网著作权侵权的重灾区。

本篇文章，我们就从过往典型案例出发，与大家探讨如何避免“在侵权的边缘试探”。

一、什么引用方式和程度才算适当引用

公众号文章要“图文并茂”才能更有吸引力，我们常会在介绍、评论某一作品或说明某一问题时，附上相关的摄影作品、漫画等，以便读者能更直观地理解文章内容。这种类型的使用在满足一定条件下，可能不构成侵权，而是属于《著作权法》第24条第1款第2项规定的“为介绍、评论某一作品或者说明某一问题，在作品中适当引用他人已经发表的作品”的合理使用情形。

但是，具体什么样的引用方式和程度才算适当引用呢？从司法实践中，我们可以总结出如下两点判断标准：

（1）引用图片的必要性，附图须与文章结合发挥说明作用；

（2）引用图片的数量与公众号原创文字篇幅的比例要恰当，通常图片只能处于为文字起辅助说明的地位，而不能成为文章主体部分。

案例1：王嵬与山西大秦传奇影视文化传媒有限公司侵害作品信息网络传播权纠纷案［北京互联网法院（2020）京0491民初15573号判决书］

案情简介：2015年6月4日，被告山西大秦公司在其运营的微信公众号“山西宣传片制作到大秦传奇影视公司”中发布了《拍火车　一个90后铁路影痴和他的20万公里》一文，该文主要使用了原告王嵬拍摄的10张图片做配图，文章格式是以一张图片搭配一段或几段文字的方式排列。

原告认为被告侵犯其信息网络传播权。被告辩称，涉案文章通过对原告拍摄经历翔实的事件性描述以及对应的摄影作品展示，全方位立体式地介绍、评论原告对火车类题材摄影的热爱及原告的火车系列摄影作品。被告对涉案图片的使用符合《著作权法》第24条第1款第2项的规定，不构成信息网络传播权侵权。

裁判要旨：北京互联网法院认为，从使用涉案图片的目的和数量来看，涉案文章属于介绍性文章，文章内容主要是对原告较具代表性的摄影作品及创作历程进行介绍，在文字介绍摄影作品的位置引用了相应的涉案图片，并标注了对应的标题，能够让读者更直观地感受到涉案图片的美感，更深入地理解文字所述内容，更好地反映原告作品的创作价值。

在介绍摄影师及其摄影作品时，引用摄影师作品予以辅助介绍，可认定为是创作所需。而就所引用作品的长度和比例而言，应取决于介绍、评论或说明的合理需要。涉案文章一共使用了原告的10张摄影作品，每一张摄影作品后面附有较为详细的创作过程介绍，且内容篇幅与涉案图片比例较为恰当，透过欣赏图片能够了解文章内容中描绘的原告拍摄涉案作品时的过程与艰辛，因此，本院认定涉案文章引用涉案图片属于合理需要的范围。

类似的案件还有北京全景视觉网络科技股份有限公司与青海日报社侵害作品信息网络传播权纠纷案［最高人民法院（2019）最高法民申3631号判决书］，被告青海日报社在其微信公众号“青报新媒”中发布了有关个税的政策科普文章，在小标题“独生子女补贴、托儿补助费”下使用了原告享有著作权的摄影作品，该作品展现了父母与孩子一起快乐阅读的温馨场景。

该案中最高人民法院认为，该摄影作品与文章结合发挥了说明作用；而从作品使用数量、使用方式等方面看，青海日报社对涉案摄影作品的使用，并未影响该作品的正常使用，也未不合理地损害北京全景视觉网络科技股份有限公司的合法权益，因此判定配图行为构成合理使用。

二、仅供个人使用就可随意选用配图吗

答案是否定的！

《著作权法》第24条第1款第1项规定了“为个人学习、研究或者欣赏”的合理使用情形，仅限于纯粹为个人目的而进行的使用，如学生在图书馆复印一部作品的片段或期刊中的一篇文章等，如果将复制件向公众散发，则不能构成合理使用。①

可见，即使创建微信公众号的主观目的在于供个人或供有限的范围使用，但客观上所有的不特定公众都可以随时访问，从性质上就决定了微信公众号无法成为仅供个人学习的知识载体。因此，所谓仅供个人学习使用的微信公众号在客观上不存在，随意配图使用易侵犯他人信息网络传播权。

① 参见王迁：《知识产权法教程》（第7版），中国人民大学出版社2021年版，第285页。

案例2：广州智盛赢美文化传播有限公司（以下简称智盛赢美公司）与姜某侵害作品信息网络传播权纠纷案［广州知识产权法院（2021）粤73民终4759号］

案情简介：原告姜某享有涉案图片的著作权。被告智盛赢美公司于2017年12月3日在公众号发表的题目为《93年少年走了108天，用1.5万张照片告诉你西藏神山有多美!》文章中使用了涉案图片。姜某认为智盛赢美公司侵犯了其享有的信息网络传播权。智盛赢美公司辩称，该文章是基于欣赏，以介绍的方式使用涉案漫画，无用于商业宣传，且已经明确标出转载的文章、图片来源及保留图片水印，属于《著作权法》第24条第1款第1项的规定“为个人学习、研究或者欣赏，使用他人已经发表的作品”，构成合理使用，不属于侵权。

裁判要旨：广州知识产权法院认为，智盛赢美公司未经著作权人姜某的许可，将涉案摄影作品上传至其微信公众号，尽管智盛赢美公司在被诉侵权文章结尾明确表明来源和版权，但该被诉侵权文章发布后显示有其他不特定公众的阅读和点赞行为，即通过信息网络提供权利人享有信息网络传播权的作品，使相关公众可以在其个人选定的时间和地点通过该网站获得涉案图片，侵害了姜某的作品信息网络传播权，智盛赢美公司使用涉案图片的行为不属于《著作权法》第24条第1款第1项规定的“为个人学习、研究或者欣赏”的合理使用范畴，构成侵权。

三、公益账号也需要授权才能使用图片吗

可能有许多人会觉得，如果自己的公众号属于公益性质的非营利账号，没有牟利的意图，擅自使用他人作品就不构成侵权。实际上，这种看法混淆了侵权的构成要件和侵权情节、损害赔偿数额等侵权责任承担因素。正如法院判决所述，是否营利以及是否公益并非阻却侵犯著作权的合理理由。

案例3：北京河图创意图片有限公司杭州分公司（以下简称北京河图公司）与漳州金色梦想文化传播有限公司（以下简称金色公司）侵害作品信息网络传播权纠纷案［杭州互联网法院（2020）浙0192民初6622号］

案情简介：原告北京河图公司是涉案摄影作品的著作权人。被告金色公司未经权利人许可，在其运营的微信公众号“漳州味小吃”发表的《想长寿：少吃“三白”，多吃“三黑”!》一文中使用涉案摄影作品。北京河图公司认为上述行为侵犯其信息网络传播权。金色公司则辩称该公众号系公益性质账号，不以营利为目的，且该转载行为系《著作权法》规定的“为介绍、评论某一作品或者说明某一问题，在作品中适当引用他人已经发表的作品”的合理使用情形，不构成侵权。

裁判要旨：关于金色公司主张其系公益性质账号，不以营利为目的的抗辩。杭州互联网法院认为，是否营利以及是否公益并非阻却侵权的合理理由。此外，关于金色公司使用被诉侵权图片是否属于合理使用的问题。本案中，从涉案文章看，被诉侵权图片与文字内容之间并不存在“为介绍、评论某一作品或者说明某一问题”的情形，亦不存在必然的联系，整张图片的使用也远远超出了“适当引用”的程度。因此，本案不符合合理使用的情形，金色公司的使用行为侵犯了北京河图公司的著作权。

四、先用后付的媒体传统还能成立吗

按照报社支付报酬制度和惯例，一般使用他人作品会在媒体版面或网页作出付酬声明。只要确认索要稿酬的联系人确属作品权利人，报社都会按照相应标准支付稿酬。这是传统媒体沿用多年的工作制度和惯常做法。

传统纸媒转向新媒体后，这种“先用后付”的行业惯例可能会让位于尊重著作权人事先的意思表示，换言之，如果著作权人事先表明并不希望他人使用其作品，即使用后付费也不能阻却侵权事由。

案例4：杭州快版科技有限公司（以下简称快版公司）与青海日报社侵害作品信息网络传播权纠纷案［杭州互联网法院（2019）浙0192民初3274号判决书］

案情简介：原告快版公司享有“全体育传媒”网站中全部摄影图片作品的信息网络传播权。被告青海日报社在其举办的“青海羚网”上发布了一篇体育报道文章，内附图片一张，该图片系从原告的“全体育传媒”网站下载而来，并带有“Osports 全体育传媒”的水印，“全体育传媒”网站中也标注有“未经许可，严禁转载”的声明。

快版公司认为青海日报社侵犯其信息网络传播权，而青海日报社则辩称“用后付酬”是报社行业惯例，主张系合理使用。

裁判要旨：杭州互联网法院认为，在本案中，涉案图片所属网站明确标有“未经许可，严禁转载”，且图片中标注了“Osports 全体育传媒”水印，这就表明涉案作品的著作权人并不希望他人使用其作品，与使用后是否付费的问题有本质区别。报社以“用后付酬”的工作制度和行业惯例主张合理使用的抗辩事由不成立，其使用图片的行为仍构成侵犯作品信息网络传播权。

☆ 周公说

互联网时代，轻点鼠标就可以“搬运”各式各样的图片到公众号文章，使作品充满活力。但同时也要注意其中隐含的法律风险。

原则上，未经著作权人授权，擅自将他人享有著作权的图片用于自己公众号文章配图，属于侵犯信息网络传播权的行为。如果主张“合理使用”的抗辩，应当按照《著作权法》第24条规定的情形判定。微信公众号配图主要涉及其中第1款第1项“为个人学习、研究或者欣赏，使用他人已经发表的作品”和第2项“为介绍、评论某一作品或者说明某一问题，在作品中适当引用他人已经发表的作品”。

司法实践中，法院一般会认为公众号系对不特定公众开放，从而不构成第1项“为个人学习、研究或者欣赏”的情形；而对于第2项规定的适当引用，法院通常会综合引用图片的必要性、引用图片的数量与公众号原创文字篇幅的比例来判定。

此外，非商业使用或非营利目的并不能成为阻却侵权的理由，图库网站中的非商业用途授权图片也不能随意在公众号中使用，因为公众号常具有引流和商业宣传的功能，很可能会被判定为商用侵权。

最近，也有学者对当前司法实践进行反思：网络流量即经济，发布公众号都有吸引用户的功能，如果在网络环境中继续沿用是否为商业使用或以营利为目的使用，作为判断是否构成合理使用行为的构成要件，就会使本应对行为的定性，变成对行为主体的定性，从而大大贬损了合理使用这一制度的价值。对于著作权的保护，需要均衡权利人权益与社会整体利益。①

笔者对此表示赞同，不过在当前的司法实践下，发布公众号文章、选择配图时还是应当理性谨慎，尽量使用自己拍摄或制作的图片。使用他人图片时，要注意引用的必要性和比例，并注明来源。使用图库图片时也要注意图库开放的具体权限。如此，方能避免落入动辄侵权的境地！

---

① 参见邓丹云、苏映霞：《网络环境中合理使用行为的判断标准——“葫芦娃”美术作品与广州某恩科技有限公司侵害作品信息网络传播权纠纷案》，载《法治论坛》2021 年第 2 期，第 245 ~ 246 页。

>>> 使用字体动辄侵权，企业如何应对

相较于其他作品或商标、专利等知识产权侵权问题，字体侵权问题看似“鸡毛蒜皮”，但却由于字体使用的普遍性等，成为各个行业的公司甚至个人都有可能遇见的难题。

近年来，随着权利意识的提高，字体权利人“公函警告”“律师函警告”的现象越来越常见，甚至有不少字库公司成立了追责团队，专门打击未经授权使用字体的行为。字体侵权纠纷会涉及什么法律问题？认定侵权的标准是什么？判赔情况如何？又要如何防范和应对呢？笔者就与大家探讨一下字体侵权的问题。

一、字体侵权，侵犯的是什么权利

许多人在收到权利人的通知时，会一头雾水：字体也能侵权？要了解字体侵权的法律依据，就要从字体的法律性质说起。字体主要涉及两个概念。

1. 单字

《著作权法实施条例》第 4 条第 8 项规定：美术作品，是指绘画、书法、雕塑等以线条、色彩或者其他方式构成的有审美意义的平面或者立体的造型艺术作品。

对于单个字体而言，字体的设计和独特的美感体现了创作者的劳动，单字具有足够的独创性的，可以被认定为《著作权法》规定的美术作品，进而得到保护。法院很早就采取了上述观点，例如在“潍坊文星公司与北大方正公司侵权纠纷案”中，北京市高级人民法院认为：字体的字型是由线条构成的具有一定审美意义的书法艺术，符合《著作权法》规定的美

术作品的条件。①

因此，涉案的单字是否具有足够的独创性，成为字体侵权纠纷中最常见的争议焦点，而这个问题没有明确的标准，需要结合个案进行判断。例如，电影《九层妖塔》曾因侵权使用 7 个汉字，被判赔偿 14 万元；而在“北京汉仪与青蛙王子公司等侵害著作权纠纷案”中，南京市中级人民法院指出：如笔画单一或较少的汉字（如一、二、三、五、十等字），在进行美术字的创作设计时，笔画特征的创作空间非常有限，其笔画特征与现有公知的其他美术字书体相比，很难具有区别性特征的独创性。② 由此可见，如果涉案单字没有体现出一定的美学价值取向和选择，与现有公知领域中其他相关美术字体相比不具有显著的区别特征的，则有可能不构成美术作品。

2. 字库

从使用者直观的角度而言，例如，在 Word 等软件中，每选择一种字体，输出的文字的样式就会有所区别，这实际上就是在使用不同的字库。那么，字库是否属于计算机软件，进而能得到《著作权法》的保护呢？

司法实践早年对此存在争议，有法院认可字库为计算机软件，也有法院认为，字库无著作权，还有法院认为，字库不属于计算机软件，但属于美术作品。但近年来，字库可作为计算机软件受到《著作权法》的保护已经逐渐成为法院共识。

例如，最高人民法院在“方正电子有限公司与暴雪公司等侵犯著作权纠纷案”中一锤定音：“诉争字库中的字体文件的功能是支持相关字体字型的显示和输出，其内容是字型轮廓构建指令及相关数据与字型轮廓动态调整数据指令代码的结合，其经特定软件调用后产生运行结果，属于计算机系统软件的一种，应当认定其是为了得到可在计算机及相关电子设备的输出装置中显示相关字体字型而制作的由计算机执行的代码

---

① 北京市高级人民法院民事判决书，（2005）高民终字第 00443 号。

② 江苏省南京市中级人民法院民事判决书，（2011）宁知民初字第 59 号。

化指令序列，因此其属于计算机软件保护条例第三条第（一）项规定的计算机程序，属于著作权法意义上的作品。”①

需要指出的是，单字与字库整体的作品性质并不矛盾，字库整体被认定为计算机软件的，其中单个字体的可版权性并不会因此而丧失，符合较高独特审美的独创性标准的单字仍可被认定为美术作品。这一点在“北京汉仪与青蛙王子公司等侵害著作权纠纷案”的法院判决中得到了充分的阐述。②

二、未经授权的使用就是侵权吗？侵权要赔多少

在判断是否构成侵权时，首先要看使用的单字或字库是否构成作品。如第一部分所述，在未经授权使用单字时，涉案单字的独创性不足、不足以构成美术作品的，则一般不会构成侵权。另外，未经授权的使用也不一定都会构成侵权。“方正公司与宝洁公司等著作权侵权纠纷案”③ 就是一个很好的例子。

在这个案件中，方正公司起诉宝洁公司，认为宝洁公司未经方正公司的书面授权，使用其享有权利的倩体字“飘柔”作为文字商标，该行为侵害了方正公司对倩体字库和单字的著作权。宝洁公司抗辩称，被控侵权产品上使用的“飘柔”二字系由宝洁公司委托 NICE 公司采用正版的方正倩体字库产品设计而成。NICE 公司已经合法购买了倩体字库的使用权，有权使用倩体字库产品中的具体单字进行广告设计，并将其设计成果许可给宝洁公司进行后续的复制、发行。

法院认为：宝洁公司所使用的“飘柔”系 NICE 公司利用正版方正字库设计的结果。NICE 公司已经向方正公司支付过一次费用。方正公司应当预见到购买者会将其软件用于商业用途，它不能对 NICE 公司合法运行字库产生的结果再加以控制。也就是说，方正公司已经默示许可

---

① 最高人民法院民事判决书，（2010）民三终字第 6 号。

② 江苏省高级人民法院民事判决书，（2012）苏知民终字第 0161 号。

③ 北京市第一中级人民法院民事判决书，（2011）一中民终字第 5969 号。

NICE公司使用倩体字库产品中的具体单字进行广告设计，并将其设计成果许可客户进行后续的复制、发行……属于合理期待的使用行为。

而对于法院认定构成侵权的情况，赔偿数额一般是多少呢？曾有人对55个字体侵权相关案例进行分析，发现在37个一审胜诉案例中，除了方正公司与暴雪公司之间的软件著作权案的判决金额为140万元外，其余的单字字体侵权案件的判决金额从2000元到5万元不等。

可以看到，整体而言，字体侵权的赔偿数额其实并不高。法院通常会参考权利人许可给其他第三方商业使用涉案字体/字库的费率、侵权方式、使用数量、使用范围、在产品或服务中产生的作用、主观过错等因素，综合确定赔偿数额。当然，根据周公团队处理相关纠纷的经验，出于诉讼成本、时间和精力等因素的考虑，很多公司都不会通过诉讼解决字体侵权纠纷，而是会在获悉权利主张后与权利人协商解决。此时，法院通常的判赔情况也会成为双方协商时的重要参考因素。

三、如何避免掉入字体侵权“坑”

在日常的工作和生活中，我们已经习惯了使用电脑中自带的字体，即使想要使用其他字体，也能在网络上找到很多声称免费下载的字体。但是对于商业性使用的行为，则要多加注意，避免掉入字体侵权的“大坑”。

1. 警惕“公有领域”和“免费”的误区

我们平时最常见的办公软件里的字体，并不一定都已经进入了公有领域，可以随意使用。许多“免费”字体也只是对非商业性的使用免费，针对制作广告、拍摄电影等商业使用的行为，则需要另行付费。

例如，“微软雅黑”是很多系统的自带字体，但其权利人为方正公司，商用需要付费，这让很多人都大呼意外，#微软雅黑竟然不是免费字体#的话题也一度登上热搜榜。事实上，根据方正字体官网的说明，除了方正黑体、方正书宋、方正仿宋和方正楷体四种字体之外，使用其他方正字体进行商业发布行为，都需要另行支付费用。

2. 不要轻信商家或平台的承诺

现在有很多提供各类字体的字体网站甚至淘宝卖家，都能免费或者以低廉的价格提供大量字体，并且宣传“版权明确”“可放心大胆商用”。但在这些平台或商家中，真正获得了权利人授权的，可以说是其中的极少数。万一被权利人追究责任，购买者也很难向这些平台或商家追责，只能自己承受损失。

3. 以官方网站作为参考

目前，很多规模较大的字体公司都已经建立了官方网站，许多字体的许可使用方式、价格等信息都相对公开。不确定某款字体是否可以使用时，可以搜索相关公司官网，查看其中是否有关于授权的说明。

☆ 周 公 说

字体侵权纠纷可大可小，在日常的经营行为中，企业要谨慎使用字体，避免不必要的麻烦。尤其是商标、产品装潢等方面的使用，要更加注意字体的独创性和授权问题，否则对企业正常经营造成的影响也相对更大。

在知识产权意识逐步提高的背景下，尊重他人的劳动成果自然是应有之义。但值得注意的是，个别公司事先不明确注明收费并公布收费标准、事后打着著作权保护的幌子做起生意，甚至“强买强卖”，也引起了许多人的不满。尽管法律保护字体著作权，但字体著作权的规范发展，仍要以各方的利益平衡为目标，既要达到促进字体使用者与字库开发者实现交易的目标，又要避免给字体使用者造成不合理的负担。

>>> 反转再反转！体育赛事直播画面可版权性，终于盖棺定论

2020 年，北京市高级人民法院提审并宣判了两起涉及体育赛事直播的案件，对理论界争议极大的“体育赛事直播画面可版权性”的问题作出了正面回应。在历时 6 年，经历一审、二审、再审之后，体育赛事直播画面的可版权性问题终于盖棺定论。对于业界而言，这无疑是两份足以影响行业生态的重磅判决。而对于学界而言，各级法院就这两起案件中涉及的法律问题有太多精彩的论述，值得分析和复盘。

一、足球比赛的直播画面是作品吗

随着近年来体育 IP 的逐渐升温，体育赛事直播的权利人在享受 IP 红利的同时，也被部分网站未经其许可转播体育赛事节目的行为所困扰。

显然，这种做法是对权利人合法权益的侵害。但问题是，具体侵犯了什么权利？

如果认为受侵害的是著作权，那第二个问题便接踵而至：众所周知，著作权的客体是作品。那么，体育赛事的直播画面构成著作权法意义上的作品吗？进一步地，如果认为体育赛事的直播画面构成作品，又具体构成什么作品？

关于这一问题，司法实践中的争议巨大。本文分析的“新浪诉天盈九州案”和“央视诉暴风案”这两起案件，都是被告未经许可向网络用户提供足球赛事的转播，被权利人起诉要求赔偿。两起案件的争议焦

点可以总结成一句话：足球比赛的直播画面，是不是“作品”？

二、法院裁判观点

1. 石景山法院一审（央视诉暴风案）

石景山法院认为：涉案的“2014巴西世界杯”体育赛事节目中，摄制者在拍摄过程中并非出于主导地位，其对于比赛进程的控制、拍摄内容的选择、解说内容的编排以及在机位设置、镜头选择、编导参与等方面，能够按照其意志做出的选择和表达非常有限，因此由国际足联拍摄、经央视制作播出的“2014巴西世界杯”赛事电视节目所体现的独创性，尚不足以达到构成我国《著作权法》所规定的以类似摄制电影的方法创作的作品的高度，但是符合我国《著作权法》关于录像制品的规定，应当认定为录像制品。

2. 朝阳法院一审（新浪诉天盈九州案）

朝阳法院的观点恰好相反。朝阳法院认为，涉案足球比赛的直播画面应当认定为作品，理由如下：（1）用户看到的画面，与赛事现场并不完全一致，也非完全同步。（2）（赛事）画面的行程，是编导通过对镜头的选取，即对多台设备拍摄的多个镜头的选择、编排的结果。而这个过程，不同的机位设置、不同的画面取舍、编排、剪切等多种手段，会导致不同的最终画面。（3）不同的赛事编导，会呈现不同的赛事画面。总之，编导通过镜头的选取、通过镜头的编排，通过剪辑导致不同的最终画面，不同赛事编导呈现不同的赛事画面，也就是有个性化，通过这种摄制的方式形成画面，以视听形式给人以视觉感应效果，应当构成作品。

3. 北京知识产权法院二审（央视诉暴风案、新浪诉天盈九州案）

北京知识产权法院推翻了朝阳法院关于“体育赛事直播画面构成作品”的认定，这一认定基于如下前提：

北京知识产权法院认为，在我国《著作权法》区分著作权和邻接权两种制度，且对相关连续画面同时存在著作权（电影作品）与邻接权

（录像制品）两个权利体系的情况下，从《著作权法》的体系化、著作权与邻接权制度历史发展、司法实践的现有做法三个角度分析，应当以独创性程度的高低作为区分电影作品和录像制品的标准。

在此基础上，北京知识产权法院从直播画面素材的选择、拍摄与编排角度，就涉案直播画面可能具有独创性的部分逐一进行了分析。

首先，对于原告主张的故事化创作，法院认为此类拍摄手法属于常规手法，难以看出直播团队明显的个性化选择，独创性程度较低。

通常情况下，直播团队在看到手球犯规时，必然会首先选择该犯规镜头，随之选择与该行为相关人员的镜头，包括犯规球员、守门员、人墙球员等，直至之后的任意球镜头以及防守反击镜头。涉案直播团队采用的亦是这一常规做法，与具有此类赛事直播资格的其他团队并无实质差别。至于给犯规队员、守门员近景镜头等以渲染气氛的做法，同样属于此类赛事直播团队常用的符合观众预期的直播手法，因此，难以看出涉案直播团队明显的个性化选择。

其次，对于原告主张具有独创性的慢动作回放，法院认为：

答疑解惑是慢镜头所具有的客观功能，而镜头的客观功能显然并非独创性所考虑的对象，因此，慢动作的答疑解惑作用，与独创性并无直接关系。退一步讲，中超赛事的信号制作手册中对于慢动作的"答疑解惑"功能亦已有明确要求，该功能亦非直播团队的个性化选择。

中超赛事在其公用信号制作手册中对于慢动作的使用情形做了具体的规定，包括"足球的越位、身体接触中小动作犯规、球落地进门、界外判定、红黄牌判定等等"，此外还包括"运动员鬼脸、嗜睡的婴儿、狂热的球迷……"（进球的慢动作回放）属于公用信号制作手册中所规定情形，且采用的亦是常用拍摄手法……基本均属于具有此类赛事直播资格团队通常会做的选择……不足以说明其具有较高的独创性。

再次，原告还主张在中超比赛的足球特写、旗帜特写、裁判特写、球员特写、开球画面等特写镜头的选择上，不同团队会有不同的选择，因此存在独创性的空间。对此法院则认为：

在特写对象的选择方面，上述事例中基本上是随着比赛的进行而选择标志性的镜头，比如在开球的时候选择裁判的特写镜头，在进球时选择进球球员的特写镜头等，这一选择方式属于常规选择方式。不仅如此，在公用信号制作手册中对于很多特写的使用及切入时间均有严格规定，如开场前“3：15—2：15 队长挑边、裁判近景”、开场前“2：15—1：30 主队首发队员”、开场前“1：30—1：00 双方教练近景”、开场前“1：00—0：30 双方重点运动员或队长”、开场前“0：30—0：15 2 号中圈近景”“90：00—0：15 进球队员特写”等。基于上述因素的考虑，本院认为，上述事例中无法看出在特写对象的选择上体现了较高的独创性。

最后，对于赛事集锦部分，法院认为其确实可能具有较高的独创性。但鉴于原审原告主张构成电影作品的是整场比赛公用信号所承载连续画面，而非仅涉及上述集锦，故应当从电影作品的整体上考虑其独创性，而非仅考虑部分内容。由此观之，赛事集锦可能具有的独创性程度亦不足以使整个赛事直播连续画面符合电影作品的独创性高度要求。

综上，北京知识产权法院认定涉案赛事公用信号所承载连续画面并未达到电影作品所要求的独创性高度，因此无法认定原审原告对涉案体育赛事节目享有著作权，故原审被告并不构成著作权侵权。

三、北京市高级人民法院一锤定音

而北京市高级人民法院的再审判决，又完全推翻了北京知识产权法院关于体育赛事直播画面可版权性的认定，使案件再度反转。综观判决书全文，北京市高级人民法院的论证逻辑基于这样一个前提：电影类作品与录像制品的划分标准应为有无独创性，而非独创性程度的高低。

值得一提的是，这个判断标准，与北京知识产权法院的二审标准截然相反。对此，北京市高级人民法院是这样论证的：

北京市高级人民法院认为，从文义解释的角度，作品一般定义中的

“独创性”要求系指“具有独创性”。作品的独创性源自作者的创作，根据《著作权法实施条例》第3条规定，创作特指“直接产生文学、艺术和科学作品的智力活动”，不包括“为他人创作进行组织工作，提供咨询意见、物质条件，或者进行其他辅助工作”。作品是否具有独创性与作者是否从事了创作，属于同一问题的两个判断角度，而创作是一种事实行为，对于是否存在创作这一事实行为，只能定性，而无法定量；同理，对于作品的独创性判断，只能定性其独创性之有无，而无法定量其独创性之高低。

而从体系解释的角度，也能得出同样的结论。我国《著作权法》对邻接权单独设置是为了拓展保护，而非限制保护。邻接权是在狭义著作权之外增加的权利，目的在于对那些不具有独创性、仅仅是劳动和投资的成果也给予保护，以鼓励对作品的传播，但作品的判断标准并不因为单独设置了邻接权而提高。因此，电影类作品和录像制品分别作为著作权和邻接权的保护客体，其实质性区别在于连续画面的制作者是否进行了创作，所形成的连续画面是否具有独创性。因此，电影类作品与录像制品的划分标准应为有无独创性，而非独创性程度的高低。

根据这一标准，一般而言，对于由多个机位拍摄的体育赛事节目，如制作者在机位的设置、镜头切换、画面选择、剪辑等方面能够反映制作者独特的构思，体现制作者的个性选择和安排，具有智力创造性，可认定其符合《著作权法》规定的独创性要求，在同时符合其他构成要件的情况下，即可认定为电影类作品。但对于仅通过简单的机位设置、机械录制的体育赛事节目，由于在镜头切换、画面选择等方面未体现制作者的个性选择和安排，故不宜认定为电影类作品。

为向观众传递比赛的现场感，呈现足球竞技的对抗性、故事性，包含上述表达的涉案赛事节目在制作过程中，大量运用了镜头技巧、蒙太奇手法和剪辑手法，在机位的拍摄角度、镜头的切换、拍摄场景与对象的选择、拍摄画面的选取、剪辑、编排以及画外解说等方面均体现了摄像、编导等创作者的个性选择和安排，故具有独创性，不属于机械录制所形成的有伴音或无伴音的录像制品，符合电影类作品的独创性要求。

☆周公说

体育赛事节目，原则上就是体育赛事活动加上节目创作人员的艺术加工。客观上，创作者花费巨大的资金和智力投入，就应该得到完善的保护。从产业发展角度，创作和传播是密不可分的，著作权保护更大的意义不在于某个个案，而应考虑整个体育赛事本身作为一个产业，对它积极的鼓励和激励作用。北京市高级人民法院的再审判决最终肯定了体育赛事直播画面的可版权性，使权利人在维权时可以直接主张著作权侵权，而不必用《反不正当竞争法》“曲线救国”，对权利人无疑是重大利好，也有助于整个产业的良性发展。①

2021 年 6 月，新修订的《著作权法》开始实施。新《著作权法》在关于作品类型的规定中，以“视听作品”代替了原有的“电影作品和以类似摄制电影的方法创作的作品”。这一修改是《著作权法》响应实践的需求，为互联网时代下新兴作品的保护而进行的拓展。但与此同时，需要明确的是，体育赛事节目的著作权保护问题并不会因新《著作权法》的施行一蹴而就，关于体育赛事节目构成视听作品的独创性标准仍然存在争议，这将有赖于个案的具体判断。

① “新浪诉天盈九州案”：(2014) 朝民（知）初字第 40334 号；(2015) 京知民终字第 1818 号；(2020) 京民再 128 号。“央视诉暴风案”：(2015) 石民（知）初字第 752 号；(2015) 京知民终字第 1055 号；(2020) 京民再 127 号。

PART 4

揭秘文娱行业乱象百态

- 揭开影视剧投资合同的“面纱”
- “寡姐”单挑迪士尼，底气是谁给的
- 哈利·波特吸金20年，谁在背后施展魔法
- 娱乐“致死”，《追我吧》悲剧还会重演吗
- 揭秘体育明星代言合同中的“道德条款”
- 搭奥运便车，雷区有几多
- 娱乐圈的贪腐怎么判？探寻你不知道的“潜规则”
- 《士兵突击》制片人被捕，盘一盘文娱行业的职务侵占罪案例
- 艺人解约纠纷与《民法典》的合同僵局

周公观娱

>>> 揭开影视剧投资合同的“面纱”

自2018年下半年开始，以影视圈“税务风暴”为标志性事件，让影视行业这个已经持续爆发增长近五年的行业，开始进入下行态势。紧接着，网传最严“限古令”让一批奇幻古装题材剧头顶悬上了达摩克利斯之剑，最强“限薪令”则直接终结了艺人的天价片酬时代，而一场突如其来的疫情又给了这个行业沉重一击。

尽管后疫情时代，线下院线掀起一阵阵票房热潮，但影视行业发展终归已过巅峰期，前些年涌入行业的热钱，如今普遍到了退出之时。于是，大量的影视项目及公司的投融资纠纷因此被催生。现金为王的时代，“要钱”变成了关键词。

在影视项目投资纠纷中，核心在于影视剧投资合同。投资人能不能把钱要回来，很多时候取决于合同条款的法律定性。虽然名为“投资合同”，有时候法院判定却是“借贷关系”。如何才能准确地认定影视投资合同的法律性质，不同性质的合同对于投资人有什么实质性影响？本文试图揭开罩在影视剧投资合同表面的那层神秘“面纱”。

一、“影视剧投资合同”有名还是无名

众所周知，2020年颁布的《民法典》中规定了20种典型的合同，如买卖合同、租赁合同、委托合同、借款合同，这些合同被统称为“有名合同”。但是，有名合同之中并未规定“投资合同”。因此，投资合同和其他大量未明确规定的合同，被统称为“无名合同”。

为什么要把合同分为不同的类型，是因为不同性质合同之间的法律规则不一样。有些合同有一些特殊的规定，比如委托合同中的委托方有

任意解除权，这也是早年艺人经纪合同被认定为委托合同时，艺人一方在解约的时候通常会援引的条款；再如“还本付息”的借款合同中，对于借款利率有强制性规定，超出部分有可能会无效。

对于无名合同来说，没有特殊的规定，一般适用《民法典》的一般规则；一般规则中未涉及的内容，只要不违法，一般都会尊重合同双方的意思自治，这也是“契约自由”的体现。

再回到“影视剧投资合同”，它的复杂之处在于，有时候它的名称和本质并不一致，看似是无名合同，实则是一种有名合同。比如常见的“名为投资，实为借贷”“名为合作，实为承揽”等，这也就是为什么要揭开它面纱的原因。唯有准确认定合同的法律性质，才能正确划定双方的责任。在大多数纠纷之中，这都是需要首要确定的问题。

对于投资者一方来说，合同性质的认定尤其重要，直接关乎投资款是否可以返还，投资收益是否应该支付等。

二、“影视剧投资合同”的三种性质

正如前文所述，既然名称不一定能够准确反映合同的性质，那合同性质该如何确定？

在司法实践中，一般取决于双方的投资合作模式和合同条款约定。据此，常见的影视剧投资合同性质一般有三种：借贷关系、联营关系和投资关系（非借贷、非联营）。

如投资合同的主要内容是投资方向其他投资方支付投资款，其他投资方到期返还投资款以及固定投资收益（也就是业内常见的“固投”方式），各方并没有其他实质上的权利义务，则易被认定为借贷法律关系。

而联营法律关系的主要特征在于共同出资、共同经营、共担风险，如果投资合同的主要内容符合联营法律关系的主要特征，则也可能被认定为联营法律关系。[①] 一旦被归入此类法律关系之中，就需要受到“保

① 参见陈中、刁云芸：《从〈军师联盟〉10亿收益案看影视联合投资合同纠纷及风险防控》，载微信公众号“腾讯研究院”2019年1月15日，https：//mp. weixin. qq. com/s/wcYfWcNRgh 5gHUXi5MYCcw。

底条款无效”规则的束缚。[①]

而如果既非“还本付息”的借贷关系，又不完全是联营关系，那一般即可统一归入“名副其实”的投资法律关系之中，受前述的“无名合同”规则统辖。

在前三种法律关系中，联营关系认定相对少见，借贷关系和投资关系的认定较为常见。而借贷关系的认定案例之所以不断增多，原因是“固定投资”这种风险较小的投资方式近年在影视项目投资中被广泛采用，某种程度对冲了影视项目融资的高风险性。

而这背后的制度原因，多少要取决于最高人民法院于2015年8月发布、历经两次修正的《最高人民法院关于审理民间借贷案件适用法律若干问题的规定》。在此之前，企业之间的资金借贷合同关系通常被视为无效；在此之后，不但企业之间的借贷合同明确有效，而且划定了一定年利率利息约定有效的红线。[②] 这无疑为“固定投资”这种影视项目投资模式提供了稳定的制度基础。

于是，越来越多的投资方通过此种风险相对可控的方式介入了众多影视项目之中。但是，因为整个行业下行，自然也出现了不少纠纷。但因为借贷关系“返本付息”的本质特征，大部分时候至少能保证投资方不至于血本无归。

正如海淀法院在审结的“《藏地密码》电影投资合约纠纷”一案[③]

---

① 《最高人民法院关于印发〈关于审理联营合同纠纷案件若干问题的解答〉的通知》第4条规定：联营合同中的保底条款，通常是指联营一方虽向联营体投资，并参与共同经营，分享联营的盈利，但不承担联营的亏损责任，在联营体亏损时，仍要收回其出资和收取固定利润的条款。保底条款违背了联营活动中应当遵循的共负盈亏、共担风险的原则，损害了其他联营方和联营体的债权人的合法权益，因此，应当确认无效。前述规定已失效，但其中反映的司法思路仍可供实践参考。

② 《最高人民法院关于审理民间借贷案件适用法律若干问题的规定》第26条规定：借贷双方约定的利率未超过年利率24%，出借人请求借款人按照约定的利率支付利息的，人民法院应予支持。

③ 《投资〈藏地密码〉未如期开拍，投资者诉解除合约及返款未获全赔》，载微信公众号“北京海淀法院”2020年7月8日，https：//mp. weixin. qq. com/s/aPuWoZoizPHUrBJsCkec1A。

中认定："虽然涉案的500万元在《电影投资合约》中的文字表述为投资款而非借款，但双方当事人权利义务内容的约定与投资性质均不相符，不论是前期的研发资金还是后期约定转化的影片投资金，均无法体现出其具备投资风险的特征。相反，电影合约中的固定收益率体现出了涉案500万元的保本性质。所以，双方之间是名为电影投资实为借贷的法律关系。……在双方借贷法律关系成立且有效的前提下，各方均依约履行各自义务，出版社作为出借方已经履行了交付借款的义务，投资管理公司也应在电影未开拍后依约返还借款并支付利息。"

三、揭开面纱理性投资

正如前文《藏地密码》一案法官的精辟总结："所谓投资的民事行为，最主要的特征是投资双方对于共同投资的项目，共担风险、共享收益。众所周知，电影投资市场属于高风险、高收益的行业，若《藏地密码》能够成功开拍，其潜在的影片收益无疑是巨大的，当然这背后也必然蕴含着巨大的风险。"

随着影视剧投资合同面纱的揭开，会发现其实对于影视项目的投资，和任何产品的投资一样，并无太多神秘之处，同样也符合投资最基本的规律：固定投资方式，风险较小，收益较小；风险投资方式，风险较大，收益可能会很高，也可能会血本无归。但内容市场的多变性，确实也加剧了后一种方式的不确定性。

☆ 周 公 说

为了尽量消除这种不确定性，投资方需要在投资开始前就对投资模式进行风险评估，同时对投资合同的条款进行详尽的量化和设计。这是在一旦发生纠纷时，能够最大限度地维护自身权益的基础和前提。

这也是不论行业处于高歌猛进还是低空飞行的状态，能够最大概率明哲保身的理性投资之道。

>>> “寡姐”单挑迪士尼，底气是谁给的

2021年，由“寡姐”斯嘉丽·约翰逊主演的漫威电影《黑寡妇》上映，此后“寡姐”将迪士尼诉至法庭，状告迪士尼违反合约给其造成5000万美元的损失。虽然本案最终以双方和解告终，但不少人的心中都有一个疑问：拿奖拿到手软、在2019年荣登福布斯全球收入最高女演员榜单榜首的“寡姐”，为什么会选择单挑拥有号称“地表最强法务”的迪士尼呢？

一、“黑寡妇”为何状告迪士尼

2021年7月9日，“寡姐”的新片《黑寡妇》在院线与流媒体平台Disney+同步首映，平台会员单次付费29.99美元即可观看。

《黑寡妇》首周北美院线票房8000万美元，第二周暴跌至2600万美元，随后票房收入继续下降；而流媒体方面，通过Disney+的付费点播首周进账高达6000万美元。

在美国影院业务协会的分析中，《黑寡妇》次周票房下降近69%的主要原因正是迪士尼让影片同步上线Disney+，削弱了强劲的早期放映票房以及其他所有窗口期的持久表现，并容易导致盗版流出，从而使影迷们远离影院与付费正版。

要知道，“寡姐”的片酬很大一部分来自该片在票房上的收入表现。与国内大部分演员只拿固定片酬不同，好莱坞演员们更依赖于电影票房分红来提高收益，而咖位越高，分成比例也就越高。目前好莱坞顶级明星片酬基本已经固定在2000万美元左右。有一些对自己极有信心的好莱坞明星，为了获取更高的分成比例，甚至会放弃固定片酬只拿分红，

比如杰克·尼克尔森，他在出演《蝙蝠侠》时没有获得固定片酬，但要求是对分红不设限制，即便是周边产品的销售利润也要参与分配，最终他得到了5000万美元的收益。

在这样的薪酬模式下，“寡姐”的大部分收益可能来自票房表现，而迪士尼采用流媒体让影片同步上线Disney+，会直接导致她的收入锐减。据外媒TechCrunch，在起诉方提供的“寡姐”的合约代理Kevin Yorn与漫威首席律师Dave Galluzzi在2019年3月的邮件中，“寡姐”方面在当时就对流媒体服务表示担忧。而Dave Galluzzi的承诺是，《黑寡妇》将会进行传统的院线发行，如果计划发生变化，他们将与“寡姐”讨论并达成共识，毕竟合同涉及一系列（高额）票房分成。

然而，决定在Disney+发行《黑寡妇》后，漫威影业和迪士尼并没有回应“寡姐”团队关于重新谈判合同的诉求。在双方后续沟通仍然未能达成一致意见的情况下，根据《华尔街日报》的报道，“寡姐”于《黑寡妇》上映/上线首月月底向洛杉矶高等法院提起诉讼，指控迪士尼同时在影院和Disney+流媒体服务上映《黑寡妇》违反合约，并令她损失了票房分成。但没有永远的敌人，这项诉讼纠纷最终以双方和解终结，斯嘉丽·约翰逊与迪士尼的合作也仍在继续。

除了“寡姐”之外，还有更多迪士尼演员在考虑维权。比如艾玛·斯通，其主演的《黑白魔女库伊拉》同样采用了院线与流媒体混合发行模式。刚上映的《丛林奇航》也是如此，如果主演方未与迪士尼签订新合约，同样可以提起违约诉讼。

二、《囧妈》折射出的国内现状

与好莱坞不同，国内的影视领域显然是另外一种生态。在国内，演员单挑“甲方爸爸”的情况颇为少见，更别提公开起诉了。追根究底，这跟演员在行业内部的话语权息息相关。就国内而言，影片一旦拍摄完成，有关版权运作的话语权就落在甲方即出品或制作公司手中。大部分演员只负责演戏拿片酬，只有少部分演员可能因为成立公司，投资影片，参与联合出品，才能干涉到影片的上映方式与渠道，对影片的收益有干预与分红的权利。相应地，争夺发行收益的纷争主要发生在院线与制作出品方之间。

以此前“《囧妈》网络首播”事件为例，出品方欢喜传媒在电影上映前一天公布：原本拟在2020年1月25日上映的电影《囧妈》将同步上线手机和智能电视，手机App和智能电视用户均可免费观看《囧妈》全片，宣称为“历史首次春节档电影在线首播”。

消息一出，浙江电影行业便发布联合声明抵制《囧妈》网络首播，称“全国电影院为《囧妈》做了宣传但其收益现在由互联网平台享用，这种行为不是创新，而是为了维护自身而不管他人利益的失信行为，如不停止将抵制欢喜传媒”。但除此之外，各方似乎都很和谐。《囧妈》网络首播事件虽然引发热议，险些掀起行业海啸，但也并未引发进一步的诉讼，甚至还有几分“化干戈为玉帛”的味道。

三、好莱坞演员的底气是谁给的？——工会制度的运用与启迪

好莱坞演员们能这么强硬是有历史原因的。

除了大牌演员们个人的业内名气地位之外，好莱坞发展多年形成的工会制度更是这个群体整体的底气来源，也是因为好莱坞电影产业链条运作核心制度的存在，才成就了美国对世界电影市场的统治性地位。

所谓好莱坞工会，是指由演员、导演、编导等各大工种的成员所各自组成的联盟，该等组织旨在让工会成员获得相对规范、公平的行业环境。这些组织能充分发挥集体优势，以集体谈判方式与制片方谈判，为工会成员谈定工资、工作条件等方面的权益。工会制度可谓是囊括了好莱坞各个工种，发挥着重要的作用，如果说好莱坞工会制度是美国影视行业“称霸”全球的关键也并不为过。要深刻理解好莱坞工会的作用，就必须了解两个关键词——“集体谈判”（Collective Bargaining）和“基础协议”（Basic Agreement）。这二者关系密切：如果工会没有集体谈判的力量，就不可能达成基础协议；而基础协议恰恰是好莱坞工会制

度之精髓。

1. “集体谈判”的由来

好莱坞的电影工业是集体创作型的工作，好莱坞电影的高品质靠的不仅仅是一个好演员或一个好导演，而需要从剧本、表演、拍摄、导演到后期特效、配乐等各个专业从业人员的配合与协助。

工业化创作的好处是专业的细分能够确保影片质量，但坏处是诸多工种的从业人员各自掌握自己的专业，他们虽然人数众多，但力量却相对分散，而所有工种的从业人员却有一个共同的相对方，那就是拥有大量资本和资源的制片方。因此，如果从业人员们只是各自单兵行动，力量非常有限，很难与制片方达成双方利益平衡的合同。

实际上，在工会制度形成之前的大片场时代，制片方占据绝对优势地位。因此，在片方与演员、导演、编剧等工作人员所签订的合同中，不仅签约经常是一签好多年，而且每天工作时长、工作时间也没有限制，全部由制片厂说了算。在制片厂垄断下，从业人员在合同条款的制定和签署上并没有话语权。

长此以往，剧院的工作人员、演员们都无法忍受制片厂的垄断，开始集体罢工，他们集合起来，以“集体谈判”代表的身份向制片厂发出反抗的声音，工会恰恰就是在此过程中应运而生，工会通过集体谈判的力量一步步为自己的工会成员争取更好的待遇。到后来 1948 年的派拉蒙案［UnitedStates v. Paramount ，334 U. S. 131 （1948）］，美国最高院更是正式以一纸判决终结了大制片垄断时代。

因此，正是通过工会制度凝聚的“集体谈判”之力量，让制片方无法再忽视团结在一起的众多工会成员们，工会得以借助集体的力量，代表全部工会成员与制片方进行集体谈判，这样才有可能与制片方平等洽谈涉及工作条件、报酬等的合同条款，为美国的影视行业的所有参与者都提供规范、平等、合法的创作环境，这就是所谓“集体谈判”的力量。

2. 工会制度的灵魂：“基础协议”

如前所述，集体谈判的最大意义，就是用来和制片方达成“基础协议”。

在“工会化”的好莱坞，各大好莱坞工会最重要的任务之一就是代表工会成员与制片方谈判“基础协议”，而所有雇佣了工会成员的制片方都必须采用“基础协议”与工会成员签约。

而基础协议核心条款就是涉及雇佣工会成员工作时的最低工资标准、最长工作小时限制与社会保障等内容。有了这些条款，就能真正保证工会成员在规范、良好的工作环境中工作和创造，让他们的才华得以充分发挥。

与此同时，制片方们（包括传统的制片公司、网络平台、电视台等）其实也组成了一个联盟体，即电影和电视制作人联盟（AMPTP），该联盟统筹各大制片方，并形成话语一致的“官方”代表，与工会谈判。

这样一来，工作人员和制片方能够坐在平等的谈判桌两侧，有充分的机会能够谈判出令好莱坞各方玩家都能够满意且广泛适用的“基础协议”。

☆ 周公说

回到本篇最初所谈到的“底气”问题，对于像“寡姐”这样的好莱坞演员们来说，演员工会所扮演角色就像是一个家的家长，演员当然可以自己采取行动维护合法权益，但如果维权受阻，就可以转而寻求工会的帮助与支持，届时由工会出头维权。

反观国内影视行业，虽然某些知名演员、大咖演员们也是光鲜亮丽、拿着“天价”的报酬，但客观来说，演员们在行业内部仍然处于被支配的地位。更何况，“演员”是一个集合名词，除了小部分已经“红”起来、走进公众视野的幸运儿外，还有着千千万万“小演员”，甚至“路人甲”“路人乙”们，而他们才代表着这个群体最真实的生存状态。

目前，国内的剧组更多只是一个临时性组织，这就导致了演员们

（尤其是群演和小演员们）对自己的职业缺乏安全感和尊严感，不仅片酬不高，也难以通过和片方谈判取得与知名演员一样的保障。

在这样的情况下，演员们自然很难建立起踏踏实实演戏的职业信念，更多想到的是一夜成名和一夜暴富。而美国演员工会模式最根本的竞争力就在于，它为所有的会员（而不仅是金字塔尖上那一小部分人）提供了基本保障，令演员们敢于追求职业理想，而反过来，演员们的职业精神也成为美国影视行业规范化和专业化的重要推动力。

当下的中国娱乐产业亟待更规范和更高效的运转机制和行业环境，或许我们可以从好莱坞工会制度中得到一些启迪。

>>> 哈利 · 波特吸金 20 年，谁在背后施展魔法

环球影城从开园至今，火爆程度居高不下：仅仅在内测阶段，门票就被黄牛炒到了 5000 元甚至更高；2021 年 9 月 20 日正式开园之际，门票在 1 分钟内售罄；节假日期间更是持续火爆。

吸引大批游客蜂拥而至的，是依托环球的顶尖 IP 阵容构建的景区。和迪士尼不同，环球影城对 IP 的开发是更加独立的，甚至大部分的景区也是直接以 IP 命名——哈利 · 波特的魔法世界、变形金刚基地、小黄人乐园、功夫熊猫盖世之地、侏罗纪世纪努布拉岛等。

其中，被广大网友戏称为“霍格沃茨通州分校”的“哈利 · 波特的魔法世界”的主题景区，以及凭借“话痨”属性迅速走红网络的变形金刚“威震天”无疑成为整个景区最吸睛的存在。

一、“一个 IP 撑起一个乐园”

2021 年国庆假期第一天上午 9 时 18 分，北京环球度假区官方小程序及 App 上，4D 体验项目“哈利 · 波特禁忌之旅”项目的排队时间已经达到 120 分钟，而此时，“小黄人闹翻天”项目仅需要等待 25 分钟，变形金刚“火种争夺战”项目也只是需要等待 50 分钟。

无数游客在开园的那一刻，直接头也不回地直接向哈利 · 波特景区狂奔；园区内，身穿巫师袍的游客比比皆是；在小红书等社交媒体上对环球影城的相关的帖子中，哈利 · 波特相关内容占据了半壁江山；出售哈利 · 波特周边纪念品的商店持续火爆，标价 300 多元的魔杖

几乎成了人手一根的必买品……

无论是在吸引的客流量还是衍生品转化方面，哈利·波特在环球影城众多IP中都是首屈一指的，甚至可以说，仅仅凭借哈利·波特这个IP，就足以撑起一整个游乐园。

哈利·波特这个IP有多厉害呢？据不完全统计，《哈利·波特》系列电影的全球总票房收入已超过78亿美元；《哈利·波特》7部小说在全球共卖出4.5亿本，名列世界上最畅销小说之列，销售额已经超过了票房总额。此外，相关数据显示，全球三大玩具制造商美泰、乐高和孩之宝在获得哈利·波特的周边开发版权后，这类衍生品周边开发的收益高达系列电影利润的70%~80%。

二、知识产权的魔法

与许多同样红极一时但昙花一现的IP相比，哈利·波特持久而巨大的商业成功的背后，知识产权无疑是极为重要的一个部分。

《哈利·波特》原著小说的作者J. K. 罗琳最初以10万美元的价格，将哈利·波特系列小说的第一部《哈利·波特与魔法石》的小说出版权卖给了出版社，之后又以100万美元将电影改编权出售给美国华纳兄弟公司，美国艺电公司（EA Games）则获得了游戏改编权。

2002年，在美国加州一个特许经营权展会上，就有80家公司向美国华纳兄弟公司购买哈利·波特的特许经营权，涉及2000多种商品，这一次就为美国华纳兄弟公司带来10亿美元左右的收入。

2016年，美国康卡斯特集团旗下的NBC环球以2亿美元的价格从美国华纳兄弟公司手中获得了J. K. 罗琳的《哈利·波特》和《神奇动物》特许经营权，该合同长达7年，从2018年7月开始生效。环球影城的“哈利·波特的魔法世界”景区正是基于环球获得上述特许经营权而开设的。

除了开设主题游乐园之外，近年来，哈利·波特IP在国内市场上持续发力。

2020年6月19日，国内知名潮玩公司泡泡玛特获得了美国华纳兄弟公司的授权，推出了哈利·波特系列盲盒，将哈利·波特IP和国内潮玩首次结合，引发哈粉踊跃购买。

此外，服装品牌太平鸟、SPAO等也获得了美国华纳兄弟公司的授权，从2019年起推出过一系列的联名款服饰，包括围巾、袜子、卫衣、开衫等。

同时，电子游戏也是哈利·波特IP的一大收入来源。大热卡牌游戏《哈利·波特魔法觉醒》就是由华纳兄弟互动娱乐公司和网易共同开发而来，并获得了《哈利·波特》电影版权方美国华纳兄弟公司的授权。该游戏于2021年9月9日上线当天，iOS端的流水就高达1744万元，相关话题阅读量高达2.3亿，在各大应用商店下载量登顶，并持续多天霸榜。

虽然游戏热度居高不下，但是也引来了一些玩家尤其是原著粉丝的不满：套路化氪金、148元金缎礼盒涉嫌虚假宣传、不尊重原著的价值观的卡牌（比如玩家可以在游戏中随意使用哈利·波特系列原著中的不可饶恕咒、利用黑巫师的回响召唤食死徒、随意出入在原著中禁止入内的禁忌森林等）。

虽然目前游戏的口碑两极分化较为严重，但是《哈利·波特魔法觉醒》从商业角度看无疑是一个成功的案例。事实上，《哈利·波特魔法觉醒》并不是首个哈利·波特游戏。早在首部电影上映的2001年，美国华纳兄弟公司就联合EA发行了单机游戏《哈利·波特与魔法石》，此后依照电影顺序陆续推出8部作品。2018年，洛杉矶手游工作室Jam City开发的手游《哈利·波特：霍格沃茨之谜》，在预约阶段就有超过200万的玩家注册，上线后就登顶欧美68个国家或地区iOS游戏免费榜。而公开资料显示，截至2021年4月，这款游戏总营收超过了3亿美元。

距离最后一部哈利·波特电影作品《哈利·波特与死亡圣器（下）》已经过去了十余年，但是哈利·波特IP营收仍然十分可观，这得益于强大的衍生品产业链，覆盖游戏、玩具、IP 主题公园等方方面面。而 IP 的持续营收，也离不开知识产权的保护。

三、为知识产权加上“守护神咒”

守护神咒是哈利·波特系列作品中的著名防御咒语，可以用于驱赶摄魂怪的袭击。而哈利·波特 IP 得以快速发展，也得益于版权方强大的知识产权保护意识，不断驱逐可能损害 IP 形象和利益的“鬼怪”，打击盗版、保护品牌，哈利·波特这个 IP 才得以长青，可以说，这对于哈利·波特 IP 是真正的“守护神咒”。

具体而言，哈利·波特系列小说的原著作者 J. K. 罗琳和电影出品方美国华纳兄弟公司对《哈利·波特》《神奇动物》系列的作品进行了广泛的商标注册以及著作权登记，保证了权利基础的稳固；同时，为遏制侵权现象，他们在世界各地开展维权活动，捍卫自身合法权利。

我们在此列举以下三个案例，借此一观版权方对哈利·波特 IP 的维护。

（1）《哈利·波特词典》侵权

2007 年 10 月 31 日，罗琳与美国华纳兄弟公司在纽约曼哈顿一家法院联手提起诉讼，要求密歇根州 RDR 出版社停止发行其擅自编纂的《哈利·波特词典》。

该词典是一本针对《哈利·波特》系列小说的百科全书式参考读物，其内容包括有关《哈利·波特》小说及作者 J. K. 罗琳的各类信息，以及书迷们张贴在网站上的文章和资料，如咒语列表、魔法生物索引以及魔法世界名人录等。

《哈利·波特词典》属汇编作品，但汇编作品出版发行的前提是得到版权人的授权、并支付著作权人一定的报酬。未经授权出版《哈利·波特词典》，最终被纽约曼哈顿地区法院认定构成侵权，J. K. 罗琳也因此获得了 6780 美元的赔偿金。

（2）我国香港地区餐厅使用哈利·波特道具侵权

2019 年，我国香港特别行政区一家名为“9 3/4 Cafe”的咖啡店被美国华纳兄弟公司提起侵权诉讼，美国华纳兄弟公司要求我国香港地区高等法院颁发禁止令，禁止餐厅继续侵权，并要求餐厅进行赔偿。

这家咖啡厅从 2017 年开始营业，店内设计仿照了哈利·波特的电影场景，如“行李手推车一半撞进墙壁”。菜单上，则出现了哈利·波特电影中出现过的“黄油啤酒”“吐真剂”“变身水”等。

美国华纳兄弟公司认为，该咖啡店以电影《哈利·波特》为餐厅主题，餐厅店名、菜式名字及店内设计等，侵犯了其在我国香港地区注册中英文商标，以及艺术作品版权，包括霍格华兹、海格、麻瓜、哈利·波特—凤凰会的密令和 HARRYPOTTER 等。

该餐厅在被提起诉讼后停业，并在大门张贴告示，指“本餐厅与 Warner Bros. Entertainment 或 Harry Potter 或 J. K. Rowling，并无任何关系”。该餐厅不得不在 2019 年 5 月初关闭并重新装修。

从该案中可以看出，咖啡厅基于商业用途，对美国华纳兄弟公司已注册的商标和艺术作品未经授权加以使用，很大程度上超过了“合理使用”的范畴，很有可能对权利人构成侵权。

（3）哈利·波特 Halibote 及图商标无效宣告案

江川辉胜商务有限公司于 2015 年 11 月 26 日在第 5 类“医用营养食物、营养补充剂、婴儿食品、婴儿奶粉、婴儿尿裤、婴儿尿布、人用药”等商品上注册了第 18436154 号哈利·波特 Halibote 及图商标（争议商标），见图 1。

哈利波特

—Halibote—

图 1　争议商标

美国华纳兄弟公司（申请人）对该商标提出无效宣告请求，认为争议商标的注册损害了其对 HARRY POTTER 及其中文译文哈利·波特享有的知名商品（电影）特有名称权益和商品化权，违反了《商标法》第 32 条的规定。

商评委经审理认为，美国华纳兄弟公司是哈利·波特系列影视作品的出品方，在争议商标申请日前，哈利·波特系列小说及电影已经在中国境内进行了广泛的宣传、播放，并具有较高知名度。

争议商标的显著识别文字与申请人的上述知名影视作品中的主角名称哈利·波特完全相同，核定使用在"营养补充剂、婴儿食品、婴儿尿裤"等商品上，容易使相关消费者误认为上述商品与申请人赖以知名的系列影视作品哈利·波特相关或者已经获得了其授权。

因此，争议商标的注册使用可能会不正当地借用申请人基于其系列影视作品而享有的商业信誉，挤占申请人基于其系列影视作品而享有的市场优势地位和交易机会，损害申请人基于其系列影视作品中的主角名称而享有的在先权益，已构成《商标法》第 32 条规定的损害他人现有的在先权利之情形，因此，商评委对争议商标给予无效宣告。

☆ 周 公 说

由上可见，哈利·波特 IP 得以长盛不衰，获得了巨大的商业回报，一方面，由于作品本身的独特魅力以及多年来坚持不懈地对哈利·波特衍生品的开发和利用；另一方面，也离不开知识产权的不断衍生开发以及对知识产权的持续保护。也许，如果没有美国华纳兄弟公司和 J. K. 罗琳多年来对哈利·波特 IP 的保护，可能今天的北京，也会少了一个"霍格沃茨魔法学校通州分校"，也少了一批穿着巫师袍、手持魔杖、畅饮黄油啤酒的"巫师"们。

>>> 娱乐“致死”，《追我吧》悲剧还会重演吗

2019 年 11 月 27 日，经浙江卫视《追我吧》官方微博和高以翔经纪公司证实，演员高以翔在录制当期节目期间，因奔跑时减速倒地，送医抢救无效，医院最终宣布其为心源性猝死。

一、高以翔录制中猝死，《追我吧》该当何责

为什么年仅 35 岁身体素质也不错的高以翔会在录节目过程中猝死？

很多网友指责是因为《追我吧》节目的难度和强度太大。根据百度百科的介绍，《追我吧》设置了包括“蜂巢虫洞”（类似于迷宫，需要嘉宾在不断尝试中找到最佳的通过路线）、“平衡滚筒”（要求嘉宾在两个旋转的滚筒上迅速找到身体平衡点，以最快的速度通过）、“爬楼速降”（参与嘉宾需要吊威亚爬 70 米高楼登顶，然后通过一个索道，滑向对面大厦的顶楼）等关卡。

在这样的高体力参与度之下，为了契合《追我吧》“都市夜景追跑竞技秀”的节目定位，艺人们的录制均在深夜连续进行。重度熬夜的情况下还进行高强度活动，确实容易发生意外。

实际上，不仅是《追我吧》这种录制起来对身体素质有超高要求的节目，许多其他节目甚至影视剧的拍摄，往往也会因为保护机制有疏漏、安全防范机制不到位等原因，导致艺人发生意外。据南方网在《熬夜录制、徒手爬高楼……〈追我吧〉是一档怎样的“夺命”综艺?》中的统计，近年来就有多位艺人在录制工作中遭遇意外：

2014年11月，在《极速前进》录制中钟汉良在迪拜滑雪时差点毁容；

2015年3月，《真正男子汉》剧组录制过程中，突发意外，王宝强和杜海涛同时受伤，两人被送往漯河医专三附院接受治疗，王宝强骨折，杜海涛无大碍；

2015年，李晨录制《奔跑吧兄弟》时眼角受伤缝了20多针；

2015年5月，宋小宝在《欢乐喜剧人》表演小品时腰部猛撞地面导致腰椎骨折；

2017年1月，林志颖在录制《我们十七岁》的时候，在零下20摄氏度的冰湖上滑倒导致肋骨受伤；

2019年7月，任达华在出席商业活动时因活动现场有行刺者闯入，而遭遇袭击……

在这种情况下，作为节目方或相关活动的主办方，一方面对录制/活动现场有基本的安全保障义务，有可能需要承担侵权责任。另一方面，如合同对此种情形有约定的，亦有可能需要承担合同责任。但节目组做再多赔偿，也已经无法挽回逝去的生命。在这种情况下，需要以此为鉴，关注艺人权益保护，避免出现下一个"《追我吧》式"悲剧。

二、演艺行业也高危，艺人权益谁保障

实际上，演艺行业看似光鲜，艺人们却面临着种种艰辛，不仅是日常需要全球各地不分昼夜地赶通告、录节目，无法拥有正常健康的作息；同时，在行业本身还不够规范专业的情况下，艺人们的工作环境也充满意外：片场可能安保不到位，安全保障措施缺乏，录制内容也可能隐患重重。

凡此种种，如何防患于未然？最直接的恐怕还是需要通过合同约定，向片方/节目组明确提出要求。

1. 要求提供医护安保人员

一般情况下，比较知名的艺人因有一定的谈判地位，可以在与片方

或节目组签订合同时，要求在工作现场为艺人配备贴身安保人员。但在目前出现这么多意外的情况下，普通的安保人员恐怕已经不足以确保录制现场的安全。

比如在《追我吧》事件中，就有网传消息称，高以翔在节目录制中晕厥倒地后，医护人员 15 分钟后才抵达现场，错过了救治高以翔的“黄金四分钟”。如果前述消息属实，当时有医护人员在场能够立即对高以翔实施抢救，可能也就不会发生现在的悲剧。

因此，我们建议，日后艺人在签订录制合同时，尤其是类似《追我吧》这种比起一般节目有更高概率出现艺人受伤等意外情况的竞技类节目或动作戏份较多的影视剧，艺人可要求片方或节目组在现场配备医护人员，一旦发生意外事故，能够立刻为艺人提供第一时间的救治。

2. 要求为艺人安排合理的休息时间

《追我吧》事件还被诟病的是节目组长时间连续且通宵录制的工作安排。即使没有设置高难度的竞技项目，长时间连续录制也将对艺人及其他演职人员身体造成沉重负担。

实际上，根据经验大部分合同都会对艺人的工作时长有明确限定，要求艺人每天工作时长不得超出固定的小时数；另外，在一些场景下，比如拍摄古装戏时，艺人妆造也会花费很长时间。因此，在约定工作小时数时，会明确艺人当天的工作时间是否包括艺人到达片场的化妆时间。

但是，目前这些限定艺人工作时长的合同，更多恐怕还是从艺人收取费用角度考虑，如果超时，艺人会要求片方或节目组按相应费率支付超时费。换言之，只要支付超时费，艺人就还是要继续超时工作。这样一来，此等约定恐怕就无法保障艺人不出现过劳工作的情况。

经《追我吧》一事，建议针对合同里约定工作时长的条款，可直接约定艺人在被要求超时工作时有权拒绝拍摄而不属于违约。毕竟，身体健康并不是超时费可以补偿的。

☆周公说

网传《金陵十三钗》的首映宣传节目在夜间录制到一半，参与录制的好莱坞影星克里斯蒂安·贝尔就被经纪人带离现场，返回酒店。而现场的张艺谋导演和其他主演包括倪妮等人则继续录制。后经了解，因为好莱坞有演员工会，加入了演员工会的克里斯蒂安·贝尔享受工会代表所有演员与片方洽谈的基本权益，包括演员的休息权益：根据演员工会条例，工会演员工作8小时以上算加班，每工作12~14小时，就必须休息10小时，法定节假日要休息。

好莱坞的演员工会就是联合了所有演员的力量和片方进行谈判。而加入了演员工会的所有演员，无论是知名还是不知名，都可以享受包括休息权益在内的基本权益保障。反观国内，要实现这样的景象，恐怕还有很长的路要走。作为律师，我们可以提供很多确保艺人权益的合同条款，可以细致到开工收工的时间甚至住宿餐饮标准和环境，但如果没有足够的谈判地位和规范的机制保障，恐怕再完善的合同条款，也很难落实在实践中。在此之前，愿逝者安息，生者保重。

>>> 揭秘体育明星代言合同中的“道德条款”

对赞助商而言，邀请体坛明星代言其商品或品牌，目的在于将体育明星良好的社会形象“投射”到产品上，获得更广泛、更忠诚的消费者群体。而一旦体育明星人设崩塌，不仅赞助商的前期投入会打了“水漂”，还可能因为无法解除合同而产生新的损失：一方面是有形损失，需要继续支付高额代言费；另一方面是无形损失，受争议的代言人可能损害品牌形象。因此，在体育明星代言合同中，逐渐出现了“道德条款”（morals clause），以约束代言人的不当言行，避免因代言人的不良公众形象影响赞助商的品牌形象。

道德条款最早出现在20世纪20年代。1921年9月，为了规范演员的私人生活，避免损害公众形象，美国环球电影公司首次在演员合同中引入道德条款。不过，直到20世纪末，代言合同中加入道德条款也并不普遍。即使在商业体育发达的美国，也只有一半左右的代言合同中设置了道德条款。

进入21世纪，随着个人电脑和互联网的日益普及，体育明星的生活几乎无时无刻不被置于聚光灯下，受到全社会的关注与审视。加之自媒体的普及，体育明星个人言行的传播力度空前放大，其个人公众形象的建立与崩塌往往只需要一个瞬间。道德条款的重要程度也日益受到了赞助商和广告商的重视。

从现实层面来说，男子运动项目受关注程度往往高于女子运动，在大牌体育明星中男性数量更是远远多于女性。相应地，触犯道德条款主力也是男运动员。因此，在美国体育法律界，道德条款又被形象地称为“坏男孩条款”（bad boy clause）。

在道德条款所涵盖的范围方面，赞助商和体育明星天然存在利益矛盾。赞助商一般希望道德条款涵盖的方面越广越好，以免巨额赞助费“打水漂”。而对体育明星而言，道德条款则越窄越好，以免对个人生活造成过多限制。

一、刑事犯罪

刑事犯罪无疑是对社会公德和基本法制最严重的侵犯，因而也是道德条款首要且必然涵盖的内容。历史上，有很多体坛大腕都因被指控犯罪或被判处罪名而损失赞助商，甚至面临赞助商的巨额索赔。

中国体育迷最熟悉的大概是拳王泰森的强奸案。1992 年，泰森被判强奸罪入狱 3 年，包括丰田、柯达、三得利啤酒在内的绝大多数赞助商都取消了泰森的商业代言。

从法律上讲，一旦运动员被指控犯罪，赞助商与代言人之间往往会对何为刑事犯罪存在分歧。对于赞助商而言，运动员被指控甚至在刚陷入被指控流言之时，其损失可能就已经开始了。即使最终体育明星被法庭认定无罪，也可能很难挽回赞助商遭受的品牌损失。对于运动员方而言，则一般会认为被指控并不当然构成刑事犯罪，必须要经过法院的生效判决认定才构成道德条款约定的情形。鉴于道德条款一般是赞助商一方提供的格式条款，因此，如果仅仅将“刑事犯罪”作为道德条款约束的内容，则裁判机构一般会采信运动员一方的解释。

此外，运动员遭受行政处罚无论如何也不能被解释为刑事犯罪，如果赞助商据此解除代言，很可能被认定为滥用合同解除权。在 NBA 运动员克里斯·韦伯身上就发生过一起类似的案件。2011 年，克里斯·韦伯被美国海关查出行李中装有 11 克大麻，受到了 500 美元的罚款处罚。其赞助商著名体育品牌 Fila 当即援引道德条款解除了价值 260 万美元的代言合同。克里斯·韦伯认为，道德条款仅约定了代言人犯罪，赞助商可以解除合同，没有约定代言人遭受行政处罚的情形。Fila 系违法解除合同，应当支付赔偿金。最终法院判决克里斯·韦伯胜诉。

二、遭受体育协会的严重处罚

职业运动员（尤其是团队运动的运动员）的一大特点是，除了受到雇主的管理外，还受到各级体育联合会的管理。虽然体育联合会一般并非行政机关，但作为具有垄断地位的私法人主体，其作出的某些裁定或决定可以限制职业运动员从事特定体育项目，其处罚往往更加普遍与直接。

因此，与艺人代言合同不同的是，体育明星代言合同可能会将遭受体育协会严重处罚也作为道德条款明确列举的情形。常见的体育联合会对运动员的处罚包括：警告、罚款、取消参赛资格、禁赛、取消成绩等，但道德条款所列举的处罚一般仅针对严重情形而言。例如，禁赛虽然一般被认定为性质比较严重的处罚，但是在一些足球协会（如英超）的规定中，直接红牌的球员会被处以禁赛三场处罚。这种比较“常见”的处罚如果纳入道德条款约束的范围，则既无意义又难以被代言人所接受。

三、婚外情、淫秽行为

这是近年来体坛发生最多的违反道德条款的行为，也是最容易导致偶像人设崩塌的情形。“老虎”伍兹、“王老吉”吉格斯的婚外情都损失了大量的商业赞助（还有一些社会名誉头衔）。

四、吸食毒品

“嗑药”也是一种常见的不道德甚至是违法行为，但是，由于各国对于哪些物质属于毒品的规定不同，不同地区的社会公众对于吸食毒品行为的接受程度亦不同，而公众的接受程度会直接决定赞助商的态度。例如，吸食大麻在某些国家是合法的。“飞鱼”菲尔普斯吸食大麻被曝光后，仍获得 Omega、Speedo 等品牌赞助，赞助商认为这属于私人生活的范畴。

五、作出冒犯公众性质的言行

哪些言行冒犯了公众，以至于违反道德条款，往往是最具争议的话题。原因在于，各国对于“一般公认道德”的认知存在明显差异，同样的言行之于不同地区的消费者很可能存在不同的含义。个人言行是否达到了受代言合同约束的高度，很大程度上取决于该国的“政治正确”。一些言行在一国被视为言论自由的当然范围，而在另一些国家可能属于典型的冒犯公众行为。对于具有国际影响力的体坛巨星而言，私人言行不触犯各国粉丝对道德的标准，真的不是一件容易的事。例如，歧视性言论，尤其是种族歧视言论，在很多西方国家是绝对不能碰触的红线。所以，轻微的歧视性言论能否构成道德条款所禁止的范围，很大程度上取决于代言人的目标受众范围。不过，歧视性言论是各国体育单项联合会纪律规则所明文禁止的行为。因此，即便某些不当言行依据法院地国的认知很难构成违反道德条款的情形，也可以依据“遭受体育协会的严重处罚”条款采取中止或解除代言合同等措施。

☆ 周 公 说

孙杨曾是中国体坛当之无愧的“一哥”。在 ESPN 每年根据网络搜索度、广告收入以及社交媒体粉丝数等因素评选的年度百大体坛明星中，孙杨曾连续两年榜上有名。CAS 作出禁赛八年（最终结果为禁赛四年零三个月）的处罚裁决后，不仅对孙杨的体育生涯和公众形象造成了巨大的影响，也给孙杨所代言的各大品牌造成了难以挽回的损失。裁决公布后，孙杨的赞助商们不约而同地对该事件保持沉默，可能既是在静观事态如何进一步发展，又在研究如何将损失降到最低。对广大赞助商而言，本次事件需引以为戒。周公建议，在未来选择体育明星作为品牌代言人时，有必要加入道德条款，以便发生类似前述纠纷时有据可依，及时止损。

>>> 搭奥运便车，雷区有几多

2022 年 2 月 20 日，万众瞩目的第 24 届冬季奥林匹克运动会在焰火和欢呼声中圆满结束了。回顾本届冬奥会所涉的法律问题，大家可能更多地把注意力集中在了“顶流”冰墩墩身上，但是忽略了其他隐性市场行为所带来的法律问题。

据报道，自 2021 年年底至冬奥会结束，就有宝马、好丽友、keep 等多家企业因搭冬奥便车纷纷遭受行政处罚。

所谓“隐性市场”，在法律上其实并没有明确定义。我们可以简单理解为：原本不是奥运合作伙伴或不享有市场开发权利的企业，在未获得奥组委许可的情况下，利用各种直接或间接手段与奥运会创建虚假联系，从而获得正式合作伙伴才享有的某些市场权益。故而这种行为又被称为“搭便车”。为了防止这种现象的发生，国务院在 2002 年就颁布了《奥林匹克标志保护条例》（以下简称《保护条例》），对奥林匹克标志的使用做出了严格规范。对侵犯奥林匹克标志专有权的行为，市场监督管理部门有权依法查处。

其实大家都想赶上奥运会的热度是很正常的，但是如果一不小心违反了法律规定，可能就会得不偿失。下面就让我们通过一些行政处罚案例来具体了解一下有哪些典型的“搭便车”行为。

一、广告中擅自使用奥运标志？违法！

规则：即使是官方赞助商的合作方，广告中也不得擅自使用奥运标志［京平市监工罚（2020）1723 号］

基本案情：某饭店主要从事牛肉火锅餐饮服务，同时也是北京 2022

年冬奥会官方赞助商燕京啤酒的销售网点，燕京啤酒在平谷区域选择了该饭店为其免费制作广告进行宣传。2020 年 6 月初，该饭店与燕京啤酒协商后，为了销售、宣传燕京啤酒，同时宣传自身，在未获得奥组委的奥林匹克标志使用授权的情况下，在经营场所内外安装了若干广告宣传画、展板和牌匾，在广告画面中均载有“蜀牛记燕京啤酒花园和燕京U8、燕京啤酒标志、北京 2022 年冬奥会标志、北京 2022 年冬奥会赞官方赞助商”等内容。该饭店后被北京市平谷区市场监督管理局处以罚款 2.5 万元。

解读：根据《保护条例》第 4 条第 2 款，未经奥林匹克标志权利人许可，任何人不得为商业目的使用奥林匹克标志。而第 5 条进一步解释道，以营利为目的，将奥林匹克标志用于广告宣传、商业展览、营业性演出以及其他商业活动中属于“商业目的使用”。本案中，该饭店将“蜀牛记燕京啤酒花园”与奥林匹克标志共用在同一广告画面中进行宣传，容易使人联想到该饭店与奥林匹克标志权利人之间存在赞助或者其他支持关系，具有借助冬奥会提升自身形象和服务品牌商誉以及行销商品之目的。故该饭店构成为商业目的使用奥林匹克标志的侵权行为。

二、购买吉祥物用于展示、销售、搭售？危！

规则 1：不得擅自为商业目的展示吉祥物、不得二次销售吉祥物，即使并未溢价［京工商海处字（2008）第 3678 号］

基本案情：某酒店在未经奥林匹克标志权利人许可的情况下，将带有奥林匹克标志的商品在经营场所内进行展览展示并销售，自 2008 年 5 月 16 日起应住店客人要求，从奥林匹克运动会特许零售商处买进奥运产品，并以原价销售给住店客人。至 2008 年 7 月 4 日检查时止，在经营场所有“五福娃毛绒玩具 2 盒，售价 228 元/盒；鸟巢饰扣件套（一）金色 3 个，售价 100 元/个；鸟巢饰扣件套（二）银色 3 个，售价 100 元/个；吉祥物高浮雕纪念套章 2 盒，售价 338 元/盒；北京欢迎你双枚纪念章2盒，售价118元/盒；吉祥物运动纪念套章2盒，售价580元/盒”。该酒店售出奥林匹克运动会特许商品41件，销售金额为11, 620元。后被北京市工商行政管理局海淀分局没收全部奥运产品，并处以了3万元罚款。

解读：根据《保护条例》第2条，吉祥物属于奥运标志。虽然该酒店购买的吉祥物有合法来源，而且仅是原价销售并未溢价，但是由于销售行为是该酒店在经营过程中为客人提供的服务，且从整体来看具有营利目的，属于“为商业目的使用”。该酒店违反了《保护条例》第4条第2款的规定，构成侵权。此外，需要特别说明的是，奥林匹克标志具有特殊性，不能适用普通商品上的“权利用尽”规则，仅特许商店有权售卖奥运会特许商品，未经许可二次销售吉祥物的行为系违法行为。这也是北京冬奥期间大家在工美大厦前排起百米长队购买冰墩墩的原因。

规则2：不得将吉祥物与其他商品搭售

情景假设：看了前面的案例，一位自给自足的商铺老板不禁“另辟蹊径”：如果我正常销售现有的商品，只不过向购物的顾客赠送可爱的冰墩墩，这样就不是销售行为了吧？答案当然是否定的！

解读：首先，根据《保护条例》第5条，商家通过向购买商品的消费者赠送吉祥物，从而激励消费者购买商品，是促销活动的一种，该“搭售”行为的目的在于获得商业利益，属于为商业目的使用奥林匹克标志。其次，《北京2022年冬奥会和冬残奥会权益保护指南－非赞助企业和场馆业主》明确将该“搭售”行为定性为侵权行为，即使作为赠品的吉祥物为正当渠道获得，此“搭售”行为也构成隐性营销。最后，前述行为还有可能构成不正当竞争行为。根据《保护条例》第6条，商家利用吉祥物开展经营活动，如果足以引人误认为与奥运会之间有赞助或者其他支持关系，就构成不正当竞争行为，而根据《反不正当竞争法》第17、18条的规定，有可能要被处以违法经营额五倍的罚款，并且可能承担高达500万元的民事责任。

三、给运动员加油助威？谨慎！

规则：非奥运合作伙伴不得在奥运会期间发布鼓励性或祝贺性消息［余市监处罚（2021）851 号］

基本案情：某公司在新浪微博中注册有微博账号“帅康电器”，并负责日常运行和维护，该账号主要用于宣传帅康品牌及企业形象，以发布商业宣传内容为主。2020 年 8 月 2 日，该公司得知中国体操队队员刘洋获得 2020 东京奥运会男子吊环冠军的消息后，于 2021 年 8 月 2 日 16：34 编辑发布文字“恭喜刘洋!!!!!!”同时转发刘洋 Lyoung 的“2020 东京奥运会，祝贺刘洋获得男子吊环金牌”微博一条。2021 年 8 月 2 日 16：35，该公司编辑发布文字“#体操男子吊环决赛#1984 年首金，2021 年夺金 37 年，信仰在，信念在，冠军一直【#刘洋夺冠尤浩摘银#】体操男子吊环决赛中，@ 刘洋 Lyoung 夺冠#刘洋获男子吊环金牌#，@ 尤浩 why 摘银，祝贺！”并附图片一张，图片中包含有“健康厨房选帅康”“37 年腾跃向上荣誉一直在”等字样及金牌图案一枚，金牌中含有奥林匹克五环图案标志。2021 年 8 月 2 日 16：42，该公司再次发布祝贺中国体操队男子吊环包揽冠亚军的微博并附图片一张，图片包含该公司宣传介绍信息。后该公司被余姚市市场监督管理局处以 5 万元罚款。

解读：首先，该公司在发布商业宣传内容的微博账号中，使用含有奥林匹克五环图案标志的配图，但并未获得相关授权，系为商业目的使用奥林匹克标志的侵权行为。其次，根据《保护条例》第 6 条，该公司在运动员夺冠后发布祝贺性微博，并且配有宣传自身品牌的文字、图片，足以引人误认为该品牌与奥运会之间有赞助或者其他支持关系，还可能构成不正当竞争行为。此外，参考国际奥委会发布的《北京 2022 冬奥会期间参与者的商业机会》（*Commercial Opportunities for Participants During the Olympic Winter Games Beijing 2022*），其中明确了运动员应当告知其作为非奥运合作伙伴的合作品牌方，不得在冬奥会比赛期间发布

“祝贺性广告”，包括为某运动员或国家队加油助威的鼓励性消息以及祝贺其取得某项成就的祝贺性消息。

☆ 周 公 说

自《保护条例》颁布之日起，每个奥运年期间都是因搭奥运便车而被处罚的高峰期，奥运年前后因“搭便车”被处罚的情况也不在少数。隐性市场行为对奥林匹克赛事品牌价值及主办方声誉影响极大，是在奥运年期间需要重点打击遏制对象。因此，无论是否是奥运赞助商，在此期间实施相关营销行为或者只是想蹭蹭流量，都应当“三思而后行”，尽量避免法律风险。

>>> 娱乐圈的贪腐怎么判？探寻你不知道的“潜规则”

影视行业往往给人留下最文艺而富有情怀的印象，或带领人们体验世外空间，或传递深刻的寓意。这台“造梦机”在满足人们对“审美情感”需求的同时，其内部却也存在巨大的利益交换与寻租空间。文化领域并非净土。

近年来，在党和政府的持续高压反腐下，“影视圈打虎”逐渐揭露出影视行业的腐败痼疾：影视剧购销与工程建设、广告投放，系广电系统三大腐败重灾区。[①] 本篇文章，我们将盘点影视剧购销、艺人演出等与娱乐圈有关的贪腐案例，剖析娱乐影视行业行贿与受贿的特点，探讨相关的刑事法律问题。

一、盘点那些意想不到的影娱贪腐“门道”

电视剧采购内部控制管理流程为请购、采购与审批、付款。其中，请购环节应先由专职购片岗位人员甄选剧集，再交审片小组集体审片；采购的关键环节是谈价，为避免权力寻租，选片、谈价与审批职能应当分离。如果上述职能统归少数几个人员，就会容易滋生贪腐。再加上影视剧的制作成本回收非常依赖播出渠道和收视率，在这种情况下，部分掌握电视剧订购决定权的人也就开始滋生贪腐念头。如在曾经“一剧四星”和“一晚三集”的政策下，影视制作公司因拍摄的影视剧不能上

① 参见高珈佳：《荧屏背后的腐败：揭秘影视剧购销内幕》，载《东西南北》2016年第23期。

星播出，亏损率达到80%。[①]

如今，新崛起的互联网影视平台备受观众喜爱，许多平台高管也因掌握着电视剧的订购决定权、自制剧合作权等，同样存在收受业务合作单位贿赂的情况。在定罪上，前述两类行为方式高度相似，但因受贿者的身份和侵害的法益不同，分别构成受贿罪和非国家工作人员受贿罪。

1. 典型一："特殊宣发费"——挂名领取劳务费

在影视剧购销实践中，常见的情形有两种：一是卖方让买方人员以制片人、总监、监理等身份，在影视剧生产合作中挂名而不参加任何拍片劳动，"名正言顺"地领取高额的劳务费；[②] 二是影视制作、发行公司主动设置"特殊宣发费"，用于维系与买方的关系。例如，安徽电视台前副台长吴某退休后接盘了上海克顿文化传媒有限公司（以下简称克顿传媒），开始涉足影视制作与投资，并积极向老东家安徽电视台中高层管理人员行贿。据证人证言，克顿传媒在发行电视剧的过程中设置了所谓"业务费"，约占电视剧到款金额的8%。这笔"业务费"会通过电视剧的剧组、个人工作室等方式把费用转付给相应的工作人员。[③] 经过此番操作，"业务费"就顺利进入了电视台中高层管理人员的腰包。通过该方式，吴某累计行贿达200多万元，最终被判处有期徒刑3年。

2. 典型二：隐蔽的行贿受贿——变相入股分红

变相入股分红是指买卖双方私下达成协议，买方相关高管及购片人员以将来订购卖方某影视剧为条件，用个人名义"入股"卖方该影视剧的制作生产，"名正言顺"地获取高额"分红利润"。[④]

浙江广电集团浙江卫视总编室原主任陶某的职责之一是曾负责影视

---

① 参见欧阳艳琴：《一个电视台的窝案及兴衰浮沉》，载《财新周刊》2015年第15期。

② 参见霍思伊：《江苏广电腐败调查：有荐片权的采购主管一次就收"审片费"80万元》，载上观新闻2017年2月27日，https://www.jfdaily.com/news/detail?id=45911。

③ 参见安徽省凤台县人民法院刑事判决书，(2015)凤刑初字第00294号。

④ 参见霍思伊：《江苏广电腐败调查：有荐片权的采购主管一次就收"审片费"80万元》，载上观新闻2017年2月27日，https://www.jfdaily.com/news/detail?id=45911。

剧购销、自制剧制作和版权管理。当时，北京东海麒麟文化传播有限公司正在筹拍电视剧《春风十里不如你》，其法定代表人胡某为了今后能在电视剧收购等方面得到关照，在利润率已经确定且无须他人投资的情况下，仍同意陶某按10%比例入股。[①] 通过这种投资型隐蔽行贿受贿模式，陶某共获利488万元，被判处有期徒刑5年。

3. 典型三：勾结供应商抬高采购价和购剧返点

影视购剧不可避免地会受到买方主观评级和偏好的影响。此时，掌握采购决定权的人员容易与供应商私下勾结，以直接或抬高采购价间接收取好处费等方式，收受贿赂。例如，腾讯视频部原总经理刘某曾负责版权视频业务，涉嫌勾结视频供应商抬高采购价并从中大肆渔利，其收受贿赂涉及的剧集包括《自古英雄出少年》《宝贝》《兰陵王》等；[②] 辽宁广播电视台原台长史某花费35万元购买原本2万元的电视剧，1999年至2012年，其利用职务便利共收受贿赂仅人民币就达1140余万元，被判处无期徒刑。[③]

此外，直接接受“购剧返点”的回扣也是一类受贿方式。例如，经安徽电视台原采购中心副主任张某之手，影视公司需要付出占影视剧价格4%~5%的回扣，一部千万元电视剧至少需要“进贡”40万~50万元。[④]

4. 其他常见情形：另立文化传媒公司与电视台业务往来；接受财物或变相消费型回扣

中央多次强调禁止领导干部经商办企业、从事营利活动，但仍有部分国家机关工作人员通过隐名、挂名等方式另立文化传媒公司，利用手

---

① 参见浙江省湖州市南浔区人民法院刑事判决书，（2020）浙0503刑初103号。

② 参见《阿里原副总刘春宁涉嫌商业贿赂》，载新浪财经，http://finance.sina.com.cn/stock/relnews/us/2019-10-24/doc-iicezuev4534715.shtml。

③ 参见《深谙影视业“潜规则”的电视台长——辽宁广播电视台原台长史联文违纪违法案透视》，载https://www.ccdi.gov.cn/jdbgn/chyjs/201503/t20150311_34242.html。

④ 参见展江：《一家省级电视台的腐败窝案（下）——媒体人经济犯罪经典案例评析（十五）》，载《青年记者》2018年第7期。

中的职权加强公司与电视台之间的业务往来。

例如，安徽电视台原台长张某、原副台长赵某与高中同学程某合作，由程某成立大宣广告公司，在张某和赵某的安排下，大宣广告公司承接了安徽台的大量广告业务，最后公司获得的利润由三个人平分，两人累计受贿超千万元。[①]

接受财物或变相消费型回扣则是所有行业贿赂型犯罪的典型情形。曾打造出《天坑鹰猎》《法医秦明》等诸多爆款的优酷剧集中心原总经理马某利用职务便利，有偿帮助合作方在多部电视剧的立项、审片、付款等事项上顺利推进，收受贿赂款共计人民币150万余元，被判处有期徒刑5年6个月；[②] 原优酷土豆总裁杨某在任时，曾利用其全面运营、管理“这就是”系列综艺项目的职务便利，收受、索取业务合作单位的贿赂款共计人民币855万余元，被判处有期徒刑7年。[③]

当然无论在哪个单位和平台，但凡涉及权力就可能滋生贪腐。因此，目前大部分影视平台、公司已经对此产生足够认识，设有严格的内部反腐规定和审查制度，但凡发现涉嫌违法犯罪的也将向公安机关报案、举报。

二、影娱贪腐之法律问与答

问题一：索取或收受贿赂有何不同？

两者的区分以谁先提出为标准。但需要注意的是，在受贿罪中，只要行为人索取贿赂就构成受贿罪，不要求为他人谋取利益；而收受贿赂要求为他人谋取利益，至少是“许诺”谋取利益，才能构成受贿罪。在非国家工作人员受贿罪中，行为人无论是索取还是收受贿赂都要求为他

---

① 参见安徽省淮南市中级人民法院刑事判决书，（2015）淮刑初字第00019号。

② 参见《收了150万现金，这名互联网巨头女高管“栽”了！》，载上观新闻2022年2月27日，https：//export. shobserver. com/baijiahao/html/345063. html。

③ 参见《优酷原总裁杨伟东受贿855万余元，被判处有期徒刑7年》，载观察者网2020年11月10日，https：//baijiahao. baidu. com/s? id =1682958857467725758&wfr = spider&for =pc。

人谋取利益。换言之，刑法对国家工作人员的要求更为严格。

问题二：行贿者是否构成行贿罪？

在上述案例中，国家机关工作人员或影视平台高管因利用职务便利索取他人财物或收受财物为他人谋取利益，构成受贿罪或非国家工作人员受贿罪。那么，行贿的一方是否也会构成相关罪名呢？

在通常情况下，行贿罪与受贿罪属于对向犯，即行贿方与受贿方的行为均成立犯罪。行贿方依主体、给予财物的对象以及行贿目的等要件的不同可能分别构成行贿罪、单位行贿罪、向单位行贿罪。

但是，由于受贿者常常是有优势地位的一方，许多时候，行贿者往往是不得已而为之。刑法因此规定以下情形行贿者不构成相应罪名：

（1）行贿者因被勒索给予财物，没有获得不正当利益的，不构成行贿罪；但国家工作人员的行为仍然是索取贿赂，构成受贿罪。

（2）为了谋取正当利益而给予国家工作人员以财物的，不是行贿罪；但国家工作人员接受财物的行为成立受贿罪。

问题三：单位是否能构成受贿罪或行贿罪？

简单来说，行贿罪或受贿罪的主体是个人，单位行贿罪或单位受贿罪的主体是单位。

1. 行贿罪 v. 单位行贿罪

从事实上看，作出“行贿”这一动作的主体当然只能是自然人，一般来说都是单位内部工作人员。但在法律意义上，两者区分的标准就在于实施该行为的意志来源以及因行贿而获得的利益归属于谁。值得说明的是，单位意志是指经单位研究决定、经单位主管人员批准单位内工作人员实施行贿行为，或者单位主管人员以法定代表人的身份实施的行贿行为。

2. 受贿罪 v. 单位受贿罪

受贿罪中，索取贿赂不论是否“为他人谋取利益”，均可构成受贿罪；非法收受他人财物的，则必须同时具备“为他人谋取利益”的条件，才能构成受贿罪。而单位受贿罪中，无论是索取贿赂还是收受贿赂，都必须同时具备为他人谋取利益之条件才能构成犯罪。

尽管个人和单位行贿受贿罪在犯罪构成和量刑上有所不同，但由于我国实行的是单位犯罪“双罚制”，单位主管人员一般还是会受到刑事处罚。

☆ 周公说

甄选出观众真正期待的优秀影视剧，是每个电视台和互联网影视平台的立身之本。如果这种选择权沦为少数人权钱交易的工具，将极大地浪费影视和娱乐资源，不利于行业的健康可持续发展。

为此，监管部门已经积极采取了各种措施，例如，安徽省广电局颁布了《安徽省电视剧购销工作指导意见》：建立电视剧购销职责分离制度，购销、评价、验收、财务等业务部门独立，不能相互融合、交叉实施；电视剧购销岗位实行双人双岗、定期轮岗，购销人员和评价人员实行同业规避制度；纪检部门全程参与和监督电视剧购销工作，内部审计部门要每半年对电视剧购销整体情况进行专项审计并提交审计报告。拟构筑三道“防火墙”，挤压剧集采购的权力寻租空间，防止贪污腐败。

近年来电视台工作人员和互联网影视平台高管接连落马的深刻教训，揭露了荧屏背后的腐败。随着反腐工作向纵深推进和影视剧加速市场化运转，在强化行业自律的同时，传媒从业者也须时刻谨记贪腐涉嫌触犯刑法，要坚持依靠规范化流程精选剧集，为人民群众带来更多优质、喜闻乐见的影视剧。

>>>《士兵突击》制片人被捕，盘一盘文娱行业的职务侵占罪案例

2022 年 3 月，多家媒体报道称热播剧《士兵突击》《我的团长我的团》等剧制片人、天意影视法人吴毅涉嫌职务侵占犯罪被逮捕。#士兵突击制片人吴毅被捕#也迅速登上微博热搜。

回顾过去，可以发现吴毅不是第一个因为“职务侵占”而翻车的制片人。2021 年 10 月，腾讯制片人张萌被抓的消息也曾引起业内关注。2022 年 1 月 25 日，腾讯公司发布反舞弊通告，再次证实参与《你是我的荣耀》《摩天大楼》《且听凤鸣》等多部热剧的腾讯视频天蓬工作室制片人张萌涉嫌违法，已移交司法机关处理。

虽然警方通报未出，但网传张萌此次被抓是被牵扯到了某女明星的偷税逃税事件中，疑似拿了巨大的好处费，犯下了职务侵占罪以及其他罪名。

吴毅被捕的消息一经报道便再次引起网友对文娱行业频频出现“职务侵占罪”的热议。

“职务侵占罪”到底是个什么样的神奇罪名呢？让我们先结合法律规定来学习下职务侵占罪的构成要件：

1. 行为主体为特殊主体，即公司、企业或者其他单位的人员才能构成，不包括其中依法从事公务的国家工作人员。

2. 行为内容指利用职务上的便利，将数额较大的单位财物非法占为己有的行为。首先，行为人必须利用了职务上的便利，即利用自己主管、管理、经营、经手单位财物的便利条件。其次，必须将单位财物非

法占为己有。其中的“非法占为己有”，不限于行为人所有，还包括使第三者所有。最后，必须达到数额较大的标准，根据《最高人民法院、最高人民检察院关于办理贪污贿赂刑事案件适用法律若干问题的解释》的规定，职务侵占6万元以上就属于“数额较大”的情形。

3. 责任形式为故意，同时还要求具有非法占有目的。行为一旦满足上述职务侵占罪的构成要件，皆可能构成犯罪。

本篇文章，笔者就带领大家一起回顾下圈内已有的案例，看看在文娱行业都有何等行为会被认定为职务侵占罪。

【规则摘要】

1. 无劳动关系的制片人在被害公司中还担任执行董事（法定代表人）、经理等多个职务，其不仅基于制片人职务使用剧组资金的，应认定其为被害公司人员，具备职务侵占罪的主体资格。——张坚职务侵占案【新疆维吾尔自治区霍尔果斯市人民法院（2019）新4004刑初8号判决书】

2. 艺人经纪人利用职务便利，通过向被害公司低报广告业务实际报价、拆分代言协议方式，以非法占有为目的截留本属于被害公司的代言费，构成职务侵占罪。——宋喆、修雨乐职务侵占案【北京市朝阳区人民法院（2018）京0105刑初781号判决书】

3. 影视公司总监利用其职务便利，伙同他人利用被害公司名义通过第三方公司从拟与被害公司合作的著作权人处获取著作权改编权授权后，隐瞒真实签约价格，用第三方公司名义以虚高的授权费用金额同被害影视公司签约，从被害公司赚取差额，构成职务侵占罪。——石磊敏职务侵占案【广东省汕头市中级人民法院（2021）粤05刑终92号判决书】

4. 选秀导演利用电影项目以被害公司投资人名义收取选秀学员家长投资款，被害公司对此行为知情后代为退还投资款的，不能认定行为人事先即具有侵占被害公司退还款项的主观目的，应从指控职务侵占罪的犯罪数额中剔除。——杨某熙职务侵占案【广东省广州市海珠区人民

法院（2020）粤 0105 刑初 314 号判决书】

【规则详解】

1. 无劳动关系的制片人在被害公司中还担任执行董事（法定代表人）、经理等多个职务，其使用剧组资金不仅基于制片人职务的，应认定其为被害公司人员，具备职务侵占罪的主体资格。——张坚职务侵占案【新疆维吾尔自治区霍尔果斯市人民法院（2019）新 4004 刑初 8 号判决书】

案情简介：2015 年 9 月 21 日，演员吴秀波为拍摄电视剧《大军师司马懿》，注册了霍尔果斯不二文化传媒有限公司（以下简称不二公司）。由被告人张坚担任公司执行董事（法定代表人），并聘任其为公司经理。同时出具《制片人聘用意向书》，确认由张坚担任电视剧《大军师司马懿》制片人一职（双方系劳务关系）。

被告人张坚担任不二公司执行董事（法定代表人）、《大军师司马懿》摄制组总制片人期间，利用职务上的便利，通过财务人员转账方式将不二公司用于拍摄电视剧《大军师司马懿》的摄制资金 1790 万元转入其本人银行账户内，用于个人消费，将《大军师司马懿》摄制组资金 1100 万元转入其实际控制的霍尔果斯一实公司（以下简称一实公司）账户。并在《大军师司马懿》剧组与韩某签订道具置景合同过程中，虚报 200 万元高价，事后收受韩某给予的差价 200 万元。

辩护人在庭审中提出，张坚管理、使用剧组资金，因其是电视剧《大军师司马懿》的总制片人，总制片人与公司是劳务关系，不是公司的职员，不是本案职务侵占罪的主体。

法院认为：关于被告人张坚是否为职务侵占罪的主体。经法院审理查明，电视剧《大军师司马懿》是不二公司的影视项目，张坚在公司担任执行董事（法定代表人）、经理等职务，在《大军师司马懿》剧组担任制片人，张坚使用的剧组资金实际为不二公司的项目资金，由公司对投资者负责。其使用剧组资金是基于其担任执行董事（法定代表人）、经理、制片人等多个职务，而不仅是制片人职务，应认定张坚为不二公司的人员，故辩护人辩称张坚不是本案职务侵占的主体，本院不予支持。

裁判结果：被告人张坚犯职务侵占罪，判处有期徒刑7年。

2. 艺人经纪人利用职务便利，通过向被害公司低报广告业务实际报价、拆分代言协议方式，以非法占有为目的截留本属于被害公司的代言费，构成职务侵占罪。——宋喆、修雨乐职务侵占案【北京市朝阳区人民法院（2018）京0105刑初781号判决书】

案情简介：被告人宋喆于2014年至2016年，在王宝强（上海）影视文化工作室任职期间，利用担任总经理及王宝强经纪人的职务便利，在与河北谷养谷农业开发集团股份有限公司（以下简称谷养谷公司）及福建比美特环保集团有限公司（以下简称比美特公司）洽谈广告代言业务过程中，对王宝强（上海）影视文化工作室低报广告代言业务的实际报价，采取签订《广告代言协议》《税金补偿协议》的手段，要求两家公司将《税金补偿协议》中约定的款项支付到被告人宋喆控制的银行账户内。

另外，宋喆还伙同被告人修雨乐，在西藏嘉华公司及相关受托公司邀请王宝强参演《熟悉的味道》节目的项目中，虚报价格，采取与第三方幸福蓝海（北京）文化传媒有限公司（以下简称幸福蓝海公司）签订虚假合同的方式，通过幸福蓝海公司将截留的钱款转移到被告人宋喆控制的银行账户内，后与被告人修雨乐将该笔钱款平分。两被告人共计侵占王宝强（上海）影视文化工作室演出、广告代言等各项业务款共计人民币232.5万元。

法院认为：被告人宋喆利用职务便利，在谷养谷公司、比美特公司代言费两起事件中，侵占工作室财物共计人民币65万元；在西藏嘉华公司演出费中，西藏嘉华公司支付的人民币367.5万元是王宝强参演应得的演出酬劳，因王宝强已履约，西藏嘉华公司合同效果已经达到，这笔钱应属于王宝强工作室所有。但被告人宋喆、修雨乐利用各自职务便利、工作便利形成的信息不对称，在本可以由西藏嘉华公司和王宝强工作室直接签约的情况下，由修雨乐寻找到幸福蓝海公司作为媒介，分别同西藏嘉华公司和王宝强工作室签约，使得西藏嘉华公司支付的演出费落入二人掌握之中，除200万元已由幸福蓝海公司支付给王宝强工作室，可以认为不具有非法占有目的外，其余167.5万元被二被告人非法占有，应认定为犯罪金额，二被告人对此共同承担刑事责任。

裁判结果：被告人宋喆犯职务侵占罪，判处有期徒刑6年；被告人修雨乐犯职务侵占罪，判处有期徒刑3年。

3. 影视公司总监利用其职务便利，伙同他人利用被害公司名义通过第三方公司从拟与被害公司合作的著作权人处获取著作权改编权授权后，隐瞒真实签约价格，用第三方公司名义以虚高的授权费用金额同被害影视公司签约，从被害公司赚取差额，构成职务侵占罪。——石磊敏职务侵占案【广东省汕头市中级人民法院（2021）粤05刑终92号判决书】

案情简介：被告人石磊敏系A公司等7家公司的实际控制人。同案人沈佳担任B公司互动娱乐事业群下属剧业及文学事业部总监以及任被害C公司总经理。C公司系B公司的全资子公司。

在本案中，同案人沈佳通过中间人与D公司商谈《某人》的著作权改编权授权事宜时，谎称被告人石磊敏实控的A公司系B的子公司，并以A公司名义与D公司签订《某人》的著作权改编权授权协议，拿下授权，授权费为70万元。随后沈佳利用职务便利，让被害C公司高价与A公司签订《某人》著作权改编权授权协议，授权费为180万元，从中侵占C公司110万元。

在商谈《某语》的著作权改编权授权事宜时，沈佳再次伙同石磊敏，利用同样的方式，65万元拿下授权，再以350万元授权给C公司，从中侵占C公司285万元。

此外，石磊敏还伙同沈佳，利用职务便利让被害公司与石磊敏实控的多家公司以《某裂》等作品的咨询服务、剧本委托创作等事由多次签订虚假协议，从被害公司套取款项409.44万元，非法占为己有。

法院认为：被告人石磊敏无视国家法律，以非法占有为目的，明知自己实际控制的公司没有同D公司、C公司等公司开展业务往来，明知没有为同案人沈佳任职的C公司提供咨询、宣传等服务，却利用同案人沈佳在职务上的便利以及利用其控制的企业，协助沈佳将被害单位的财物非法占为己有，从中非法获利，数额巨大，其行为已构成职务侵占罪，应依法追究刑事责任。

裁判结果：一审判决被告人石磊敏犯职务侵占罪，判处有期徒刑2年，二审驳回上诉维持原判。

4. 选秀导演利用电影项目以被害公司投资人名义收取选秀学员家长投资款，被害公司对此行为知情后代为退还投资款的，不能认定行为人事先即具有侵占被害公司退还款项的主观目的，应从指控职务侵占罪的犯罪数额中剔除。——杨某熙职务侵占案【广东省广州市海珠区人民法院（2020）粤0105刑初314号判决书】

案情简介：公诉人指控被告人杨某熙从2019年3月开始，在广州市某有限公司担任“选秀”导演，利用向被选中的学员家长收取宣传推广费、培训包装费的职务之便，通过隐瞒、欺骗等手段侵占家长交其转给公司的费用、公司退回家长的费用及其利用《功夫之道》电影项目以公司投资人的名义骗取的家长投资款，各类款项共计人民币247,800元，用于偿还债务及个人消费。

被告人杨某熙的辩护人对指控犯罪数额247,800元有异议，认为其中有48,300元是公司知情后代为退还给家长的，而且公司就这笔48,300元的款项与杨某熙签订了借款合同，已形成或者转化为合法的民间借贷关系，不应计入职务侵占数额。

法院认为：杨某熙以公司投资人名义骗取家长投资款的行为，针对的系家长的财物。公司对此事知情后基于各方面考虑代为退还部分款项（48,300元），杨某熙实施该行为时也不可能预知到公司事后必然如此处理，故被告人杨某熙没有侵占公司该笔款项的主观目的，客观行为侵犯的亦是家长的财物而不是所在公司的财物，故该部分行为不符合职务侵占罪的犯罪构成要件，被告人杨某熙该行为涉及的、公司代为退还给家长的48,300元，不应认定为职务侵占罪的犯罪数额①。

裁判结果：指控的部分犯罪数额依据不足，本院不予支持，最终判决被告人杨某熙犯职务侵占罪，判处有期徒刑10个月。

☆ 周公说

经过对上面案例的研读，我们可以总结出来：

一方面，职务侵占罪对于行为人主体资格的认定并不是以行为人与被害单位存在直接的劳动关系为必要要素，只要是行为人对被害单位实际负担一定的“职务”或“职责”，没有与被害单位签订劳动合同并不影响认定行为人是被害单位的人员。

另一方面，职务侵占罪对于被害单位被侵占的合法财物的认定是从被害单位是否实际遭受损失出发，不论行为人利用何种手段使公司少获得了应得的收入抑或让公司多了相应的支出，非法占有该部分为己用都会认定为职务侵占罪的犯罪数额。

因此，在工作岗位上，想着“靠什么吃什么”，利用自己手中的权限从中捞点好处的行为非常危险！笔者在此也想对业内各位优秀的制片人、导演、经纪人、公司高管说几句：职务侵占碰不得，遵纪守法是正道，锒铛入狱不值得。

---

① 提示：本案杨某熙收取该部分家长的投资款虽不构成职务侵占罪，但并不说明该行为就是合法行为，仍可能涉及《刑法》第270条侵占罪、第266条诈骗罪或第224条合同诈骗罪，由于不知道案件细节，对此笔者不多做评论。

>>> 艺人解约纠纷与《民法典》的合同僵局

2020 年 7 月，Yamy 被老板“职场 PUA”的新闻闹得沸沸扬扬，Yamy 和公司的解约纠纷也引得众人关注。

不过，艺人和经纪公司闹解约并不是什么新鲜事。单从法律而言，艺人和经纪公司通过一纸经纪合同建立合作基础，但当双方发展到某个节点，艺人可能会因为职业发展等种种原因，想要提前和公司解除合同，而经纪公司也出于其自身利益和立场的考虑，很少能够轻易接受艺人提前解约的要求。

在此情况下，不少艺人都会选择直接离开公司、单方解除合同，而在公司不认可艺人此种行为之时，双方就可能诉诸司法手段，通过法院判决或者仲裁裁决的形式来明确经纪合同是解除还是继续履行。

但在经纪合同并未赋予艺人约定解除权，并且具体案件事实又难以适用原《合同法》第 94 条法定解除情形时，判决/裁决合同解除的法律依据一直存在争议，对此，《民法典》第 580 条有所回应，本文即对该条可能对艺人解约案件产生的影响作简要分析。

一、艺人解约的合同僵局 v. 原《合同法》第 110 条

从司法实践看来，目前艺人解约纠纷案件中，最终判决继续履行和判决解除合同的案例均有出现。在既往判决合同解除的案例中，部分法院和仲裁庭会援引原《合同法》第 110 条作为判决合同解除的法律依据。

原《合同法》第110条第1款规定，当事人一方不履行非金钱债务或者履行非金钱债务不符合约定的，对方可以要求履行，但在法律上或者事实上不能履行的除外。

法院和仲裁庭据此认为，经纪合同中合同义务的履行具有强人身性质，需要艺人本人配合提供演出/表演等劳务，因此，在艺人拒绝参与演艺活动或公司不再对艺人安排演艺活动的情况下，即便法院判决或仲裁裁决合同继续履行，事实上也难以继续履行，只能产生“合同僵局”的效果，因而适用原《合同法》第110条裁判合同解除。

“合同僵局”是指，合同尚未达到解除条件，但是部分当事人仍坚持解除合同，拒绝继续履行或客观上无法履行，合同处于实际无进展的僵化状态。显然，合同僵局会导致现有合同价值无法实现，仍然强行要求合同继续履行，势必造成社会资源的浪费。

也就是说，艺人方要求提前解除合同时可能主张，其与公司的合作基础已不存在，无论公司提供的演艺机会有多优质，艺人都已彻底不愿意继续履行合同、配合公司所安排的演艺机会，甚至公司也可能会封杀艺人，根本不为其安排演艺机会。

此种情况下，合同就进入无实质履行进展的僵化状态。正是为了解决这种可能出现的合同僵局，有法院援引原《合同法》第110条判决/裁决合同解除。

但这一解决路径被不少人认为存在“硬伤”：

原《合同法》第110条规定在“违约责任”一章下，规定的是“非金钱债务的违约责任”，因此，该条款实际是对违约之后责任承担——继续履行非金钱义务的抗辩。部分学者据此认为第110条只能用于对继续履行责任的抗辩，而不能作为主动要求解除合同的法律依据；并且，第110条是在违约责任项下，并非解约权的直接法律依据，不直接赋予违约方以解除合同的权利。

二、违约方的解除权：从《全国法院民商事审判工作会议纪要》（以下简称《九民纪要》）第 48 条到《民法典》第 580 条

实际上，上述艺人解约纠纷能否以原《合同法》第 110 条为据解除合同这一问题，本质上就是艺人在无约定解除权，同时原《合同法》第 94 条法定解除权条款又不适用的情况下，如其违约，能否享有单方解约权的问题。

尽管赋予违约方解约权在表面上是对守约方的不公平，似乎打破了合同严守的法律原则，但如果确实出现合同僵局，合同继续履行似乎对守约方和违约方都无益处，是一个并不“经济”的状况。这一问题并不仅仅存在于艺人解约纠纷中，不少长期性合同中，都可能出现合同僵局和违约方主张单方解约权问题。

为了给这个问题寻找通路，2019 年 9 月《九民纪要》第 48 条就提出：

“【违约方起诉解除】违约方不享有单方解除合同的权利。但是，在一些长期性合同如房屋租赁合同履行过程中，双方形成合同僵局，一概不允许违约方通过起诉的方式解除合同，有时对双方都不利。在此前提下，符合下列条件，违约方起诉请求解除合同的，人民法院依法予以支持：（1）违约方不存在恶意违约的情形；（2）违约方继续履行合同，对其显失公平；（3）守约方拒绝解除合同，违反诚实信用原则。人民法院判决解除合同的，违约方本应当承担的违约责任不能因解除合同而减少或者免除。”

虽然《九民纪要》仅是最高人民法院的会议纪要，但也反映出司法实践中对于在特定条件下赋予违约方单方解除权的倾向。

在此背景下，《民法典》第 580 条直接在原《合同法》第 110 条的基础上增加了第 2 款：“有前款规定的除外情形之一，致使不能实现合同目的的，人民法院或者仲裁机构可以根据当事人的请求终止合同权利义务关系，但是不影响违约责任的承担。”二者对比见表 1。

表 1　《合同法》第 110 条与《民法典》第 580 条比照

合同法	民法典
第一百一十条　当事人一方不履行非金钱债务或者履行非金钱债务不符合约定的，对方可以要求履行，但有下列情形之一的除外： （一）法律上或者事实上不能履行； （二）债务的标的不适于强制履行或者履行费用过高； （三）债权人在合理期限内未要求履行。	第五百八十条　当事人一方不履行非金钱债务或者履行非金钱债务不符合约定的，对方可以请求履行，但是有下列情形之一的除外： （一）法律上或者事实上不能履行； （二）债务的标的不适于强制履行或者履行费用过高； （三）债权人在合理期限内未请求履行。 有前款规定的除外情形之一，致使不能实现合同目的的，人民法院或者仲裁机构可以根据当事人的请求终止合同权利义务关系，但是不影响违约责任的承担。

尽管《民法典》第 580 条和原《合同法》第 110 条一样，是被归在“违约责任”一章项下，但新增的第 2 款从文字表述上来看，确实可以被违约方援引为其单方解约的法律依据。

三、《民法典》第 580 条对艺人解约纠纷的影响

放在艺人解约纠纷的语境下如何理解《民法典》第 580 条的变化？

相较而言，《九民纪要》对违约方享有单方解约权的条件规定得更为具体，而《民法典》第 580 条则使用了“不能实现合同目的”这一更为概括、兜底的表述，给违约方提供了更多可能性。

也就是说，对想要单方解约的艺人而言，如依据《民法典》第 580 条解约，就需要考虑如何向法院或仲裁机构说明合同目的确实不能实现。同时，第 580 条第 2 款也表明，当事人需向人民法院或仲裁机构请求解约。根据王利明教授在《论合同僵局中的违约方申请解约》一文中的观点，此规定实际上是在法定解除权之外对司法解除制度的探索，“在当事人未向法院申请司法解除的情形下，法院不能依据职权认定合同形成僵局，并通过司法解除的方式解除合同”。因此，艺人如拟据第 580 条第 2 款主张单方解约权的，应主动向法院提出申请。

还值得注意的是，第 580 条第 2 款也明确规定，司法机关依当事人请求终止合同权利义务的，“不影响违约责任的承担”。该条款提示经纪公司，最好事先在经纪合同中约定高额违约金和合理的计算方法，如果经纪合同最终被判决/裁决解除，还能借此尽量止损。

☆ 周 公 说

“幸福的家庭都是相似的；不幸的家庭各有各的不幸。”这句话可能同样适用于艺人和经纪公司的解约纠纷。艺人和经纪公司的合作是商业合作，就不可避免地涉及艺人个人和公司文化甚至公司经纪人、公司领导层之间的契合度与信任度。艺人解约的原因五花八门，艺人能否成功解约，或者说应否支持艺人的解约，没有人能给出固定的答案。尽管《民法典》第 580 条似乎给想要单方解约的艺人提供了更明确的路径，但最终判决/裁决继续履行还是解除合同，都需要根据个案的不同事实做具体分析。

PART 5

人工智能未来已来

- 人工智能作品首次被法律认可，AI 作家离我们有多远
- ChatGPT 火爆全球，人工智能会取代人类吗
- 敢用一键换脸吗？用“ZAO”你应该知道的事
- NFT 第一案：胖虎打官司，打出了 NFT 的司法审查新标准？
- 徐悲鸿作品发行 NFT 惹争议，过保护期作品随便用？
- 最高人民法院发布人脸识别新规：保住你的脸，到底有多难
- “人脸识别第一案”落槌，但请先别着急欢呼
- 虚拟偶像“永不塌房”？这些法律问题必须考虑
- 在元宇宙里，可以跟偶像谈恋爱吗

周公观娱

>>> 人工智能作品首次被法律认可，AI 作家离我们有多远

AI（人工智能）总能引发人们的无限遐想。人们一边享受着 AI 带来的便利，一边又忌惮于这种“类人类”系统有一天真的会萌生自主思维。但即便如此，人工智能的生活化应用依然势不可当，ChatGPT 也横空出世，它们与世界顶尖棋手对垒、谱写音乐、编纂诗歌甚至写判决，几乎无所不能。这也对现有的法律制度发起了挑战，人们常常疑惑，AI 创作的内容受法律保护吗？

深圳市南山区人民法院曾作出的一份判决，认定腾讯公司名为“Dreamwriter”的撰稿机器人所生成的文章属于著作权保护的作品。这也是第一份对 AI 生成作品作肯定性判断的判决书。属于 AI 作家的时代到来了吗？

一、人工智能已进入司法视野

早在 2015 年就有媒体报道称，腾讯财经的新闻文章竟然是由机器人撰写。原来，腾讯公司开发的 Dreamwriter 智能写作辅助系统，能在几分钟之内生成新闻稿，而工作人员只需要确认内容和点击发送。2018 年，Dreamwriter 写作的财经类新闻《午评：沪指小幅上涨 0.11% 报 2671.93 点通信运营、石油开采等板块领涨》，在未经过授权的情况之下被“网贷之家”转载抄袭，腾讯公司因此状告抄袭者侵犯了自己的著作权。

南山区人民法院一审认为，从涉案文章的外在表现形式与生成过程

来分析，此文的特定表现形式及其源于创作者个性化的选择与安排，属于我国《著作权法》所保护的文字作品。

然而，这并非我国唯一关于 AI 写作的判决。2019 年北京互联网法院也受理过一起类似案件。但在该案中，互联网法院认为威科先行法律信息库这一智能系统生成的数据报告不属于《著作权法》保护的作品。这与南山法院的观点有所不同。

该案中，原告北京菲林律师事务所主张其为《影视娱乐行业司法大数据分析报告——电影卷 · 北京篇》的著作权人，文章由文字作品和图表作品两部分构成。图表来自法律统计数据分析软件（威科先行法律信息库）生成的数据报告，文字则是基于该报告而进行的分析。百度公司经营的百家号未经授权擅自发布了涉案文章，甚至删除文章的署名和引言。菲林律师事务所因此将百度公司诉至法庭。

北京互联网法院认为，因涉案文章的文字内容并非软件“可视化”功能自动生成，而是原告在输入关键词得到的数据报告基础之上独立创作完成，故原告菲林律师事务所对涉案文章享有著作权。而对于威科先行软件直接生成的数据报告是否属于作品，北京互联网法院主要提出两种观点：

（1）因报告中的图形部分系由事实数据通过普遍适用的绘图方式直接生成，故不具有独创性；

（2）文字部分虽具有一定独创性，但是根据现行法律规定，文字作品应由自然人创作完成，而威科先行软件开发者未输入关键词检索，报告亦未体现作为使用者的菲林律师事务所思想、感情的独创性表达，因此该分析报告仍不是著作权法意义上的作品。

同样针对 AI 生成的文字内容，为何两份判决认定结果却截然不同？

二、两案就“智力成果”的不同认定

其实不难看出，两份判决在涉案文字是否属于人类智力成果这一点上，存在不同的理解和判断。我国《著作权法实施条例》第 2 条规定，

《著作权法》所保护的"作品"是指，文学、艺术和科学作品的智力活动。可见人类的"智力成果"才是受法律保护的客体。

在"腾讯 Dreamwriter 案"中，法院认为，Dreamwriter 软件生成的文章体现了软件主创团队的个性化选择和安排，属于作品。由此肯定软件开发者对于软件所生成文章的智力注入。

而在"菲林案"中，法院认为涉案报告并非由软件开发者创作，因为软件开发者（所有者）没有根据其需求输入关键词进行检索，该分析报告并未传递软件研发者（所有者）的思想、感情的独创性表达，故不应认定该分析报告为软件研发者（所有者）创作完成。实践中也有部分学者认为，人工智能生成的内容只是应用某种算法、规则和模板的结果，与为形成作品所需的智力创作相去甚远。

可见司法实践以及学界对于人工智能所生成的内容是否构成作品尚存在争议，是否能够给这个问题盖棺定论，仍有待观察。

三、受《著作权法》保护的作品应当由人类创作

两案的结论有所差异，但都基于同一前提条件，即著作权法保护由人类创作的作品，非人类智力成果所成的不能称为"作品"。这不仅是我国立法的宗旨，也是为其他国家所普遍认同的观点。

日本政府"知识产权部"在《知识产权推进计划 2016》中提到，"一般认为，人工智能自动生成的内容不属于著作权的客体"，因为其不符合日本《著作权法》所规定的"表现思想或者情感的作品"这一条件。

美国版权局也指出，作品应当是由人创作的，自然现象或动植物产生的作品不能进行版权登记。2014 年，英国摄影师在印度尼西亚架起三脚架之后，一只黑冠猕猴对着镜头微笑，并且自行按下了快门键，让相机记录下这神奇又可爱的一幕。但是美国的加州法院没有将动物纳入作者范畴，并不承认这只黑冠猕猴享有照片的著作权。

著作权法的立法目的是鼓励创作，让作者不仅可以自己行使复制、

出租、网络传播等多项权利，获得报酬，还能制止他人的随意使用。那么，谁能在这套精心设计且十分复杂的法律机制之中受到鼓励呢？当然只可能是人。① 不论何种人持何种看法，在认定版权制度的本质是鼓励用头脑从事创作之人这一点上，意见是一致的。②

☆ 周公说

人工智能时代带来的科学革命和产业变革极大地改变了人类现有生活方式甚至生产关系，伴随 ChatGPT 火遍全球，各种 LLM 和 AIGC 的应用也走向大众，各国都在尝试利用立法手段对人工智能的发展进行调控。

无论是欧盟在人工智能法案的探索，还是我国 2023 年 7 月发布的《生成式人工智能服务管理暂行办法》，无一不是在应对人工智能所带来的挑战，由它带来的问题，不仅是著作权法的问题，也可能是其他的法律问题，也包括道德、伦理问题，值得我们持续关注。

① 参见王迁：《论人工智能生成的内容在著作权法中的定性》，载《法律科学（西北政法大学学报）》2017 年第 5 期。

② 参见郑成思：《版权法》（第 2 版）（修订本），中国人民大学出版社 1997 年版。

>>> ChatGPT 火爆全球，人工智能会取代人类吗

2022 年 11 月 30 日，知名的人工智能研究公司 OpenAI 发布了自研的一款自然语言处理模型软件。这款名为 ChatGPT 的聊天机器人甫一发布，便迅速火爆全球，成为用户增长速度最快的现象级产品。

2023 年 1 月底，微软宣布将对 OpenAI 进行为期数年、价值数十亿美元的投资，进一步推升了 ChatGPT 的热度。

一时间，朋友圈罕见地被一项科技产品所刷屏，仿佛全世界都为见证着历史性事件的发生而兴奋不已。正如一些观察人士所言，以 ChatGPT 为代表的大型语言模型，在 21 世纪 20 年代对社会的颠覆性影响将与社交媒体平台在 21 世纪 10 年代的颠覆性一样。

但是，因为中国用户目前尚无法注册使用 ChatGPT，不能亲身体验，只能在传闻中一探究竟，让这款横空出世的产品笼罩了一层神秘感。

到底 ChatGPT 是什么？为什么说它具有跨时代的意义？

这一切可能要从 ChatGPT 的原理说起。

一、ChatGPT 是什么

ChatGPT 是基于 GPT－3 模型构建的。GPT 是 Generative Pre－training Transformer（预训练生成模型）的缩写，是一种用于处理自然语言文本大型神经网络模型，GPT－3 是它的最新版本。

GPT－3 模型包含大量的语言数据，能够理解语言的语法和语义。当

用户输入问题时，ChatGPT 会将问题转换为计算机能够理解的数据，并使用 GPT－3 模型进行处理。GPT－3 模型会根据语言数据，生成一个回答候选集，并从中选择一个最佳回答。最终，ChatGPT 会将生成的回答以自然语言的形式返回给用户。①

可能很多人看完上面的解释仍然云里雾里。但如果简单形象地来说，ChatGPT 就是一款聊天机器人。

这款聊天机器人，底层技术是一种 AI 语言学习模型，这个语言模型由工作人员通过数据不断训练而形成，被用来生成听起来非常自然和类似人工表达的文本。

训练一个语言模型，需要大量的文本数据，这些数据有许多不同的来源，如书籍、文章、网站等。语言模型的目标是能够基于之前出现的单词，预测给定文本中的下一个单词或单词序列。② 所以它其实是一个巨型的语料数据库，而且能够经过工作人员的调教（新数据训练及算法微调）不断提高性能。随着时间的推移，可以产生更准确和相关度更高的反应。

由此可见，ChatGPT 是大数据时代的产物。数据量越大，机器进化得越发智能，呈现出来的状态和人类的区别越来越小。这也正是和 ChatGPT 交谈感到如此人性化的原因。说不定不远的将来，科幻电影 *Her* 中人类和人工智能谈恋爱的场景就会变成现实。③

二、“生成式 AI”元年：一次革命

但是，如果只是把 ChatGPT 理解成一款聊天机器人，那还真是小看它的能力。据悉，美国大学生现在普遍利用 ChatGPT 来写论文，以至于

---

① 《ChatGPT 是什么? 3 分钟搞懂风靡全球的聊天 AI》，载 https://zhuanlan.zhihu.com/p/589908528。

② 参见《〈时代〉专访 ChatGPT：我还有很多局限，但人类应准备好应对 AI》，载微信公众号“腾讯科技”2023 年 2 月 4 日。

③ 参见《在元宇宙里，可以跟偶像谈恋爱吗?》，载微信公众号“周公观娱”2022 年 4 月 14 日。

多所美国中学及大学陆续宣布校内禁用ChatGPT；而哥伦比亚的一位法官，更是使用ChatGPT作出一份法庭裁决。之所以被各个领域广泛应用，被资本狂热追捧，是因为它代表着“生成式AI”（AIGC）目前的最高发展水平。

2022年被称为“AIGC元年”。而所谓的AIGC（生成式AI），全称是Artificial Intelligence Generated Content，即人工智能自动生成内容。

AIGC被认为是继专业生产内容（Professionally Generated Content，PGC）、用户生产内容（User Generated Content，UGC）之后的新型内容创作方式，它意味着让机器开始大规模涉足知识类和创造性工作。目前主要用在文字、图像、视频、音频、游戏以及虚拟人等内容上。

互联网内容生产方式，经历了PGC—UGC—AIGC的过程。

PGC是专业生产内容，如Web1.0时代门户网站和广电行业中专业人员生产的文字和视频，其特点是专业、内容质量有保证；UGC是用户生产内容，伴随Web2.0社交媒体时代而产生，特点是用户可以自由上传内容，内容丰富；AIGC是由AI生成的内容，其特点是自动化生产、高效。[①]

让AIGC进入大众视野的，实际上缘于一幅获奖的AI画作。

2022年9月，在美国科罗拉多州博览会艺术比赛（数字艺术类别）中，一幅名为《太空歌剧院》的画作获得头奖。该画作获奖后之所以引发巨大争议，是因为它是一幅人工智能绘画作品，由游戏设计师杰森·艾伦通过AI绘图工具Midjourney创作而成。有人认为，AI绘画根本不能被称为作品，因为AI绘画的本质是模仿，根本不具有创造性，也无法真正体现出艺术家的情感表达。

面对众多艺术家的质疑，杰森·艾伦并不为所动。他专门指出，虽然这幅画是经由AI画图，但他身为创作者也花费了时间和精力。他花了近一个月的时间不断修改指令，在AI工具上输入尽可能准确具体的

① 参见《AIGC，一个充满创造性的新世界正在到来》，载微信公众号“四知阁”2023年1月9日。

指令，创作出了100多幅图画，然后从这上百张图画中，选出了自己喜欢的3幅，并用Photoshop进行了处理和微调，最后才打印在画布上。①

有一个小细节是，杰森·艾伦在向州博览会提交作品时，特意在作品上标注了“杰森·艾伦借助Midjourney创作”。

这个“人机共同署名”的小举动，其实背后隐含了关于人工智能生成内容在版权法领域的一系列重要的争议：人工智能内容是否构成作品，是否受到版权法保护，以及它的权利归属于谁？

三、人工智能生成内容受版权保护吗

对此，近几年中国司法系统实际上也有两起在先案例有过探讨，但两起案件判决结果却刚好相反。

被称为“人工智能生成内容著作权第一案”的“北京菲林律师事务所诉百度公司侵害署名权、保护作品完整权、信息网络传播权纠纷案”中，北京互联网法院最终认定了原告通过软件生成的数据报告不构成著作权所保护的作品，原因是根据现行《著作权法》的规定，文字作品应该由人类完成。② 所以即便该分析报告的文字部分具有一定独创性，也不能就此认定软件生成的分析报告可以受到《著作权法》保护。

但是，在深圳南山区法院判决的“腾讯公司起诉网贷之家侵犯著作权案”中，最终却认定腾讯公司名为“Dreamwriter”的撰稿机器人所生成的财经新闻稿属于著作权保护的作品。原因是Dreamwriter软件生成的文章体现了软件主创团队的个性化选择和安排，属于作品。由此肯定软件开发者对于软件所生成文章的智力注入。③

两案的结论有所差异，但都基于同一前提条件，即《著作权法》只能保护由人类创作的作品，非人类智力成果所成的不能称为“作品”。

---

① 参见赵婷婷：《人工智能画作获奖引争议》，载《中国青年报》2022年9月14日。

② 参见陈冠琪：《全国首例AI生成内容著作权案，对我们有何启发?》，载微信公众号“周公观娱”2019年5月9日。

③ 参见刘彦伶：《人工智能作品首次被法律认可，AI作家离我们有多远?》，载微信公众号“周公观娱”2020年1月6日。

从世界范围来看，绝大部分国家的现行的知识产权法还是将作品限制在人类的创作范围之内，也就是把 AI 生成的内容排除在了法律保护范围之外。

也正因如此，面对 ChatGPT 对于学界和教育界现有秩序的冲击，针对使用 ChatGPT 撰写的学术论文，目前多家知名学术期刊正在更新编辑规则。《科学》明确禁止将 ChatGPT 列为合著者，且不允许在论文中使用 ChatGPT 所生产的文本；《自然》则表示，可以在论文中使用大型语言模型生成的文本，其中也包含 ChatGPT，但不能将其列为论文合著者。

但是，法律规则并不是一成不变的，而是会随着技术变更而不断更新的。正如《知识产权法基本功能之重解》一文曾经预测，知识产权会继续以对象形态为统合基础，只要是符号表达上产生的市场利益，都会纳入知识产权法调整。无论运用人工智能生成的符号组合能否被解释为包含主体意向性的“表达”，如果实践证明有保护的必要性，因其形态属于符号财产，完全可以纳入知识产权法。①

☆ 周公说

从科学原理来说，人工智能进化产生思想乃至于反叛人类，可能只会是科幻电影《机械公敌》中的情节。但是，人工智能逐渐抢掉很多人类的“饭碗”，却绝不会是危言耸听。

吴军曾在《智能时代：大数据与智能革命重新定义未来》一书中不无悲观地预测到：因为大数据的积累达到质变的奇点，目前人类社会已经走到了机器智能革命的拐点。这次革命和前三次重大的技术革命（工业革命、第二次工业革命、信息革命）相比，对于社会的冲击是更加巨大的。在历次技术革命中，一个人、一家企业，甚至一个国家，可以选

① 参见李琛：《论人工智能的法学分析方法——以著作权为例》，载《知识产权杂志》2019 年第 7 期。

择的道路只有两条，要么进入2%的行列，要么被淘汰。在智能时代，这2%的人可能就是制造机器和掌握大数据的人，世界某种程度是被这2%的人所控制的。

事实上，从ChatGPT的演化历程可以看出，机器学习原理和人类学习并无本质不同；但机器的学习能力和信息容量，是人类无法比拟和想象的。人类想要在智能革命中避免被机器所替代，获得更多的机会，首先需要打破认知障碍和盲目自信。

毕竟毁灭人类的，从来就不是无知和弱小，而是傲慢。

>>> 敢用一键换脸吗？用“ZAO”你应该知道的事

2019年8月30日晚间，一款名为“ZAO”的App刷屏朋友圈。用户只需要在App中上传一张正面照，就可以轻松将自己“变成”影视片段的主角，并将这些“改头换面”过的视频上传至微信朋友圈等社交平台，引发“病毒式”传播，见图1。

图1　“ZAO”App页面

据 ZAO 官方微博介绍，其花费 700 万元租赁的服务器，在一夜之间已消耗了 1/3，足见这款 App 的火爆程度。

事实上，这已不是 AI 换脸技术第一次走进大众视野。早在 2019 年年初，一位名叫“换脸哥”的 B 站 UP 主上传了一段用人工智能技术（AI 技术）制作的《射雕英雄传》视频。视频中，原本饰演“黄蓉”一角的朱茵竟变成了杨幂。

从视频上看，用 AI 技术制作的新视频可谓“毫无 PS 痕迹”。也正因为这样逼真的效果，该视频一经发布，便在互联网上引起轩然大波。不少网友在惊掉下巴的同时，也不禁纳闷：AI 换脸，到底是一种怎样的黑科技？

一、什么是 AI 换脸

简单来说，AI 换脸是一个通过深度学习技术搭建的系统，可以让机器学习人脸的面部特征，最后合成到目标影片的角色面部。整个过程就像是两个人在同时扮演黄蓉的角色，一个是师傅（生成网络），另一个是徒弟（鉴别器）。徒弟的任务就是不断向师傅学习，直至没人能区分真假为止。

在美国，这项技术已经流行了多年，不少技术宅也自行创作了许多脑洞大开的换脸视频。比如把前总统特朗普的脸换成影星尼古拉斯·凯奇。

或者将特朗普和希拉里的脸合二为一，创造一个并不存在的“希拉里·特朗普”。更有甚者，将女明星的脸替换到成人电影中，从而伪造出各种不雅视频。也正是因为这项技术存在不可控的伦理和法律风险，所以在诞生之初便备受争议。作为一项新技术，AI 换脸的法律风险不容忽视。

二、AI 换脸的法律评价

AI 换脸，究竟有何法律风险？我们不妨以“杨幂换脸视频”和

“ZAO” App 为例加以分析。

1. 肖像权

根据法律规定，任何人在未经肖像权人同意之前，都不得擅自将他人的形象制作成肖像，或者擅自使用他人肖像，否则构成侵权行为。

在“杨幂换脸视频”中，虽然“换脸哥”自称制作视频只是出于个人兴趣爱好，并不是为了营利。但在互联网语境里，流量及粉丝量的增加都很难解释为非营利行为。因此，“换脸哥”擅自使用了杨幂的肖像，已经涉嫌构成肖像权侵权。

而对于“ZAO”而言，肖像权侵权的风险就小很多。该软件有一项名为“肖像权验证”的必经程序，用户需要在摄像头前进行眨眼、扭头、张嘴、低头等多个指示动作，并经系统判断用户上传的这张照片系本人之后，才能进行下一步操作。这一设定既可以防止用户拿其他人的照片来恶意换脸，也规避了肖像权侵权的风险。

2. 名誉权

由于 AI 换脸技术可以将他人的面部任意“PS”在其他视频中，故只要行为人合成的视频可能导致他人评价降低，就涉嫌侵犯了他人的名誉权。

以“杨幂换脸视频”为例，假设有一网友“恶向胆边生”，将成人片女主角的脸替换成杨幂，那么该网友显然对杨幂的名誉权造成了侵害。其实早在 2015 年，就有一则疑似杨幂的不雅视频流出，给当事人带来了不小的压力。而一旦 AI 换脸技术被滥用，受害者肯定不只杨幂一个人。

除了此类不雅视频之外，凡是将他人的面部 PS 在诸如辱骂、斗殴、吸毒等可能导致他人社会评价降低的视频中，都涉嫌侵权。

当然，由于“ZAO”特有的“肖像权验证”程序，用户很难使用他人的肖像进行换脸操作，很大程度上规避了侵犯他人人格权的风险。

3. 著作权

在“杨幂换脸视频”中，“换脸哥”还涉嫌侵犯《射雕英雄传》著作权人所享有的“保护作品完整权”。

所谓保护作品完整权，是著作权人所享有的保护作品不受歪曲、篡改的权利。司法实践中，北京知识产权法院曾在（2015）京知民终字第811号案中明确指出，侵犯保护作品完整权的行为不以“有损作者声誉”为要件。而在“九层妖塔案”［（2016）京73民终587号判决书］中，北京知识产权法院再次重申了这一观点。

也就是说，不论使用者是恶意还是善意、是否出于故意，只要对作品的使用客观上起到歪曲、篡改的效果，改变了作品的内容、观点、形式，就涉嫌对保护作品完整权的损害。

依照这一观点，尽管“把朱茵换成杨幂”这一行为不会有损著作权人的声誉，但其在客观上属于未经作者许可改变作品的行为，涉嫌侵权。

同理，对于“ZAO”而言，除非软件素材库中的视频已获得相关授权，否则其同样涉嫌侵犯他人著作权。耐人寻味的是，在软件的著作权声明中，开发者表示：“ZAO产品上存在的短视频和表情等素材，除了特别声明是ZAO跟合作方进行版权合作的之外，均源于ZAO用户自发上传，ZAO不享有素材的商业版权。”

也就是说，“ZAO”平台上的部分素材，很可能并没有获得版权方的授权。

4. 用户隐私

对于“ZAO”而言，除了著作权风险以外，更大的风险和舆论压力来源于用户隐私。

随着App的爆火，也有不少细心网友发现了隐藏在用户协议中的猫腻。根据“ZAO”的用户协议，用户只要点击同意，“ZAO”就拥有了用户的人脸照片、图片、视频资料等肖像资料中所含的肖像权，以及利用技术对其肖像进行形式改动的全部权利，并且这一授权在全球范围内免费、不可撤、永久、可转授权。

除了对“授权条款太过苛刻”的质疑之外，更多用户担心的，其实是自己的隐私安全问题。害怕一旦“ZAO”的数据泄露，这些场景可能会成为现实：任何人都可以使用你的脸合成色情片，甚至用于敲诈勒索。而在绝大部分App采用手机号注册、部分扩展功能也仅需验证面部图像的今天，用户资料一旦泄露，也可能导致不法分子使用这一信息骗取贷款，令人防不胜防。

三、法律如何面对新技术带来的错综复杂

毫无疑问，我们生活在一个日益复杂、碎片化且信息无处不在的世界中。技术的发展不断给法律提出新的问题和挑战，也带来新的争议。

此次AI事件并非孤例。在一个更宏观的视角下，“AI换脸”只是进击的技术叩响法律之门的一个缩影。更值得深思的问题是，法律以及法律人，如何面对新技术带来的错综复杂？

波斯纳法官曾就这一问题反思了美国的司法体系。他认为，美国法官面临的挑战既来自日新月异的技术冲击，也源于法官对真实世界的不上心：一方面，互联网、电子工程、神经科学等技术进步，使法官面临的问题越来越复杂；另一方面，大多数法官不认为自己必须对案件的深厚事实背景有多少了解。他们或认为司法过程是直觉的，或认为法律分析本质上就是语义分析。在《波斯纳法官司法反思录》一书中，他一针见血地指出：“法官拒绝同科学世界直接过招。有了深受法学院形式主义法律分析熏陶的法官助理，当需要解释时，法官们想用语义学来应对科学；当需要事实认定时，他们则委托他人来应对科学。因此，让陪审团成员解决那些法官无法应对的技术争点，法官就解脱了，将自己不理解的争点拱手交给了这些倒霉的行外人。”

纵观中国十余年的司法判决，涉及新技术的案件不胜枚举。包括法官、律师在内的所有法律人，都在主动或被动地回应技术的挑战。

回首过去，2010年腾讯和360之间那场旷日持久的诉讼大战，仿佛历历在目。到底是360不正当竞争，还是腾讯滥用垄断地位？裁判者必须在了解事实与技术的基础上给出自己的判断。在“深度链接”这一技

术手段的侵权构成及认定标准上，腾讯诉易联伟达［（2016）京73民终143号］、爱奇艺诉千杉公司［（2015）浦民三（知）初字第143号］等案件判决书中都有精彩观点交锋和法律论证。

再观当下，2019年2月，杭州互联网法院曾一审宣判了首例涉微信小程序案，认定腾讯公司作为提供架构与接入的基础性网络服务提供者，未适用原《侵权责任法》第36条的“通知—删除”规则，从而引发法律界新一轮的讨论。

☆ 周公说

有越来越多的法律人开始在案件中关注争议焦点背后的深厚事实，是一个值得肯定的趋势。在这个技术时代，法律人需要更好的工具来处理案件，需要一种“以现代分析和经验方法为根基的、超越预感的现实主义”。这也是周公对自己和团队成员的要求之一。

诚如大卫·汉密尔顿法官所言：“法律必须致力于日益为技术和技术进步推动的社会生活。对于科学和人文这两种文化的任何之一，法官和律师都没有当职业文盲的福分。”

>>> NFT 第一案：胖虎打官司，打出了 NFT 的司法审查新标准？

2022 年 4 月 1 日，周杰伦在其社交媒体上发布消息，称朋友送给他的 NFT 被钓鱼网站盗走，并提示大家对此要小心。据报道，被盗的 NFT 已经多次转手，价值超 50 万美元。

这则消息让 NFT 这个从去年起就非常火爆的词汇，又一次强势唤起了大家的关注。周董此次被盗的无聊猿 NFT，是目前市场上最受欢迎的 NFT 项目之一，上线不到一年已估值数十亿美元，不少明星都收藏了这个项目的 NFT。

2021 年可谓“NFT 元年”。尽管 NFT 行业从 2017 年前后就已经初露头角，但这个概念真正闯入大众视野，还是在 2021 年 3 月，艺术家 Beeple 的 NFT 作品在佳士得拍卖会上拍出了 6934 万美元这个令人咋舌的价格，几乎一下就点燃了大家对这个“新风口”的热情。

根据 NFT 数据公司 Nonfungible. com 发布的年度市场报告，2021 年 NFT 交易额达到 176 亿美元，比 2020 年的 8200 万美元飙升了 21,000%，买家数量从 7.5 万上升到 230 万，投资者从 NFT 的销售中获得了总计 54 亿美元的利润。

面对这诱人的发展前景，入局者不在少数。但由于 NFT 多与虚拟货币挂钩，而我国监管目前对虚拟货币持消极态度，与 NFT 相关的诸多法律问题亦尚未厘清，导致很多人对此仍处于谨慎和观望阶段。国内交易平台也多将 NFT 表述为“数字藏品”，以示区别。

2022 年 4 月 20 日，杭州互联网法院公布了“胖虎”插图 NFT 侵权案的判决书，该案中，用户A未经权利人许可，将图片“胖虎打疫苗”上传到某NFT平台（以下简称甲平台）铸造为NFT并进行销售。对这张图片享有著作权的奇策公司将甲平台诉至法院，认为甲平台未尽审查义务，应承担侵权责任。最终，法院判定甲平台构成侵权。该案二审判决于2023年年初由杭州市中级人民法院作出，二审法院也驳回上诉，维持原判。①

据悉，该案为国内首个NFT侵权案，对NFT的性质、NFT交易模式下的行为界定、NFT数字作品交易平台的属性以及责任认定等方面进行了积极探索，并提出了相应的司法审查标准，对业界有重要参考意义。

一、产生和交易：NFT到底怎么“玩”

NFT到底是什么呢？业界已经有了被广泛接受和使用的定义，“胖虎案”一审判决也对此进行了梳理：

NFT，即非同质化权益凭证（Non－FungibleToken），是用来标记特定数字内容的区块链上的元数据。NFT表现为区块链上一组加盖时间戳的元数据，其与存储在网络中某个位置的某个数字文件具有唯一的且永恒不变的指向性，该元数据显示为存储特定数字内容的具体网址链接或者一组哈希值，点击链接或者使用哈希值进行全网检索，就能够访问被存储的特定数字内容。

NFT与区块链上的智能合约相关联，能够记录关于该特定客体的初始发行者、发行日期以及未来的每一次流转信息。每一个NFT都是独一无二的，一个NFT与另一个NFT不可相互交换，一个NFT也不能拆分为若干个子单位，这即为NFT“非同质化”的内涵。

通俗来讲，NFT实际上就是由公共区块链平台通过特定程序生成的链接或数据，用于识别特定的数字资产（如文字、图片、音频、视频）。正如判决中所言，NFT不存储数字作品文件，只是记录了数字作品文件的

---

① 本文引用的判决书内容源于杭州互联网法院（2022）浙0192民初1008号判决书、杭州市中级人民法院（2022）浙01民终5272号民事判决书。

数据特征，不能直接转变为画面而被“观赏”，只是一个抽象的信息记录。

只看抽象的定义，也许大家还是觉得摸不着头脑。下面我们就以“胖虎案”涉及的NFT作品及平台为例，结合判决书查明的事实，来梳理一下NFT产生和交易过程。

1. 铸造

“胖虎案”判决指出，NFT的铸造是指平台用户将作品上传到平台的区块链上，生成与作品一一对应的序列号，作为作品上链的凭证。在铸造上链的过程中，区块链会记录作品上传者对应的加密钱包地址，类似于微博ID，指向发布者的唯一身份。NFT中部署智能合约自动执行交易规则，平台用户铸造NFT的过程即以技术的方式生成权利凭证和起草交易合同。

在甲平台上，注册用户可以选择将图片、动图、音视频等多种作品类型铸造为NFT，并选择是单个出售还是多个出售，同时选择交易的底层智能合约，选择完成后铸造作品。

2. 一级市场销售

铸造完成后，每个NFT均有一个编号，指代其在区块链平台的智能合约中的编码。通过编号可以在区块链平台上看到该NFT的智能合约底层代码，并可进一步查询该NFT的原始数据。买家可以在NFT交易平台上通过数字钱包支付对价和服务费，进而成为平台上公开显示的该数字作品的所有者，区块链上也会生产买家的新的所有者信息。

“胖虎案”中，铸造的NFT作品经平台审核通过后，会自动呈现“上架状态”，意味着作品已经正式发布。发布NFT作品的行为等同于将作品置于网络传播，公众可在特定时间地点访问该作品，购买者可选择购买该作品。

用户A在甲平台注册账号，上传了“胖虎打疫苗”图片，使用甲平台“铸造NFT”的功能将其铸造为NFT作品，并向甲平台支付铸造所需的“燃料费”。其后，用户A发布该NFT并定价899元，某用户购买了该作品，并向用户A支付899元。

3. 二级市场销售

一般而言，NFT 可以进行多次售卖，每次流转的售卖者和购买者信息都会被记录，以证明权利归属。

甲平台亦支持 NFT 的二级市场销售，购买者可以设定新的出售价格，实现 NFT 的二次流通，平台则从售价中获得佣金及“燃料费”。

二、买 NFT，买到的到底是什么

如上所述，简单理解，NFT 只是一串数据代码，其指向的相应作品甚至在网络上随处可见。例如，周董被盗的 NFT 作品对应的图片，你我都可以在网络上搜索和保存。那么，NFT 指向的到底是什么权益呢？那些花费成千上万元购买 NFT 的人，买的到底是什么？

“胖虎案”的一审判决认为，NFT 交易实质上是“数字商品”所有权的转移过程。在 NFT 交易模式下，每个数字文件均有唯一的标记，一部数字作品的每一个复制件均被一串独一无二的元数据所指代，产生“唯一性”和“稀缺性”等效果，因此当一件数字作品复制件以 NFT 形式存在于交易平台上时，就被特定化为一个具体的“数字商品”，NFT 交易实质上是“数字商品”的所有权转移，并呈现一定的投资和收藏价值属性。对此，二审法院认为，原审判决中所指的 NFT 数字作品的“所有权”不应理解为民法中的物权意义上的所有权，从形式上看，NFT 数字作品交易呈现的后果是该数字作品的“持有者”发生了变更，相应地，基于该 NFT 数字作品的财产性权益在不同的民事主体之间发生了转移。

“数字商品”虽然以数据代码形式存在于虚拟空间，具有虚拟性、依附性和行使方式的特殊性，但也具备一定的独立性、特定性和支配性。对于数字作品而言，当其复制件存储于网络空间，通过一个 NFT 唯一指向而成为一件可流通的商品时，就产生了一项受法律保护的财产权益。

NFT 数字作品持有人对其所享有的权利包括排他性占有、使用、处分、收益等。NFT 交易模式本质上属于以数字化内容为交易内容的买卖关系，购买者所获得的是一项财产权益，并非对一项数字财产的使用许可，亦非对一项知识产权的转让或许可授权。

但是，认定 NFT 属于数字财产，购买者获得的是财产性权益，并不意味着 NFT 的铸造和交易过程不涉及著作权问题。“胖虎案”的一审及二审判决认为，结合甲平台的规则，NFT 的铸造和交易与相应作品的信息网络传播权有关。

NFT 数字作品通过铸造被提供在公开的互联网环境中，交易对象为不特定公众。对应作品上架后，公众可以在自己选定的时间和地点访问该作品，故 NFT 数字作品交易符合信息网络传播行为的特征。铸造过程虽然也涉及将作品从铸造者终端设备复制到网络服务器的过程，但该复制是网络传播的一个步骤，其造成的损害后果已经被信息网络传播给权利人造成的损害后果所吸收，无须单独评价。

此外，法院认为 NFT 的售卖不涉及作品的发行权，因为当前著作权法的发行限定为有形载体上的作品原件或复制件的所有权转让或赠与，而 NFT 不是原作品的原件，也不是复制件，因此无法落入发行权控制的范畴。

通俗来说，以“胖虎打疫苗”的图片为例，售卖者卖的是对应的数据代码，而不是图片的有形载体原件或复制件，因此售卖行为不属于发行这张图片的行为。虽然购买者获得的是对应数据代码的财产性权益，但在售卖过程中，售卖者会将这幅图片置于平台中展示，因此需要获得图片的信息网络传播权授权。

三、NFT 交易平台：“避风港”还安全吗

在“胖虎案”中，图片权利人奇策公司起诉的并非铸造、销售对应 NFT 的用户，而是甲平台。理由是甲平台提供相应的网络服务并从中获利，却没有尽到应尽的审核义务。

这也是该案的一大重要意义：结合 NFT 的技术特点和交易过程可

知，目前的NFT铸造和流通基本都是绕不开NFT平台的。因此，厘清平台的责任边界，对于NFT产业的发展和规范非常重要。

在“胖虎案”中，法院认为：甲平台属于网络服务提供者而非内容提供平台，但结合各方面因素考虑，其应承担的审核义务高于一般网络服务提供者应承担的“通知—删除”责任。

除前文所述的甲平台中NFT的铸造和交易模式外，法院还查明以下事实：

· 甲平台的用户协议。甲平台的用户协议中要求用户不得上传侵权作品，否则应自行承担对平台和买家的损失，且平台有权利下架相应作品。

· 甲平台的审核措施。对于用户提交的作品铸造申请，甲平台对其进行人工审核，审核内容包括在“全国作品登记信息公示系统”中查询是否有拟铸造的作品登记信息，在搜索引擎中查询是否有拟铸造的作品信息等步骤。如有，审核人员会提示发布方提供相应的权属证明，否则驳回上架申请。

· 甲平台的“通知—删除”机制。平台收到作品违规的举报和初步证据后，会对涉及侵权的作品采取删除、屏蔽、断开链接的措施，并将违规证据转送至作品发布方核实。未收到发布方有效反馈或确定作品侵权的，对相应NFT采取屏蔽、断开链接的措施。

· 甲平台的盈利模式。NFT作品的铸造和每一次流通、赠与或销毁，甲平台都会收取一次“燃料费”，价格为33元。此外，作品第一次销售时，平台抽取价格10%的佣金，二次流通时，若售出价高于收购价，平台收取买家赚取差价的10%作为佣金。

结合在案事实，两审法院均认为，甲平台是网络服务提供者，但不属于“提供自动接入、自动传输、信息存储空间、搜索、链接、文件分享技术等网络服务”的网络服务提供者。NFT新型商业模式中，应结合NFT数字作品的特殊性及其交易模式、技术特点、平台控制能力、盈利模式等方面综合评判平台责任边界。进而，法院从以下几方面认定甲平台未履行相应的注意义务，应承担侵权责任：

· 交易模式。NFT 数字作品的铸造者（出售者）不仅应当是作品复制件的财产性权益的持有人，而且应当是该数字作品的著作权人或被授权人。对此，甲平台作为专门 NFT 数字作品交易服务平台知道也应当知道，且理应采取合理措施防止侵权发生，审查作品来源和铸造者的权利。

· 技术和商业模式。NFT 解决了数字作品作为商品时的可流通性和稀缺性（非同质化），能够解决交易主体之间的信任缺乏和安全顾虑。因此，如果 NFT 数字作品存在权利瑕疵，将严重损害交易秩序的确定性以及各方合法权益，导致纠纷频发，动摇 NFT 商业模式下的信任生态。

· 控制能力。从数据的保存、作品的铸造流程和平台审查对象的数量来说，甲平台对其平台上交易的 NFT 数字作品有较强的控制能力，也具备相应的审核能力和条件，没有额外增加其控制成本。甲平台的审查范围仅限于在“全国作品登记信息公示系统”中查询是否有拟铸造的作品登记信息，不包含线下有形作品以及互联网上公开发表、传播的作品，具有明显的局限性。

· 盈利模式。不同于电子商务平台和提供存储、链接等服务的平台，甲平台是直接从 NFT 数字作品的铸造和交易中获得利益，根据《最高人民法院关于审理侵害信息网络传播权民事纠纷案件适用法律若干问题的规定》第 11 条，其对用户侵害他人信息网络传播权的行为负有较高的注意义务。

诚然，其他类型的平台也收取服务费、手续费等费用，但平台若直接参与到商品的铸造过程，并从铸造、交易的每个环节获得相应比例的费用，体现了与交易者的利益共享和风险共担，这种盈利模式就产生了本质的差别。这个理由也是具有直接的法律依据、“一击致命”的。但遗憾的是，法院对前三项理由的论述难言充分。

其一，第一个理由和第二个理由都没有从本质上厘清甲平台与一般网络服务平台的区别：平台作为 NFT 交易的服务提供方，就应当了解出售者的权利来源并进行合理审查。那么，电商交易平台等类型的平台，都是提供某种交易的服务，其他平台不充分审查也可能导致纠纷频发，与甲平台有何本质区别？为何甲平台就要承担更高的义务？

其二，本案中，甲平台未尽审查义务的表现在于，A 用户上传的图片带有作者水印，甲平台却未核查 A 用户与作者的关系。而法院据此认为甲平台在“全国作品登记信息公示系统”中查询是否有拟铸造的作品登记信息的事前审查措施不够充分，同时指出甲平台不存在海量的数据内容，没有额外增加其控制成本。

但是，如果不是图片有水印的特殊情形，甲平台的事前审查措施是否真的不够充分？法院依据何种事实认为甲平台不存在海量数据内容，有能力、有义务承担更广泛的审查措施相应的责任和成本？这些问题还有待在更多的法律规范与司法实践中予以讨论和明确。

☆ 周公说

如火如荼的 NFT，在法律上还存在很多的模糊地带，且随着 NFT 产品的多样化，其权利关系也会越来越复杂。例如，2022 年年初，昆汀出售电影《低俗小说》的衍生 NFT，引发了其与电影公司之间的版权纠纷。可见，对于电影这类版权状况复杂的作品，NFT 的开发和交易可谓困难重重。又如，若 NFT 作品中包含了自然人的姓名、肖像、隐私等人格权益，甚至其中某些元素已经被注册为商标，则对此的权利核查也将面临窘境。一旦出现纠纷，无论是平台还是售卖者、购买者，都会遭到损失。

到底是真风口还是真泡沫，在很大程度上，取决于 NFT 产业是否能够顺利厘清合规、权利等法律问题。不管如何，“胖虎打疫苗案”对此作出了有益的探索。一个新行业的真正腾飞，也许值得期待。

>>> 徐悲鸿作品发行 NFT 惹争议，过保护期作品随便用？

在中国近代美术史上，徐悲鸿画的“马”是标志性符号，可谓无人不知，家喻户晓。徐悲鸿把西方画的写实和中国画传统笔墨意趣结合起来，用中西合璧的画法，开辟了一个新的时代。1953 年 9 月 26 日，徐悲鸿病逝，享年 58 岁。

2021 年，全球非同质化代币（Non－Fungible－Token，NFT）市场迎来了一次大爆发，国内的数字藏品市场也随之掀起了众多波澜，一系列和国内传统文化 IP 相结合的数字藏品，比如“唯一艺术平台（TheOne. art）”联合敦煌美术院推出的敦煌系列数字藏品，受到广泛关注和热烈追捧。

于是乎，传统艺术作品和最新技术好像找到了天然连接点。所以徐悲鸿的作品和 NFT 挂上钩好像也变得理所当然了。

2022 年 5 月，腾讯旗下 NFT 交易软件“幻核”发售了徐悲鸿“马”系列的数字藏品，上线一分钟即全部售罄。

本次发行的徐悲鸿数字墨马藏品共有 8 款，选自徐悲鸿奔马题材中最具代表性的八幅作品，分别为《驰驱万里》《柳荫立马图》《战马图》《骏马图》《天马》《奔马》《迥立向苍苍》《竞足千里》。

每款藏品限量 3620 张，发行总量 28, 960 份，其中 160 份作为活动使用，剩余 28, 800 份公开发售。发售价格为 128 元，该作品发售收入共计 3, 686, 400 元，正式发售不限制个人购买数量。

但是，随着骄人的发行成绩而来的，却是一起版权争议。

2022年5月29日，徐悲鸿美术馆的运营方“时代悲鸿（北京）文化艺术中心”发布声明指出：

近日，我们关注到某些数字平台以徐悲鸿先生的名义为噱头发售相关数字藏品，这些数字藏品的原始作品有些为假冒作品，有些不能提供完整的溯源证据，有些作品与徐悲鸿先生根本无任何关联，严重损害了消费者的权利，侵犯了徐悲鸿先生的名誉权及徐悲鸿先生后人依法取得的各项知识产权权利。

也就是说，徐悲鸿美术馆认为，“幻核”平台所发售的徐悲鸿先生的数字藏品并未获得授权。

与此同时，徐悲鸿美术馆还公开评论称，只有“数字猫”和“鲸探”等平台上发售的数字藏品是经过其授权的。

面对真假莫辨的指控，幻核的回复是：“目前发布的藏品是独家授权”“我们严格把控合作素材的授权跟作品，发售作品都是经过授权后再发布的”。①

一时间，最困惑的其实还是消费者。到底谁真谁假，自己买的是不是真品？数字藏品是否需要得到授权？需要得到谁的授权？

要厘清这些问题，可能需要回归到一些最基本的概念。

一、什么是数字藏品

要说清楚数字藏品，就离不开“NFT”。

正如《NFT第一案：胖虎打官司，打出了NFT的司法审查新标准?》一文中所言：“NFT”实际上就是由公共区块链平台通过特定程序生成的标记或编码，用于识别特定的数字资产（如文字、图片、音频、视频）。每个数字资产均有唯一的标记，一部数字资产的每一个复制件均被一串独一无二的元数据所指代，产生“唯一性”和“稀缺性”等

① 参见《腾讯旗下公司发布徐悲鸿数字藏品引版权争议，发行方：徐先生过世已超50年，作品有授权》，载《华夏日报》，http：//finance. ce. cn/stock/gsgdbd/202206/01/t20220601_37699716. shtml。

效果。①

所以，如果基于中国的特殊情况，先把 NFT 的代币功能放在一边不谈的话，可以把 NFT 理解为一个不可篡改的独特编码，而它指向及对应的数字化资产，就是数字藏品（或者称为“数字艺术品”）。所以消费者在购买或者转卖的 NFT，其实是 NFT 所指代的数字资产。

回到徐悲鸿作品的这个纠纷来说，“幻核”平台所发售的数字藏品，实际上就是根据徐悲鸿“马”系列的八幅画的原件，制作而成的数字版本。

如果说，这些画的原件是作品在现实中的真身介质，那数字藏品就是这些画在虚拟世界中的分身介质；只不过真身在现实中只有一幅，而分身在虚拟世界中可能会有多个。但每一个分身，都有一个独一无二的网络编码。

因此，在面对争议时，幻核平台有关人员才会表示：“徐悲鸿先生过世已超过 50 周年，所以拍卖所得的拥有者方具有独立授权来跟幻核合作的权利。”

可见幻核平台其实并非没有获得授权，只不过取得的授权来自通过拍卖的方式取得八幅奔马画作原件的所有者。而这些画的原件，应该并不在徐悲鸿美术馆手中。

换句话说，幻核平台取得的授权，是这些画作的物权所有人的授权。

同时幻核认为，蕴含于这些画作之上的著作权，已经因为超过保护期而进入公共领域，任何人都可以使用，故也无须取得作者或其后人的同意。是这样吗？

二、保护期满后的作品，任何人都能发行数字藏品吗

按照我国《著作权法》规定，作品的著作权保护期限是截止到作者

① 参见陈冠琪：《NFT 第一案：胖虎打官司，打出了 NFT 的司法审查新标准?》，载微信公众号“周公观娱”2022 年 5 月 12 日，https：//mp. weixin. qq. com/s/quPwpec8gyZ5W－ONsBzU－Q。

死后50年。所以徐悲鸿画作的著作（财产）权，应该是在2004年开始就进入公有领域，任何人都可以利用的，这一点应该是毋庸置疑的。

而著作权保护期限这一制度的设置目的正是平衡作者对于艺术作品的垄断，从而达到鼓励文化艺术的传播目的。

所以，从理论上来说，针对很多古代艺术作品发行数字藏品，从著作权法角度来说其实并没有法律障碍。只不过需要注明作者姓名，并且不能进行歪曲篡改，否则可能会侵犯著作权人的署名权和保护作品完整权。这两项权利作为著作人身权，并不受著作权保护期的限制。

如果这样的话，是不是所有人都可以去用古人的艺术作品去发行数字藏品了呢？

理论上确实是，但实践中并不太现实。

原因是虽然古代艺术作品的著作权已经进入了公有领域，人人都可以利用；但艺术作品的物权，却仍然掌握在原件所有者手中，这个权利通常是唯一的，且并不受时间限制。《著作权法》中的“灵魂”（著作权）与“身体”（原件）分离的特点，在此时体现得淋漓尽致。

而一般制作数字藏品，肯定要根据原件来制作。我想原因可能有两个：

一是以原件为基础可以制作出高清晰版的数字资产，满足消费者的欣赏需求；

二是原件是唯一的真品，根据唯一真品制作和限量发行的数字资产，才可能被赋予“稀缺性”，才有名义上的“正当性”，才能满足用户的收藏需求，才可能在后续流通中不断升值。

所以艺术品真正值钱的地方在于它的原件，以及打着原件在网络世界分身旗号的“数字藏品”。正因为原件的唯一性是原件价格升值的关键因素，我们就可以理解现实中有些平台为了提升数字藏品的“稀缺性”，甚至提出可以销毁原件。如果原件被销毁了，在网络世界的限量版的“数字藏品”确实变得更加稀缺了①。

当然，徐悲鸿美术馆对此不可能轻易善罢甘休。从公开声明来看，除了著作权之外，他们还专门提及了拥有“徐悲鸿”的商标权。未来一旦进入诉讼，很有可能也会从这个角度切入。

☆ 周公说

现在来看，数字藏品和区块链技术的发展，其实是让很多著作权已经进入公有领域的艺术作品的原件拥有者，获得了一个全新的展示渠道和盈利方法。

比如以往只能去博物馆或文化馆中现场欣赏的很多文物，其实都可以通过将其摄影作品制作为数字藏品的方式进行发售。不但可以让更多人更便捷地看到文物的高清图像，而且可以通过此种方式获得一定的收益，还能有效地防止图片流出。

同时，对于尚在著作权保护期的艺术作品来说，可以授权平台进行数字藏品的制作和发售。虽然对应的数字藏品的交易，本质上并非知识产权的交易，而是对于作品原件“数字分身”的买卖。但是整个流程和环节，会不可避免地落入知识产权的控制范围。这种商业模式对于知识产权保护的痛点解决也至关重要，比如盗版问题和如何持续收取后续费用等现实问题。

NFT（或者数字藏品），可能是元宇宙之中知识产权交易的某种必然的未来，目前雏形已经显现。

---

① 参见《NFT 估值需要考虑哪些因素?》，载陀螺财经，https：//xw. qq. com/cmsid/20220210A0 957400。

>>>最高人民法院发布人脸识别新规：保住你的脸，到底有多难

8:00，你用face ID解锁手机，看到新闻说警方结合“天眼”系统和人脸识别技术抓获了一名逃犯。9:30，你到达公司，刷脸通过了这栋高级写字楼的闸机。12:00，你跟同事一起吃午餐，结账时使用了某App的刷脸支付功能。15:00，你去某高校参加一个论坛，发现也需要提前预约、录入信息才能刷脸进入学校。19:00，你跟朋友一起去看演唱会，主办方为了打击黄牛票，要求实名购票、刷脸入场。23:00，你回到住所，收到了小区即将安装人脸识别门禁系统的通知……回到20年前，以上描述可能是科幻电影的场景，到今天却已经成为很多人生活中的寻常一幕。人脸识别确实解决了一些问题，但新的问题又随之出现：身份识别信息等隐私被泄露，“被贷款”、“被诈骗”和隐私权、名誉权被侵害等问题多有发生，引起了大家的警惕和国家的重视。

2021年7月27日发布的《最高人民法院关于审理使用人脸识别技术处理个人信息相关民事案件适用法律若干问题的规定》（以下简称《规定》），明确了滥用人脸识别技术处理人脸信息行为的性质和责任，从物业服务、格式条款效力、违约责任承担等角度对人民群众普遍关心的问题予以回应，并且对相关诉讼程序进行了细化规定。针对人脸识别专门出了一个司法解释，国家对此的重视可见一斑。人脸信息到底有多么重要而脆弱？法律和实践为此作出了多少努力？此次的《规定》又有哪些亮点？让笔者一一道来。

一、人脸信息：敏感、重要，又容易受伤害

人脸信息属于敏感个人信息中的生物识别信息，是生物识别信息中社交属性最强、最易采集的个人信息，具有唯一性和不可更改性，一旦泄露将对个人的人身和财产安全造成极大危害，甚至还可能威胁公共安全。首先，人脸信息可以直接识别到个人。每个人的人脸信息都是独特的，且难以更改，无须结合其他信息就可以直接识别到个人。其次，人脸信息的采集性成本极低，个人无法拒绝。现实中，只需使用摄像头自动抓拍就可以大量采集人脸信息，无须人工操作，甚至无须被采集者配合（如在机场、车站等采集的信息）。例如前段时间，有些商家使用“无感式”人脸识别技术，在未经同意的情况下擅自采集消费者人脸信息，分析消费者的性别、年龄、心情，引起了大家的热议。最后，人脸信息具有不可匿名性。不同于访问记录、通话记录等可以实现匿名化的信息，人脸信息无法去身份化或匿名化。因此，人脸信息一旦大规模泄露，造成的损害后果更为严重。

二、保住你的脸，一直有人在努力

对人脸识别相关风险的警惕和防范，是一个全球化的问题。美国于2019 年颁布了《商业人脸识别隐私法案》，禁止在未获得用户明确同意的情况下对其进行人脸识别。旧金山市通过了《停止秘密监视条例》，禁止该市多个部门使用人脸识别技术；随后美国马萨诸塞州萨默维尔市和加利福尼亚州的奥克兰市也相继通过了类似法案/条例，禁止相关政府部门使用人脸识别技术。欧盟 2021 年 4 月所公布的《人工智能条例草案》将公共场所的远程生物识别（RBI）系统列为人工智能的高风险应用类型，原则上限定为查找失踪儿童、预防犯罪或恐怖袭击、侦查犯罪等用途。此次《规定》发布之前，我国目前尚未有专门针对人脸识别技术的法律规定，但对于“个人信息”的保护和使用，有《民法典》《刑法》《网络安全法》《消费者权益保护法》《电商法》《互联网个人

信息安全保护指南》等法律法规进行相应规制。

例如，根据《民法典》第111条、《刑法》第253条之一“侵犯公民个人信息罪”等规定，违反相关法律法规收集、利用公民个人信息的，不但可能构成对公民个人信息权利的侵犯，亦有可能构成《刑法》项下所规定的“侵犯公民个人信息罪”。但人脸识别所收集的面容信息是否属于个人信息范畴？诸如《民法典》《刑法》一类较高位阶的法律中并未对“个人信息”有明晰定义，但近年来，侵犯公民个人信息犯罪高发，而且与电信网络诈骗、敲诈勒索、绑架等犯罪呈合流态势，《最高人民法院、最高人民检察院关于办理侵犯公民个人信息刑事案件适用法律若干问题的解释》第1条规定：“刑法第二百五十三条之一规定的‘公民个人信息’，是指以电子或者其他方式记录的能够单独或者与其他信息结合识别特定自然人身份或者反映特定自然人活动情况的各种信息，包括姓名、身份证件号码、通信通讯联系方式、住址、账号密码、财产状况、行踪轨迹等。”该等表述揭示了个人信息的核心特征之一即“可识别性”，而面容信息当然满足此等定义。因此，普遍认为个人信息的法律框架也适用于人脸识别领域。也即，违法收集、利用、存储公民面容信息的，也需要承担侵权责任甚至刑事责任。除了国家层面的努力之外，也有不少公民在用自己的努力对抗新技术的风险，同时呼唤社会对此的关注。广受关注的“人脸识别第一案”就是鲜明的例子。2019年10月，浙江理工大学的郭老师一纸诉状，将杭州野生动物世界告上了法庭。原来，郭老师此前在杭州野生动物世界办理了一张年卡，原本只用指纹就可以入园，但后来却被杭州野生动物世界通知，年卡持有者必须到园录入人脸信息，之后凭借人脸识别才能入园。

郭老师一怒之下，向杭州市富阳区人民法院提起诉讼，认为杭州野生动物世界强行升级为人脸识别入园的行为，违反了《消费者权益保护法》的相关规定。2021年4月，二审法院判决杭州野生动物世界赔偿郭老师合同利益损失及交通费共计1038元；删除郭老师办理指纹年卡时提交的包括照片在内的面部特征信息，以及指纹识别信息。但与此同时，就郭老师要求确认动物园店堂告示、短信通知中关于“未注册人脸识别用户将无法正常入园”等内容无效的诉讼请求，法院并未支持。为此，郭老师又向浙江省高级人民法院提出了再审申请，目前还在审理中。[①]

三、《规定》的亮点：全方位保障你的“脸”

如前所述，《规定》是我国专门针对人脸识别应用进行规制的第一部法律文件，具有里程碑式的重要意义。针对此前法律的空白和实践的痛点，《规定》都作出了回应：

1. 知情同意权和自主权的有效保障

《规定》第 2 条第 3 款对人脸信息的处理强调必须获得信息主体的单独同意或书面同意。第 4 条进一步规定，有下列情形之一，信息处理者以已征得自然人或者其监护人同意为由抗辩的，人民法院不予支持：（1）信息处理者要求自然人同意处理其人脸信息才提供产品或者服务的，但是处理人脸信息属于提供产品或者服务所必需的除外；（2）信息处理者以与其他授权捆绑等方式要求自然人同意处理其人脸信息的；（3）强迫或者变相强迫自然人同意处理其人脸信息的其他情形。此外，第 10 条第 1 款规定：物业服务企业或者其他建筑物管理人以人脸识别作为业主或者物业使用人出入物业服务区域的唯一验证方式，不同意的业主或者物业使用人请求其提供其他合理验证方式的，人民法院依法予以支持。

信息主体的同意通常是免责的关键前提之一。但实践中，不少 App 都会要求用户同意复杂的用户和隐私协议方可使用，也有一些小区、景点等采取了人脸识别作为进入相关区域的唯一验证方式。这些情形中，我们其实没有选择的权利，“知情 - 同意”实质上是一句空话，不应视

① 郭兵诉杭州野生动物世界“国内人脸识别第一案”，浙江省富阳市人民法院民事判决书，（2019）浙 0111 民初 6971 号；浙江省杭州市中级人民法院民事判决书，（2020）浙 01 民终 10940 号。

为对人脸信息处理真正给予了同意和有效授权。

《规定》对这些情形进行了细化，对于违反单独同意，或者强迫、变相强迫自然人同意处理其人脸信息的，构成侵害自然人人格权益的行为。如果郭老师的案子发生在《规定》生效之后，结果可能就会有所不同了。

2. 个人利益与公共利益的平衡

在依法保护自然人人脸信息的同时，《规定》第5条在吸收《个人信息保护法》立法精神的基础上，对《民法典》第1036条规定进行了细化，明确规定了使用人脸识别不承担民事责任的情形，以实现个人利益和公共利益的平衡。这些免责情形包括：（1）为应对突发公共卫生事件，或者紧急情况下为保护自然人的生命健康和财产安全所必需而处理人脸信息的；（2）为维护公共安全，依据国家有关规定在公共场所使用人脸识别技术的；（3）为公共利益实施新闻报道、舆论监督等行为在合理的范围内处理人脸信息的；（4）在自然人或者其监护人同意的范围内合理处理人脸信息的；（5）符合法律、行政法规规定的其他情形。

3. 司法救济的倾斜

一方面，现实中，个人信息侵权案件多为个人起诉企业，双方的经济实力不对等、专业信息不对称。《规定》充分考虑到了这些因素，在举证责任分配上科以信息处理者更多的举证责任。另一方面，除适用《民法典》第1182条外，考虑到侵害人脸信息可能并无具体财产损失，但被侵权人为维权支付的相关费用却较大，如果不赔偿，将会造成被侵权人维权成本过高，侵权人违法成本较小的不平衡状态。《规定》第8条明确，被侵权人为制止侵权行为所支付的合理开支以及合理的律师费用可作为财产损失请求赔偿。

☆周公说

客观而言，人脸识别技术确实在国境边防、公共交通、城市治安、疫情防控等诸多领域，都发挥着巨大作用，也为我们的生活带来了切实的便利。纵观人类历史，科技的发展经常领先于社会普遍观念和制度，但我们总能一次次进行相应的革新，跟上科技的脚步。因此，大可不必谈“人脸识别”而色变，我们需要做的，就是不断探索和完善制度，让技术“戴着镣铐跳舞”，能在守住法律和道德底线的同时，也将技术引向规范的发展轨道，让技术带来更多的想象，更多的社会发展机会。

>>>“人脸识别第一案”落槌，但请先别着急欢呼

2020 年 11 月 20 日，备受关注的“中国人脸识别第一案”一审落槌。法院最终支持了原告郭老师的部分诉求，判令被告杭州野生动物世界赔偿郭老师合同利益损失及交通费共计 1038 元，删除郭老师办理指纹年卡时提交的包括照片在内的面部特征信息。但与此同时，就郭老师要求确认动物园店堂告示、短信通知中关于“未注册人脸识别用户将无法正常入园”等内容无效的诉讼请求，法院并未支持。

2021 年 4 月 9 日，该案迎来终审判决，被告杭州野生动物世界被判删除原告郭老师办理指纹年卡时提交的包括照片在内的面部特征信息和指纹识别信息，并于判决生效之日起 10 日内履行完毕。据报道，郭老师已经就该判决向浙江省高级人民法院申请再审，希望认定杭州野生动物世界故意隐瞒其他入园方式诱导年卡用户接受指纹识别、人脸识别入园、收集用户面部特征信息的行为存在欺诈。①

郭老师的诉讼请求在本案的一审及二审阶段获得部分支持，具有里程碑意义。但是，围绕人脸识别的诸多争议，绝非这一纸判决就能终结。从某种意义上说，本案并未触及人脸识别技术中一些更为核心的问题。法律该如何规制人脸识别，仍然任重道远。

---

① 郭兵诉杭州野生动物世界国内“人脸识别第一案”，浙江省富阳市人民法院民事判决书，（2019）浙 0111 民初 6971 号；浙江省杭州市人民法院民事判决书，（2020）浙 01 民终 10940 号。

一、“人脸识别第一案”始末

“人脸识别第一案”的案情并不复杂。2019 年 4 月，原告郭老师购买被告杭州野生动物世界年卡，确定使用指纹识别入园方式。郭老师留存了姓名、身份证号码、电话号码等，并录入指纹、拍照。后杭州野生动物世界将入园方式从指纹识别调整为人脸识别，并更换了店堂告示，还两次向郭老师发送短信，要求其激活人脸识别系统，否则将无法正常入园。此后，双方就入园方式、退卡等相关事宜协商未果，郭老师遂提起诉讼，要求确认杭州野生动物世界店堂告示、短信通知中相关内容无效，并要求赔偿年卡卡费、交通费，删除个人信息。

杭州市富阳区法院审理后认为，杭州野生动物世界在经营活动中使用指纹识别、人脸识别等生物识别技术，其行为本身并未违反法律规定的原则要求。但是，在合同履行期间将原指纹识别方式变更为人脸识别方式，属于擅自变更合同的违约行为，应当承担法律责任。法院同时认为，双方在办理年卡时，约定采用的是以指纹识别方式入园，杭州野生动物世界采集郭老师的照片信息，超出了法律意义上的必要原则要求，故不具有正当性。一审宣判，郭老师胜诉。

二审杭州中院审理认为，被告杭州野生动物世界欲将其已收集的照片激活处理为人脸识别信息，超出事前收集目的，违反正当性原则。另外，鉴于杭州野生动物世界停止使用指纹识别闸机，致使原约定的入园服务方式无法实现，因此在一审判决的基础上增判杭州野生动物世界删除郭老师办理指纹年卡时提交的指纹识别信息。

介绍完案情，笔者不禁感叹：不知何时开始，“刷脸”开始渗入每个人的生活。“刷脸”可以用支付宝付款、“刷脸”可以进小区、“刷脸”可以进健身房……如此种种，早已司空见惯。但郭老师却能意识到其中存在的法律问题。他的阶段性胜诉不仅要回了自己的“脸”，更为类似维权案件树立了榜样。

二审宣判后，郭老师接受采访称，虽然杭州中院认定杭州野生动物世界单方变更入园方式构成违约，但回避了对“未注册人脸识别的用户将无法正常入园”这一霸王条款的审查，只有确认“强制刷脸入园”这一霸王条款无效，该诉讼才是有意义的。这也是郭老师在取得胜诉后仍向浙江省高院申请再审的主要原因。①

二、“人脸识别第一案”的遗憾

根据检索到的公开信息，杭州市富阳区法院及杭州中院均未进一步对杭州野生动物世界收集个人信息的正当性、必要性范围进行论述或界定，或许是本案截至目前最大的遗憾。

杭州市富阳区法院在本案中认为：既然双方在办理年卡时约定采用指纹识别方式入园，那么杭州野生动物世界采集郭老师的照片信息就是不必要的，不具有正当性。这样的论理，已经足以解决本案中的具体问题。但现实中更普遍的情况是，某些企业、某些 App 一上来就要求你“刷脸”，他们在合同里对“刷脸”的要求写得很清楚，你也同意了——这样就万事大吉了吗？换句话说，假如本案中杭州野生动物世界一开始就要求“刷脸入园”，郭老师也同意了，事后郭老师再起诉，能获得法院支持吗？此时，我们就将面临一个绕不开的问题：不同主体收集、使用人脸信息的正当性、必要性边界，到底在哪里？

三、为什么人脸信息如此敏感

由于人脸信息的特殊性，滥用这一信息会直接威胁到我们每个人的人身、财产安全。首先，人脸信息可以直接识别到个人。每个人的人脸信息都是独特的，且难以更改，无须结合其他信息就可以直接识别到个人。其次，人脸信息的采集成本极低，个人很难防范、拒绝。现实中，只需使用摄像头自动抓拍就可以大量采集人脸信息，无须人工操作，甚至无须被采集者配合（如在机场、车站等采集的信息）。最后，人脸信

① 载 https://baijiahao.baidu.com/s?id=1699514393161904311&wfr=spider&for=pc。

息具有不可匿名性。不同于访问记录、通话记录等可以实现匿名化的信息，人脸信息无法去身份化或匿名化。因此，人脸信息一旦大规模泄露，造成的损害后果更为严重。据报道，国内已经出现了“过脸”的黑灰产业，即利用相应的人脸信息和窃取、收买的个人数据在网上注册虚假账号、侵害公民虚拟财产。央视也曾报道，在某些网络交易平台上，只要花 2 元就能买到上千张人脸照片，而 5000 多张人脸照片标价还不到 10 元。

如不加以限制，总有一天不法分子会利用收买的人脸信息盗刷我们的银行卡，甚至从事其他违法犯罪活动，后果不堪设想。

四、进个动物园而已，有必要搞人脸识别吗

正因为潜在后果严重，我国对于人脸信息等个人信息的收集、处理，确立了六个字的原则：合法、正当、必要。《民法典》第 1035 条第 1 款规定：“处理个人信息的，应当遵循合法、正当、必要原则，不得过度处理，并符合下列条件：（一）征得该自然人或者其监护人同意，但是法律、行政法规另有规定的除外；（二）公开处理信息的规则；（三）明示处理信息的目的、方式和范围；（四）不违反法律、行政法规的规定和双方的约定。”

2021 年 11 月 1 日起施行的《个人信息保护法》第 5 条规定：“处理个人信息应当遵循合法、正当、必要和诚信原则，不得通过误导、欺诈、胁迫等方式处理个人信息。”第 6 条规定：“处理个人信息应当具有明确、合理的目的，并应当与处理目的直接相关，采取对个人权益影响最小的方式。收集个人信息，应当限于实现处理目的的最小范围，不得过度收集个人信息。”

在“合法、正当、必要”的大原则之下，个案中正当性、必要性的边界是需要若干下位法规、司法案例、社会实践去充实、细化的。从实践中看，目前我国对人脸信息的收集、使用主要包括以下领域：

1. 支付领域。例如，金融 App 支付前的身份验证，使用支付宝

"刷脸购物"等。

2. 教育领域。在某些大型考试中，采用人脸识别技术对考生身份进行验证，杜绝替考等违规现象。

3. 公共安全领域。在车站、广场等人流密集场所通过人脸识别进行人流量统计，防止拥堵、踩踏等事件发生。

4. 司法安防领域。使用人脸识别技术进行罪犯追踪、识别。曾震惊全国的弑母案嫌犯吴谢宇，就是在重庆机场被"天眼"系统识别，最终落网。

笔者以为，收集人脸信息的正当性、必要性来源，一定是为了社会公共利益或者某种对公民个人殊为重要的法益，例如上述追捕逃犯、防止踩踏、确保账户安全等。只有为了保护某种位阶更高的法益，收集、使用人脸信息成为不可替代的必要手段时，才可以说这种收集、使用的行为是正当、必要的。但是，对于进动物园这一使用场景而言，即使不采用人脸识别，也可以使用诸如刷卡、刷身份证、手机短信验证等方式入园。为了追求入园的小小便利，要求游客上传敏感的人脸信息，似乎并不必要。

笔者个人对于个人信息尤其是人脸信息的滥用是十分忧虑的。这并非因为笔者对这项技术的成熟程度没有信心，而是因为在大多数情况下：笔者无法相信拿走这些信息的人，能够合法合规地使用、存储他人个人信息。有相同担忧的，肯定不止笔者一个人。

2021 年，清华大学法学院劳东燕教授的一次维权经历曾登上热搜榜。劳教授的小区统一安装人脸识别门禁系统，物业公司要求业主必须提供房产证、身份证、人脸识别信息。劳教授认为物业公司的行为并无法律依据，通过自己的努力，最终使物业公司放弃了收集业主人脸信息的计划。在接受采访时，劳教授说到，我最担心的是被收集的数据由谁保管，数据的安全问题。街道办主任说，数据使用局域网存储，也可以保存在政府部门的数据库中。问题是，即便他和我说了在哪里保管、如何保管，之后具体的实情如何，其实我们都是不清楚，无从了解的。假如是小区内部来保管数据，物业人员或其他工作人员是否会滥用数据，以此牟取非法收益，我们不得而知。由于人脸数据不被允许商业化的使用，对企业来讲，就很难有动力在数据保护方面投入成本。而不在安保方面持续投入成本，人脸数据的安全就会很成问题。

☆ 周公说

笔者以为，由于部分商家随意泄露我们的手机号码，导致骚扰电话、电信诈骗层出不穷，已经成为屡禁不止的社会问题。如果每个人的人脸信息也像手机号码一样被泄露……后果令人细思恐极。可喜的是，越来越多的人开始认识到人脸识别背后的风险，并付诸行动。2020 年 4 月，江苏省宿迁市一家健身中心因违法收集会员人脸照片信息，被宿迁市公安局宿豫分局责令限期整改，并处警告。这也是全国范围内，因违法收集人脸信息被处罚的案件首次公开曝光。2021 年 8 月 9 日，杭州市人民代表大会常务委员会发布《杭州市物业管理条例》。该条例第 50 条规定，“物业服务人不得强制业主、非业主使用人通过提供人脸、指纹等生物信息方式进入物业管理区域或者使用共有部分，不得泄露在物业服务中获取的业主、非业主使用人个人信息”。

法规的不断完善、司法实践的逐渐充实，使我们有理由相信，尽管对人脸信息的控制和合规之路任重道远，但至少，我们正持续走在一条正确的道路上。

>>> 虚拟偶像“永不塌房”？这些法律问题必须考虑

2021年可以说是“内娱大变天”的一年，艺人违法失德事件频频发生，文娱行业迎来了大整顿。监管部门和行业协会的各种政策、通知和意见等文件密集出台，从艺人到经纪公司，再到平台、节目方等主体，通通落入规制“射程”之内。

当大家对真人明星的信任度不断降低，虚拟偶像似乎成为完美替代：人设和业务水平稳定，没有不当行为的隐患，永远年轻健康、永远不知疲倦，还可以完全按照商业需求来打造和操纵。还有比这更完美的“偶像”吗？

事实上，早在2021年之前，虚拟偶像就已经成为市场关注的热点。近年来，初音未来、洛天依、叶修、Lil Miquela等一众国内外的虚拟偶像陆续走红网络，获得不输真人明星的热度和收益。

艾媒咨询的数据显示，2022年中国虚拟人带动产业市场规模和核心市场规模分别为1866.1亿元和120.8亿元，预计2025年分别达到6402.7亿元和480.6亿元，呈现强劲的增长态势。在火热市场前景的驱动下，互联网大厂、明星经纪公司、品牌方等各类企业都纷纷入局虚拟偶像产业。

但是，规避了真人的不可控因素，虚拟偶像就真的没有风险了？至少从法律上看，并非如此。这篇文章，就为您一一梳理运营虚拟偶像时必须考虑的法律问题。

一、虚拟偶像的诞生

虚拟偶像早已不是新生事物，只是近年来，才开始走出亚文化的小圈子，逐渐为大众所了解。

在20世纪90年代，日本就已出现多名虚拟偶像。1996年，为了纪念日本娱乐公司Horipro创立35周年，3DCG少女伊达杏子作为偶像出道了。她上过杂志，出过唱片，曾在日本轰动一时。

2001年，中国首部全数字电影音乐短片《青娜》上映，带来了中国第一位电子虚拟偶像青娜。制作公司拥有较为超前的意识，为青娜开通个人网站，拍摄写真集，出周边，希望“青娜这个虚拟少女能成为中国无数少男少女热爱的人物”，但可惜她最终还是未能长青。

此后，随着技术升级和粉丝需求的变化，虚拟主播出现了。虚拟主播是指以虚拟形象在网络上发布视频内容的UP主，这些虚拟形象一般有原创的虚拟人格，并且使用真人声优配音。自称世界第一个VirtualYouTuber的“绊爱（キズナアイ）”就是虚拟主播的先行者。辉夜月、鹿乃等虚拟主播在YouTube和B站等平台也拥有数百万的粉丝。

要打造一个虚拟偶像，在技术上的门槛其实并不高。大部分虚拟形象都是使用3D技术制作的，而相关的建模和动画技术已经经过多年的长足发展，有很多可供使用的软件和模型库。当然，如果希望打造高度仿真和智能化的虚拟偶像，并且使用更直观的方式来呈现，对技术的要求和成本则会陡然提高，涉及人工智能、AR虚拟直播等技术的运用，目前还未有非常成熟、稳定的例子。

除了形象之外，声音也是虚拟偶像的关键要素。目前虚拟偶像的音源主要有三种：电脑软件合成、配音演员配音或二者相结合（例如采用特定配音演员的音源，再通过软件调试）。例如，初音未来的声音就是来自雅马哈公司开发的电子音乐制作语音合成软件VOCALOID，音源数据资料采样于日本声优藤田咲。

二、制作公司如何保护自己的虚拟偶像

花费了大量时间、金钱和资源打造出一个虚拟偶像，制作公司对其拥有何种权利呢？在法律上如何界定，如何保护？

虚拟偶像是一个立体的角色形象，除了形象外观之外，还有人设、声音、故事线等，虚拟偶像在法律上的定性是什么？属于著作权法保护的作品？还是商品？目前还处于模糊地带，导致对其的权属认定和保护似乎也面临尴尬的境地。

由于虚拟偶像整体暂时无法直接归类为我国《著作权法》规定的任何一种具体作品类型，也难以直接划分为其他特定法律关系的客体，因此需要结合《著作权法》《商标法》《反不正当竞争法》等，提前进行权利的布局，对虚拟偶像进行整体性的保护，这样才能在坚实、清晰的权利基础上进行后续的商业开发。

在著作权层面，虚拟偶像的外观形象具有独创性的，可以作为美术作品被保护，建议与创作者签订协议，明确约定权利归属，并及早进行著作权登记。此外，虽然虚拟偶像的整体不属于《著作权法》规定的具体作品类型，但亦可以考虑将虚拟偶像的故事背景、人设等创作为文字或其他类型的作品。例如 K/DA 乐队就曾推出漫画作品《K/DA：和音》，记录团队成员之间的点点滴滴，通过漫画作品来体现人物的性格和故事。这种方式既能使虚拟偶像的人格更加丰满，又丰富了虚拟偶像的开发形式，由此开发的文字作品或漫画作品还能得到《著作权法》的保护，能够在一定程度上避免竞争对手使用相仿的人设、故事等，可谓一举多得。

在商标层面，虚拟偶像的名称、故事背景中的相关元素等，都可以注册为商标，以便得到强有力的保护。源于知名 IP《全职高手》中的虚拟偶像“叶修”，就一直面临商标被抢注、被“搭便车”等情形。例如，全职高手（广州）贸易有限公司登记注册了“叶修”的商标，并用于旗下面膜产品的宣传和推广。全职高手官方微博曾于 2019 年发布

声明，指控该公司在未经授权的情况下擅自在商品包装和推广中使用叶修的姓名和形象等元素，误导消费者。但该指控最后还是不了了之。因此，在虚拟偶像的开发过程中，建议同步进行商标布局，将其名称、相关的元素等都申请商标注册，以应对未来的仿制、“搭便车”等侵权行为。

在邻接权层面，参加表演、直播或者发行音乐作品等，是虚拟偶像商业开发的常见形式。然而，由于虚拟偶像并非自然人，通常认为其不能享有表演者权，那么，该等表演的表演者权应属于使用各类软件调试、制作出该等表演的主体，还是音源提供者，抑或是虚拟偶像的权利人？目前尚未有定论。因此，在实践中最好通过协议，与表演中涉及的各类主体明确约定权利归属。除了表演者权外，对于虚拟偶像“表演”“演唱”所形成的内容或音乐作品，还需确保取得录音录像制品的权利。

三、虚拟偶像“营业”如何合规

虚拟偶像不是真人，但却绕不开人类社会法律的监管。从虚拟偶像目前最常见的业务种类来说，最值得关注的主要是以下两方面。

1. 广告合规

如前所述，“永不塌房”的虚拟偶像日渐受到品牌方偏爱，甚至天猫、花西子、屈臣氏等品牌都开始打造自己的虚拟偶像作为代言人。但是，虚拟偶像是否属于《广告法》规制的主体，其参与的广告需要受到何种约束呢？

从直接的观感看来，虚拟“网红”的广告效果显然更接近广告代言人。虚拟“网红”在其受众眼中显然是存在一定人设和个性的个体，以其自己的名义对品牌进行推荐，与现实生活中的明星担任代言人给消费者的观感本质上并无区别。

正因如此，2018 年，护舒宝宣布将与虚拟偶像洛天依合作时，就引发了一场争议。

我国《广告法》规定，不得利用不满 10 周岁的未成年人作为广告代言人，且广告代言人不得为其未使用过的商品或者未接受过的服务做推荐、证明。而洛天依出道于2012年，合作广告时才“6岁”，而且她也不可能使用过护舒宝的产品。这种情况下，是否违反了《广告法》关于广告代言人的规定？

然而，虚拟偶像并非“在广告中以自己的名义或者形象对商品、服务作推荐、证明的自然人、法人或者其他组织”，无论是虚拟“网红”本身，还是其背后的运营者，都不符合我国现有《广告法》第2条中对“广告代言人”的定义。那么，虚拟偶像的广告代言活动应当遵循何种规则、由谁来承担责任呢？

针对这个问题，经咨询市场监督管理局的工作人员发现，对虚拟偶像的广告代言活动没有额外的限制，虚拟偶像也不属于代言人，但是其制作公司必须承担相应的责任，广告内容、形式等各方面都要符合《广告法》的要求。

可见，虽然虚拟偶像不属于广告代言人，但制作公司作为广告发布者，仍应格外注意合规问题。服装化妆品类产品或许还能由虚拟偶像从视觉效果上进行呈现，而对于虚拟“网红”显然不可能做出真实背书的产品，以及保健品、金融产品等尤为敏感、监管尤为严格的产品，应当谨慎考虑承接相关的商务活动。

2. 演出经纪事务合规

根据《营业性演出管理条例》以及2021年8月出台的《网络表演经纪机构管理办法》等规定，艺人参与现场营业性演出或网络表演的，其经纪公司应依法取得《营业性演出许可证》，并配备3名以上具有经纪人资格的人员。虚拟偶像“参与”现场演出或网络表演，是否也适用上述规定呢？答案是肯定的。

根据《文化和旅游部关于深化“放管服”改革促进演出市场繁荣发展的通知》第2条第3款，运用全息成像、人工智能、数字视觉设计、虚拟现实等技术展示虚拟形象进行营业性演出的，应当按照《营业性演出管理条例》等有关规定办理报批手续。北京和上海的监管部门也明确表示虚拟偶像的演出需按上述规定进行审批。因此，演出举办方和虚拟偶像的经纪公司要注意了，虚拟偶像参与营业性演出或网络表演的，演出举办方需要按照《营业性演出管理条例》等规定办理报批手续，经纪公司则需取得相应资质。

四、幕后之人也值得关注

虚拟偶像完美无缺的外表背后，是大量技术、资源和工作人员的投入。虚拟偶像确实一般不存在生病、耍大牌、道德或政治风险等问题，存在这些隐患的，反而是在虚拟偶像背后的人。

例如，2020 年日本一家虚拟主播团体的 hololive 的两名虚拟主播“赤井心”和“桐生可可”，在直播时发表了与我国台湾地区有关的不当言论，并在后续官方道歉声明中出现了国内一个态度，国外一个态度的情况，招致了网友的愤怒和抵制。hololive 旗下艺人相关字幕组直接宣布解散，hololive 相关艺人掉粉约 50 万，B 站也封禁了桐生可可的直播间，hololive 在中国的发展自此前途黯淡。

又如，此前网络上曾流传“洛天依真人吸毒、潜规则上位”的传闻。尽管了解洛天依的人都知道，她是虚拟合成的歌姬，并不存在“洛天依真人”的说法，但这些传闻还是在一定程度上损害了洛天依的形象。

由此可见，虚拟偶像固然是可控的，但其幕后之人的行为则因此而显得更为重要。一方面，可以采取“制度 + 协议”的方式，对运营虚拟偶像的人进行充分的培训和规制。另一方面，“破灭感”本就是偶像的天敌，建议通过协议等方式要求虚拟偶像的配音演员、动作模特等幕后之人严格保密，切断真人与虚拟偶像之间的关联，避免这些人发生不当行为时影响虚拟偶像的形象。

☆ 周公说

爱奇艺推出虚拟偶像选秀《跨次元新星》《英雄联盟》《王者荣耀》

游戏先后推出衍生的虚拟女团“K/DA乐队”和虚拟男团“无限王者团”，阿里和字节跳动共同入股旗下运营虚拟偶像女团A-SOUL的乐华娱乐；迪丽热巴打造个人虚拟形象“迪丽冷巴”，黄子韬则推出“韬斯曼”，罗云熙旗下亦有虚拟偶像艺人“利柏特”；花西子、雀巢咖啡等品牌开始自创虚拟偶像代言人……虚拟偶像的市场正处于花团锦簇的高速发展期。

然而，对于这种虚拟与现实交叉的产物，法律上还有很多模糊的地带，也有很多在入局时需要考虑的问题，需要我们不断去摸索。毕竟，虚拟偶像本身可以做到“永不翻车”，但是如果不注意其中的法律风险，尤其是权属和合规问题，虚拟偶像的经营者则可能分分钟会“翻车”！

>>> 在元宇宙里，可以跟偶像谈恋爱吗

2013 年好莱坞有一部名为《她》的科幻爱情电影，由奥斯卡影帝华金·菲尼克斯和“寡姐”斯嘉丽·约翰逊主演。奇特的是，这部影片中，作为女主角的“寡姐”却从头到尾都没有露脸，原因是她在影片中饰演了一个只有声音的人工智能角色，并与人类男主角谈了一场“隔空”的恋爱。

影片中有一幕，是男主角惊觉真相：本来以为自己私享的人工智能恋人，其实同时和世界上成千上万的人在虚拟世界里谈着恋爱。这一幕，仿佛是一个预言，预示着现实中元宇宙和虚拟偶像的未来景象。

一、元宇宙：虚拟与现实的交互与映射

如果说近两年最热的关键词，除了“疫情”之外，无疑要以“元宇宙”为首。所谓的“元宇宙”，就是指平行于现实世界的虚拟数字世界；现实世界中的每个人，都在元宇宙中拥有一个虚拟分身。这个设定，与当下盛行的宅经济产生了越来越密切的勾连。

正是因为如此，2021 年也被称为元宇宙（Metaverse）元年。无独有偶，也正是 2021 年，北京互联网法院也宣判了一起“人工智能软件使用明星形象创设虚拟人物构成侵犯人格权”的案件。

在这起案件中，用户可以通过一款智能记账手机软件，利用一种叫作“调教”的算法程序，使用自己心仪的明星形象创设虚拟人物，从而实现和自己偶像聊天互动的梦幻效果（比如让自己的偶像监督自己记账或背单词等功能）。

本案很多细节如同很多电影情节的真实重现，堪称元宇宙时代的绝

佳映射，也于2022年4月11日被最高人民法院评为“民法典颁布后人格权司法保护九大典型民事案例”之一。涉及艺人人格权在人工智能时代的保护，以及如何判断软件算法是否侵权等多个重要的前沿问题，为同类问题提供了指导思路和解决范例。

在本案中，原告何某是知名主持人，而被告是一家运营某智能手机记账软件的公司。对于该软件，手机应用市场是这样介绍的：“这是一款能和你聊天的记账本，结合养成元素，你可以自定义设置一个聊天对象（上千种个性可供选择哦），让TA成为你的男朋友、女朋友、哥哥、妹妹、儿子……陪你一起记账、生活、成长、变好。”而据原告在起诉中称，该软件正是借助“粉丝经济”，以满足追星群体或粉丝与偶像对话的娱乐需求为创新点。

在该软件中，用户可以自行创设或添加AI角色，设定角色的名称、头像、与用户的关系、相互称谓等，并通过系统功能设置角色与用户的互动内容，系统称之为“调教”。在原告未同意的情况下，该软件中出现了以原告何某姓名和肖像为标识的AI角色；同时，被告通过算法应用，将该角色开放给众多用户，允许用户上传大量原告的“表情包”，制作图文互动内容从而实现“调教”该“AI角色”的功能。

原告认为被告侵害了原告的姓名权、肖像权、一般人格权，故诉至法院，要求赔礼道歉并赔偿经济损失、精神损害抚慰金等。

研究完本案的判决书，会发现本案与常见的明星人格权案件大有不同。除了长达40页的超长篇幅和法院的超长论理之外，有两个特点让本案值得被铭记。

二、突破：关于“一般人格权”的应用三原则

根据《民法典》第990条规定：“人格权是民事主体享有的生命权、身体权、健康权、姓名权、名称权、肖像权、名誉权、荣誉权、隐私权等权利。除前款规定的人格权外，自然人享有基于人身自由、人格尊严产生的其他人格权益。”

根据该条规定，其中列明的人格权叫作具体人格权，而具体人格权无法涵盖的人身自由、人格尊严产生的其他人格权益，称为“一般人格权”。而法律之所以规定一般人格权，系基于经济、科技、社会生活等不断发展变化的情况下，保持人格权法律体系的开放性，体现对各种无法纳入具体人格权的人格利益的保护。

实践中，在明星形象受到侵害时，一般会以“肖像权”“姓名权”“名誉权”等具体人格权提起诉讼。但很少以一般人格权为由进行维权。原因是在《民法典》颁布之前，关于一般人格权并没有明文规定，而关于该权利的定义、适用原则等问题的讨论大多还停留在理论层面。现实中可参考的案例更是少之又少。

在本案中，法院不但认可了原告通过一般人格权和两项具体人格权（肖像权和姓名权）同时进行维权的主张，还归纳了适用一般人格权规定的三原则：

第一，一般人格权的核心要义在于保护人格权主体的自我决定、人格完整、自我尊严的价值；

第二，只有在具体人格权规范不能囊括特定人格利益时才适用一般人格权；

第三，要避免一般人格权范围的无限扩大，合理平衡个人意志与公共利益的关系。

基于以上三原则，法院结合本案的事实进行了分析，为什么本案中软件的“调教”等功能，会超越肖像权和姓名权，乃至于侵犯了原告的一般人格权：

“案涉软件的核心逻辑是通过创设虚拟的 AI 角色，将自然人的姓名、肖像、人格特点等综合而成的整体形象投射到 AI 角色上，并且让用户可以与 AI 角色设置一定的虚拟身份关系，这是对原告整体形象和人格表征的利用，属于原告人格自由利益的范畴，肖像权、姓名权的人格利益无法完整涵盖案涉软件涉及的人格利益。”

“案涉软件的功能使得 AI 角色可以与真人高度关联，容易让用户产生一种与原告真实互动的情感体验。软件预设了用户可以选择与原告建立包括爸爸、妈妈、男朋友、女朋友、儿子、女儿等亲密关系的功能，可以允许用户任意设置与AI角色之间相互的称呼，将创作回复语料的功能称之为'调教'（该词语通常用于长对幼、主对下、人对物等不对等关系中），在互动页面中还设置了诸如'爱你''抱抱'等亲密对话标签，上述功能设置不仅属于原告自由决定其人格要素如何被使用的范畴，还涉及原告人格尊严被尊重的利益。被告未获原告许可以上述方式利用原告的人格要素，侵害原告人格自由利益及人格被尊重的利益，构成侵害原告一般人格权的行为。"

由此可见，法院认为被告对真实人物的人格表征进行了系统的、组织性的功能设计和商业化利用，使用户基于此与AI角色进行了真实的情感体验，但这种利用真实人物人格要素的行为，却没有经过同意或授权，明显超过合理限度，应认定为侵权。

三、聚焦：算法时代的"避风港"原则

在本案中，原告可能基于取证难度和担责能力等原因，并未起诉使用软件的具体用户，而是起诉了运营软件的公司。但一般来说，对于此类案件，被告作为网络服务提供商，一般会援引"避风港原则"（又称"通知—删除"原则）或"技术中立原则"作为抗辩理由。在本案中也不例外。

就前者而言，被告抗辩称，因为其只是软件的运营商，只提供网络技术服务，不提供具体内容。包含原告肖像的图片都是用户自己上传的，原告名字是用户自己设置的，回复语料和表情包也都是用户创作的。被告对于用户会用什么姓名、图片和表情包不具有可预见性和可控制性。所以即便侵权，直接侵权人也应该是用户，而非自己。况且被告在接到原告律师函之后，第一时间已经删除了和原告有关的内容，所以已经进入了可以免除侵权责任的"避风港"。

同时，被告还从算法技术中立角度为自己辩护。据被告介绍，因为

案涉软件是一个用户参与的开放AI工具系统，其设定维度全部基于用户。创建“AI角色”后，其回复内容丰富度是是否起到作用的核心部分。为了丰富AI角色的回复内容，被告想到了让用户协作共同维护一种类型的AI角色。用户添加一个AI角色后，或者针对一个AI角色创作的语料（包括文字、图片、动图、声音、视频等）被系统通过后，系统会基于用户所有历史记录、采用人工智能协同推荐算法给用户推荐类似的AI角色或相关语料。被告认为，这种“算法推送”并不等同于平台的推荐（诸如设置榜单、目录、索引、描述性段落和内容简介等行为），而只是为便于用户搜索可能使用量最多的角色或图片，这本质上只是提供了一种“搜索”的网络服务。

但是，法院通过对被告商业模式非常详尽的论证，认为如果没有被告对于其软件规则、技术、算法的“精巧”设计，任一用户都无法完成案涉软件中最终呈现出的AI角色个性化、生动化的互动内容，用户提供的更类似“素材”而非完整的内容。

因此，法院最终认定，被告的行为已经构成直接的内容服务提供行为，并非单纯的网络技术服务。这就决定被告不再受到“避风港原则”的庇护，而应当因为其行为承担直接侵权责任。

四、保护人格权角度：网络空间治理新思路

非常值得一提的是，法院还通过反思技术中立原则，从人格权保护角度，对于网络空间治理提出了新思路。

法院提到，之所以有“避风港”原则，是为了平衡权利人利益和产业发展，避免让网络服务商承担过重的直接侵权责任，对产业发展或新商业模式造成过于沉重的打击。但是，纵观现实，随着网络产业的不断发展和平台的不断壮大，“避风港原则”很多时候遭到滥用，甚至演变成某些平台或服务商逃避侵权责任的挡箭牌。

基于此，法官从保护权利人角度进行了分析，提出了让服务商而非用户获得授权来避免侵权的新思路：“案涉软件中，对自然人姓名、肖

像的使用，涉及多项具体人格权，甚至涉及一般性人格利益，实质上构成了对自然人人格形象的整体性虚拟化使用，是一种新商业模式的探索。对于此种使用方式，普通网络用户实际上几无可能从其他自然人处获得授权。作为特定商业模式的运营者和内容服务提供者，被告以企业名义、以合法授权方式获得公众人物、公众形象权利人对特定权利或权益的合法授权并提供给网络用户使用，则更具现实操作性，反而更有利于该模式的发展。”

这无疑对于未来此类网络服务提供商的法律合规性和权利意识，提出了新的高要求，也彰显了民法典时代对于人格权保护的新气象。

☆ 周公说

正如最高人民法院在点评本案的典型意义时提到，随着后疫情时代互联网产业模式的进一步创新，虚拟现实等新技术的不断发展，自然人人格要素被虚拟化呈现的应用日益增多。本案明确自然人的人格权及于其虚拟形象，同时对算法应用的评价标准进行了有益探索，对人工智能时代加强人格权保护具有重要意义。

>>> 附：本书各篇文章撰稿人

一、欢迎来到娱乐法江湖

1. 张艺兴启动练习生计划，练习生要如何养成/杜哲
2. “浪姐”成团，聊聊她们的“分手”往事/杜哲
3. 偶像“打工人”：利路修“下班”为何这么难/左华艺
4. 断更风波背后，“李子柒”还属于李子柒吗/肖根
5. 科比遇难照遭泄露，法律能否守护逝者尊严/陈冠琪
6. 此“肖战”非彼“肖战”，明星要拿高仿号怎么办/岳文童
7. 杨幂庭审录音曝光，律师带你专业“吃瓜”/杜哲
8. ESO 成员纷纷改名！内娱“天降紫微星”为啥怂了/蒋莲儿
9. 《少年的你》大火背后，为何原著又惹抄袭争议/米新磊

二、娱乐互联网时代的恩怨

1. “王者荣耀”案落槌，游戏和短视频的较量远未结束/米新磊
2. 司法风向变了？虎牙争夺主播，并非不正当竞争/刘宗鑫
3. 爱奇艺《庆余年》案判了，超前点播何错之有/杜哲
4.《个人信息保护法》生效，大数据杀熟和算法黑箱可休矣/米新磊
5. 网络直播打赏，什么情况下可以返还/陈冠琪
6. “直播带货”里的陷阱/刘彦伶
7. 时下火爆的直播带货，有多少经不起《广告法》的推敲/刘宗鑫
8. 滴滴 App 遭下架：数据是财富，合规是生命线/左华艺

三、火眼金睛辨真假“李逵”

四、揭秘文娱行业乱象百态

五、人工智能未来已来

3. 敢用一键换脸吗？用“ZAO”你应该知道的事/刘宗鑫
4. NFT 第一案：胖虎打官司，打出了 NFT 的司法审查新标准？/陈冠琪
5. 徐悲鸿作品发行 NFT 惹争议，过保护期作品随便用？/米新磊
6. 最高人民法院发布人脸识别新规：保住你的脸，到底有多难/陈冠琪
7. “人脸识别第一案”落槌，但请先别着急欢呼/刘宗鑫
8. 虚拟偶像“永不塌房”？这些法律问题必须考虑/陈冠琪
9. 在元宇宙里，可以跟偶像谈恋爱吗/米新磊